圖說中國 07

遼・西夏・金

第二版

主編　龔書鐸　劉德麟

智能教育

圖說天下

前言

以史為鑑，可以思接千載，視通萬里，可以把握中國社會治亂興替的內在規律，可以洞悉修齊治平的永恆智慧。然而，讓人們全面深入地瞭解中國歷史，掌握中國歷史中所蘊含的深層價值，並不是一件容易的事。

上下五千年之中，人物多，事件多，神話與傳說並存，正史與野史交錯，頭緒繁多，內容龐雜。政治、經濟、軍事、中外交往、思想、文學、藝術等各方面的內容，如果未經梳理就雜亂無章地堆積在一起，那麼往往會使讀者一頭霧水。除了典籍史料所承載的歷史之外，文物、遺址、古蹟、藝術作品等等，也同樣反映著歷史的真實性。如何把這些組織在一起，讓讀者能夠清晰明白地去瞭解歷史，感受歷史的真實，無疑成為了編輯出版《圖說天下》的緣起。

《圖說天下》，按照不同的歷史分期，通過新的體例、模式來整合講述中國歷史，涵蓋政治、經濟、軍事、中外交往、藝術、思想、科技、社會生活等方面，以時間為經，以人物和事件為緯，經緯交織，全面反映每一朝代治亂興衰的全部過程。每一個故事都蘊含了或高亢激昂或哀婉悲痛的場景，讓人們重溫那一段歷史，不斷喚起人們內心塵封已久的記憶，與中國歷史再次進行親密接觸，深入地尋繹歷史中所蘊藏的民族智慧，感悟民族精神。隨機穿插的知識花絮、專題和附錄，緊密結合內文，讓知識訊息更為密集，從而營造出一種接近真實的歷史鏡像。

通過文字，可以感受歷史鏡像，而通過圖片，則可以閱讀圖片中的歷史。圖片與文字相互映襯，可以立體反映中國歷史，展示中國歷史文化的源遠流長、博大精深。通過這種結合，使得文字訊息更為生動，更為多彩，使讀者深刻感受中國文化的底蘊，從而產生一種閱讀上的震撼。

在中華民族偉大復興的時刻，在討論榮與辱的時候，閱讀歷史，瞭解歷史，把握歷史，其意義是顯而易見的：歷史是民族復興的內在動力之所在，是榮與恥的感性事例的集中呈現，和理性判斷的一個標準。在不遠的將來，閱讀歷史，瞭解歷史，會成為一種時尚，人們透過歷史，可以感受到真正實現自我價值，尋找到寄托心靈的精神殿堂。

遼 西夏 金

目次

遼朝・6

金朝・106

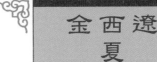

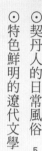

中國社會科學院近代史研究所 ■韓志遠教授

遼朝

西元九一六～一一二五年

遼國是中國歷史上以契丹族為主體建立的王朝，都城上京臨潢府（今內蒙古巴林左旗南），創建者為耶律阿保機。

契丹族是中國古代北方地區的一個民族。歷史文獻上有關契丹族的確實記載，始於北魏登國四年（三八九年）。其主要活動地區是在潢河（今西拉木倫河）一帶，生活方式是逐水草遷徙的游牧、狩獵。該族不斷發展壯大，唐朝初年，契丹八個部落組成部落聯盟，有兵四萬，接受唐朝統轄。唐朝衰落後，契丹族不斷向外擴張，俘掠外族人口，實力大增。

後梁貞明二年（九一六年），契丹族首領耶律阿保機在龍化州（今內蒙古昭烏達盟八仙筒附近）稱天皇帝，建元神冊，國號契丹。神冊三年（九一八年），遼太祖耶律阿保機在潢河以北正式建都城，稱為皇都（後改稱上京）。隨後，降服甘州回鶻，攻滅渤海國。

大同元年（九四七年），遼太宗滅亡後晉後，改國號大遼。統和元年（九八三年），遼聖宗耶律隆緒曾改國號契丹。以後遼道宗咸雍二年（一〇六六年），又恢復大遼國號。

遼國共歷九帝，前後凡兩百一十年。其疆域東臨北海、東海、黃海、渤海，西至金山（今阿爾泰山）、流沙（今新疆白龍堆沙漠），北至克魯倫河、鄂爾昆河、色楞格河流域，東北迄外興安嶺南麓，南接山西北部、河北白溝河及今甘肅北界。

遼國採用「因俗而治」的統治制度，其特點是根據不同地域，各民族不同的發展水準，而制定獨特的統治制度。其內容包括有部族制、奴隸制、渤海制和漢族制，採用南、北兩套官制進行管理。

「官分南、北，以國制治契丹，以漢制待漢人」（《遼史・百官志》），「國制」是指契丹官制，統稱北面官，漢制官職統稱南面官。南、北面官的稱謂，與契丹習俗有密切關係。「遼俗東向而尚左」，因此，遼朝皇帝的宮帳都坐西朝東，文武百官的牙帳（官署）分列宮帳兩旁。遼朝尚左，皇帝的左面即北面官署。因此，北面官地位優於南面官。

北、南兩面官的區別也在管理的範圍不同。

「北面治宮帳、部族、屬國之政，南面治漢州縣、租賦、軍馬之事」（《遼史．百官志》），北面官主要管理北面的契丹人和其他游牧民族，南面官主管南面從事農業經濟的漢族等。

北面官制是在契丹氏族部落制基礎上發展的一套官制，因此北面官職多保留部落聯盟制的痕跡。如大于越府、北南大王院、北南宣徽院、大內惕隱司、大國舅司、大林牙院、敵烈麻都司等機構。

遼南面官制實際上是從中原王朝移植過來的制度。最初，遼太祖仿唐制在中央設立三省，但是當時還未完全具備後來南面官三省的職能。朝中另設漢兒司，主管漢人事務，官員為總知漢兒司事，由漢族大臣擔任。遼朝得燕雲十六州後，對中原制度進一步吸收，漢制逐漸完備。

遼代社會經濟的發展經過幾個不同的階段，前期由於國力主要用於向外擴張，採取奴隸制的掠奪式經濟，使遼初經濟發展較為緩慢，甚至對某些地區經濟造成破壞。直到遼聖宗時期，遼朝的經濟才有較大的發展，無疑是改革的結果。

遼朝統治者管理經濟的辦法與政治制度相同，也採取「因俗而治」的方針。由於這一方針適應當時社會經濟的發展，因此北方社會經濟在這一時期處於上升階段。

從生產性質劃分，遼代經濟大體可劃分為三大區域：漁獵區、牧區和農區。以漁獵為基本生產方式的是居住在潢河、土河之間的契丹族以及東北部女真等族，以畜牧業為基本生產方式的是北方草原各民族，以農業為主要生產方式的是南部地區的漢族以及東部渤海人。三個地區的社會組織形態納入一個統一的政體之內，加速了相互之間的交流，推動了遼代經濟向高層次的發展。

南部漢族地區經濟在遼代起主導作用，帶動著北邊地區，使牧區、漁獵區在不同的基礎上，以不同的步伐向經濟化過渡。

遼國的文化發展及其成就，主要呈現在天文曆法、醫學和建築方面。遼國曆法不僅吸收了中原漢族曆法的優點，而且在許多方面呈現了契丹民族特色。遼國的醫學成就也很顯著，其針灸、切脈診法、婦產醫科、屍體防腐等技術都具有較高水準。遼國名醫直魯古所著《針灸脈訣書》，在當時影響很大。遼代的建築受唐代建築的影響，並糅合契丹尚東之俗而形成獨特的風格。遼代主要通行的文字是契丹文和漢文。

保大五年（一一二五年），遼天祚帝被金軍俘虜，遼亡。金天會九年（一一三一年），原遼國大臣耶律大石在楚河流域重建國家，仍沿用遼國號，史稱西遼。

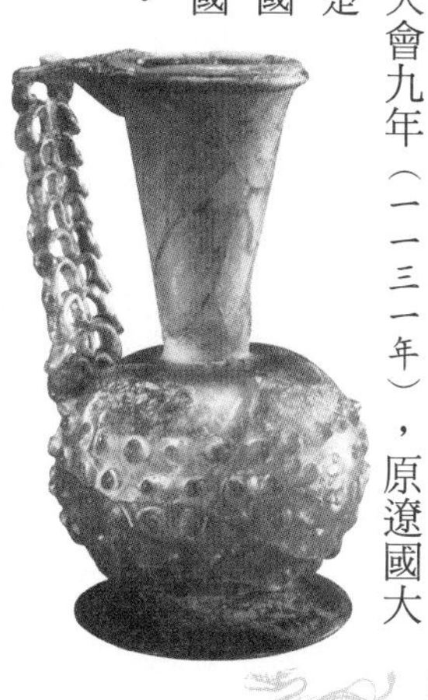

契丹的興起

●時間：西元四世紀末～九世紀中
●人物：匀德實　撒剌

契丹是我國北方的古老民族之一，源出於鮮卑，是鮮卑宇文部的一支。早在四世紀，我國史書上就有關於契丹歷史的記載。契丹人當時過著漁獵和畜牧的氏族部落生活，分散在潢河（今內蒙古西拉木倫河）和土河（今內蒙古老哈河）一帶，即今遼寧和內蒙古自治區的廣大地區。

⊙發展壯大

契丹是游牧民族，居帳篷，逐水草，往來遷徙。從南北朝到隋朝，契丹先後受柔然、突厥等族的控制，但是他們與漢族中原王朝，一直都有政治、經濟上的聯絡。契丹各部向中原王朝進獻名馬和毛皮，並且透過經濟上的往來，促進各部落的發展。

約四世紀末的北魏時期，契丹共有八個部落，各部獨立活動，互不往來。到了隋初，在東起幽州，西達河西一帶的廣大地區，新興的北方突厥貴族不斷攪擾。在隋朝重兵的打擊下，突厥分裂為東、西二部，東突厥依然然控制著契丹、室韋、吐谷渾、高昌等部。

出於自衛的需要，契丹各部逐漸在軍事上聯合。唐初，契丹各部推舉出共同的軍事首領，稱「夷離堇」。每逢戰鬥，夷離堇召集各部首領商議，協同作戰。契丹族開始出現了部落聯盟式的組織。

七世紀唐太宗貞觀年間（六二七～六四九年），東突厥衰落，契丹擺脫了它的控制，契丹八部組成新的部落聯盟——大賀氏聯盟，並與唐朝形成了隸屬關係。

貞觀二十二年（六四八年），唐朝在契丹人居住的地區設置行政管理機構——松漠都督府，任命契丹部落聯盟的首領窟哥為都督，並賜姓李，下設十個州，契丹各部落的首領擔任各州刺史。唐太宗又在奚人居住的地區設置饒樂都督府，也任用奚族首領為都督。以上兩個都督府，皆受營州都督府節制。

武則天統治時期，契丹族部落聯盟有了較快的發展，與唐朝之間的衝突逐漸顯露出來。唐朝曾派二十八將率軍襲擊契丹，大敗而歸，可見契丹已有足夠的軍事力量。但是，契丹族尚未形成一個統一的共同體。

唐玄宗當政時，唐朝國勢強

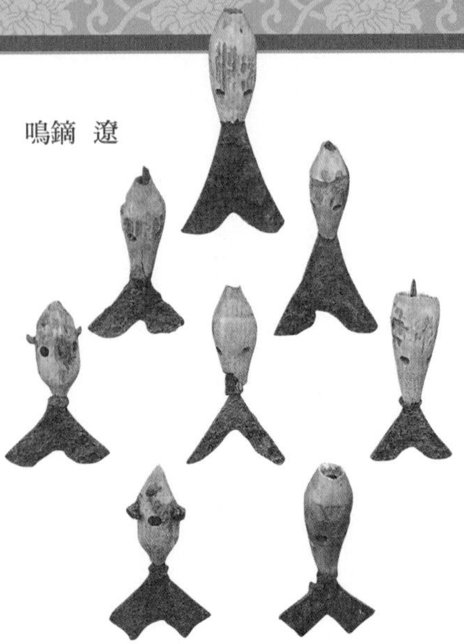

遼　鳴鏑

延伸知識

契丹的部族

契丹人的始祖奇首可汗共有八子，形成了契丹的古八部，分別是：悉萬丹部、何大何部、伏弗郁部、羽陵部、日連部、匹絜部、黎部和吐六于部。

到了隋代，隨著契丹部族的發展壯大，分為十部。唐太宗時，形成了大賀氏八部，分別為：達稽部、紇便部、獨活部、芬問部、突便部、芮奚部、墜斤部和伏部。唐開元、天寶年間，大賀氏開始衰微，遙輦氏登上了契丹的舞臺，逐漸形成了遙輦氏八部：旦利皆部、乙室活部、實活部、納尾部、頻沒部、納會雞部、集解部和奚嗢部。

到遼太祖時，契丹實有部族十八部：五院部、六院部、乙室部、品部、楮特部、無隗部、涅剌部、突呂不部、突舉部、奚王府六部五帳分、突呂不室韋部、涅剌拏古部、迭剌迭達部、乙室奧隗部、楮特奧隗部、品達魯虢部、烏古涅剌部和圖魯部。

到了遼聖宗時，其間部族的發展壯大到了頂峰，戶口蕃息，共有三十部之多，分別為：撒里葛部、窈爪部、耨盌爪部、訛僕括部、特里特勉部、稍瓦部、曷朮部、遙里部、伯德部、楚里部、奧里部、南剋部、北剋部、隗衍突厥部、奧衍突厥部等部。

盛，北方突厥勢力日衰。開元三年（七一五年），契丹部落聯盟首領失活率各部歸附唐朝，唐玄宗依照先例封失活為松漠都督。開元五年（七一七年），失活到長安朝覲唐玄宗，唐朝將永樂公主嫁與失活。

開元十八年（七三〇年），大賀氏聯盟首領邵固被殺，聯盟瓦解。百餘年後，遼太祖耶律阿保機的先祖雅里重建部落聯盟，因首領從遙輦氏中產生，故稱遙輦氏聯盟。

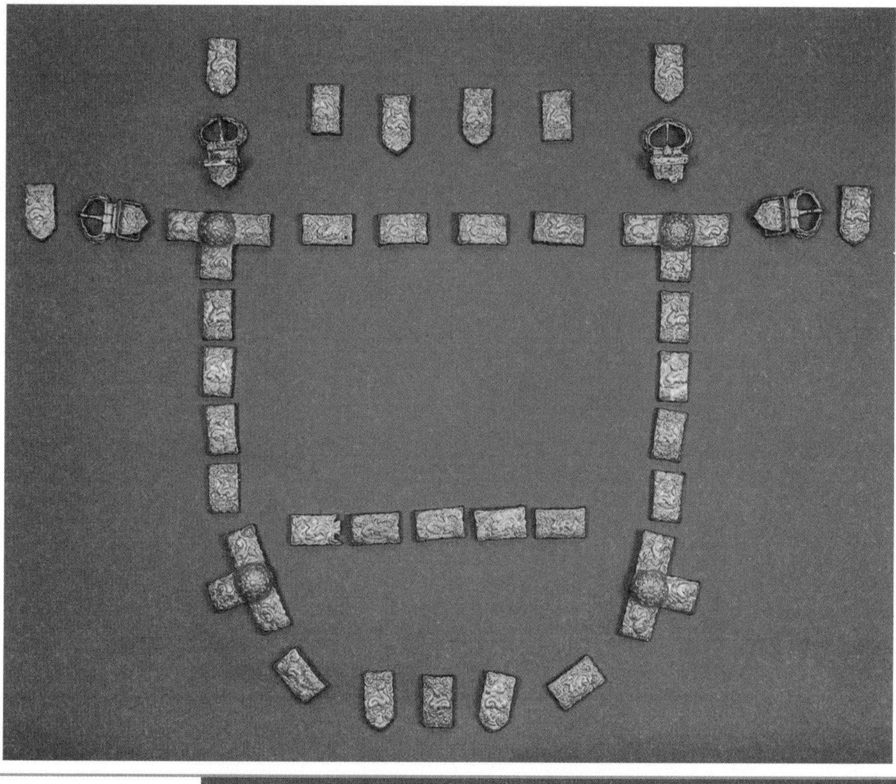

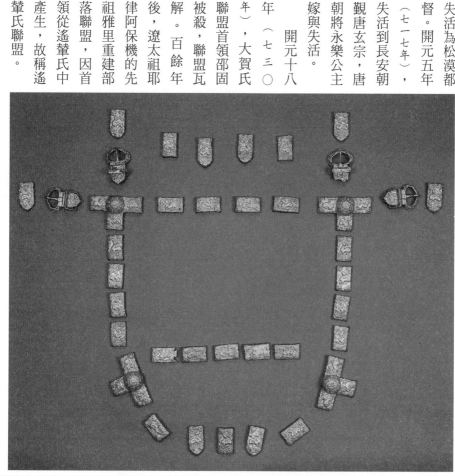

鎏金龍紋馬籠頭飾　遼
在契丹早期墓葬中，常見以馬為殉葬品。到了後來，出於對戰馬的愛惜，逐漸用馬具來代替馬殉葬。這幅馬籠頭飾，上飾行龍戲珠，紋飾精美。

⊙迭剌部的興起

在契丹發展歷史上，雖然長期受到突厥、回紇等控制，但與中原王朝的聯絡始終沒有間斷過。自安史之亂後的八十餘年間（七五七～八三九年），契丹首領經常到唐朝「朝貢」，契丹與漢族保持著緊密的經濟和政治往來。

開成五年（八四〇年），回紇汗國被推翻，契丹部落聯盟重新歸附唐朝。此後的六十年間，擺脫了回紇統治的契丹與中原的聯絡不斷加強，其中，迭剌部的興起尤為迅速。

唐末，中原地區軍閥割據紛爭，北方漢族軍民為逃避戰亂，成群結隊移居到契丹生活的地區，有時一次多

契丹人引馬圖　遼　壁畫

內蒙古昭盟敖漢旗出土，牽馬者披髡髮，執棍，棍上有鐵環，著長袍，長氈靴，馬揚後右蹄。右一人戴黑色帽，著長袍，長靴，尖頭朝上，兩足同時向左，似在移步，擊長鼓而舞。整個畫面構圖豐富，形態逼真，技法嫻熟，是研究遼代風俗、服飾和馬具的珍貴資料。

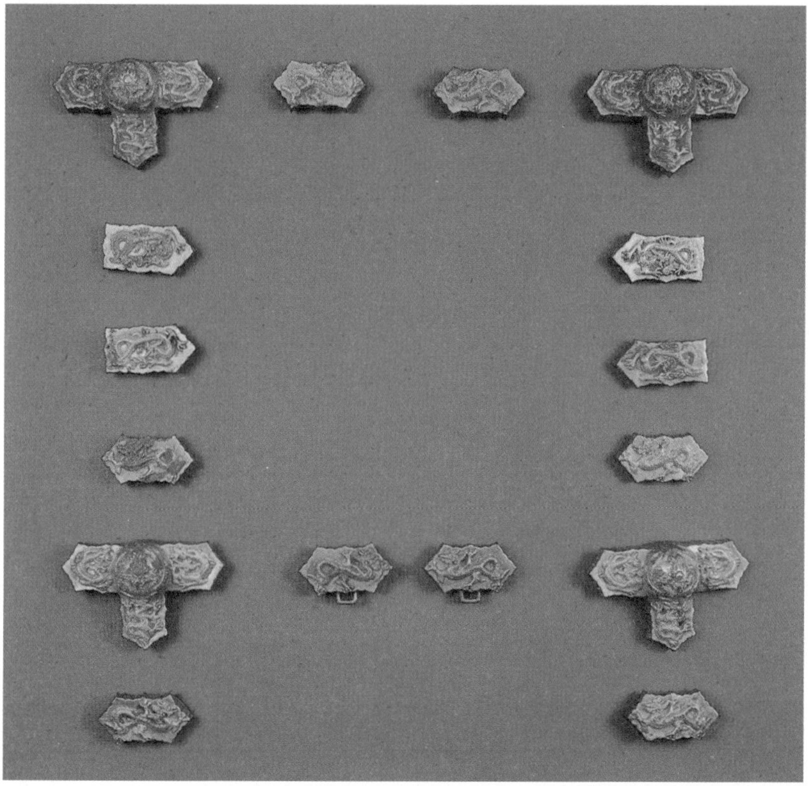

鹿紋鎏金銀座鞦 遼
契丹早期墓葬中，以殺馬殉葬為多。為了保護戰馬，遼聖宗下詔禁止，契丹貴族逐漸以馬具代替殺馬殉葬。赤峰市大營子遼駙馬贈衛國王墓出土的銅鎏金行龍戲珠紋馬籠頭，前披掛飾（含鎏金寶相花飛鳳銀纓罩）、盤胸、後座及披掛飾、鞍飾等，共分五組，計一百六十四件。同時出土的還有銀鎏金鹿銜草紋馬飾件，銅、鐵、銀、瑪瑙馬飾具數百件，反映了遼代馬具成套或成組配置隨葬的特徵。該墓出土馬具的種類和數量以及華麗精美的程度，都是極其罕見的。

達幾千人。漢族移民將中原先進的生產工具、技術帶到北方和東北邊境，與契丹人民一道耕作。

到了迭刺部的耶律勻德實擔任契丹夷離堇時，契丹人已經開始「教民稼穡，善畜牧，國以殷富」，除畜牧以外，農業生產也成了契丹人主要的經濟形式。

勻德實的兒子撒刺的擔任夷離堇後，契丹人民學會了冶鐵，鑄造鐵器。撒刺的的兄弟述瀾，引導契丹百姓栽種桑麻，從事紡織，並修造房舍，建築城邑。這些情況表明，當時的契丹人在經濟方面，不但有了農業，還有了冶鐵和紡織等手工業，又建造了房屋和城寨。

從西元四世紀至十世紀初，經過幾百年的時間，契丹社會終於從氏族制走向了奴隸制，勤勞的契丹族也在唐末五代時期強大。契丹迭刺部接近中原地區，流入契丹地區的漢族移民多數留居迭刺部，因此迭刺部成為契丹部落聯盟中最先進的一部。九世紀時，契丹其餘各部尚在氏族制階段，迭刺部已經出現分化，加上漢族的影響，奴隸制在迭刺部最先產生。

在這一動盪的歷史時期，迭刺部出現了一位英雄人物。唐咸通十三年（八七二年），耶律撒刺的生了一子，取名為阿保機。

遼太祖耶律阿保機

●時間：西元八七二～九二六年
●人物：耶律阿保機

阿保機全名是耶律阿保機，也就是遼太祖，小名啜里只，漢名為億。阿保機關係契丹民族的發展至為重要，視為契丹族的民族英雄。他以超群的謀略和卓越的政治軍事才能，完成了中國北方地區的統一，促進了北方少數民族的發展。

⊙少年勇將

耶律阿保機出生時，契丹貴族正在為爭奪聯盟首領之位而互相攻伐。阿保機的祖父勻德實在這場戰爭中被殺，父親和叔伯也相繼逃離躲藏。祖母非常喜愛阿保機，擔心仇家加害，因此藏匿於別處帳內，不見外人。

阿保機逐漸長大，身體魁梧健壯，胸懷大志，而且武功高強，《遼史》稱「身長九尺，豐上銳下，目光射人，關弓三百斤」，他帶領侍衛親軍曾多次立下戰功，顯露出過人的才幹。

⊙功績卓著

在遙輦氏聯盟後期，契丹各部首領稱夷離堇，部落聯盟首領稱可汗。阿保機三十歲時被推舉為迭剌部的夷離堇，手握聯盟的軍事大權，負責四處征戰，促使阿保機建立軍功，樹立權威。他充分利用本部落的實力，四處征伐，接連攻破室韋和奚等部落。同時，南下攻掠漢人聚居地，俘獲部分漢人和大量的牲畜糧食，使本部落的實力大增。

阿保機的伯父被殺後，阿保機繼承了伯父的于越（地位僅次於可汗，稱「總知軍國事」，高於夷離堇，掌握聯盟的軍事和行政事務，相當於中原王朝的宰相）之職，獨掌部落聯盟的軍政大權。唐昭宣帝天祐四年（九〇七年），朱溫滅唐建後梁，阿保機也取代遙輦氏當上了可汗，建立新的聯盟。

常有漢人謀士對阿保機講，中原的帝王從來不改選。阿保機決心仿效中原之制，從繼任可汗之日起，就把目標放在了建立契丹帝制上。他主要

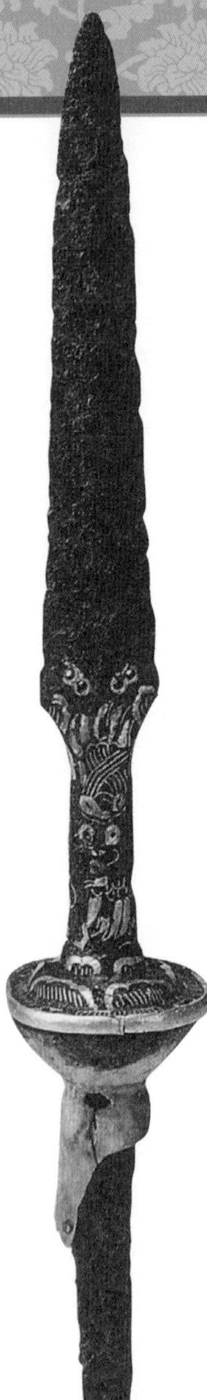

遼矛

矛長三十九公分，寬六．二公分。契丹以武立國，尤重軍備，弓、箭、刀、矛等深受契丹貴族的喜愛，成為了墓中的隨葬品。錯金銀鐵矛的出土，說明主人生前頗好騎射，英勇善戰。

歷史詞典

遼上京

遼上京位於今內蒙古巴林左旗林東鎮。始築於遼太祖神冊三年（九一八年），天顯十三年（九三八年）定名上京，設立臨潢府。

按《遼史》記載，上京山環水繞，土地便於耕植，水草適合畜牧。上京城高兩丈，不設敵樓，周圍二十七里，城東有迎春門、雁兒門，城南有順陽門、南福門，城西有金鳳門、西雁兒門。城北為皇城，城高三丈，有樓櫓。皇城共四門，東為安東，西為乾德，南為大順，北為拱辰。中間是大內，有樓閣。

南城稱為漢城，是漢、渤海、回鶻等民族居住的地方，也是上京的商業區所在。

《遼史》稱：「（臨潢府）戶三萬六千五百，轄軍、府、州、城二十五。」此外，臨潢府又轄臨潢、長泰、定霸、保和、潞縣、易俗、遷遼等七縣，佛寺、道觀林立，人煙繁華，是當時的一個大都市。

金鏈白玉竹節盒 遼

做了兩方面的工作：一是對內加強權力控制，二是對外擴張，進一步增強本部落的實力，樹立更大的權威。

阿保機首先建立了自身的侍衛親軍「腹心部」，以保障權力，並讓親信族兄弟耶律曷魯、妻族的蕭敵魯等人擔任侍衛親軍首領。其次，為平息遙輦氏族人的怨恨，阿保機將本族排在第十帳，位於遙輦族九帳之後。阿保機並設立了專門管理皇族事務的宗正官「惕隱」，以穩固家族內部的團結。除了重用本族人之外，阿保機且重用妻子述律氏家族的人，以穩固地位。

為取得更多的財富，擴張勢力，樹立權威，阿保機積極四處征討。他連續出兵，先後征服了吐谷渾、室韋、烏古等部落，並且進攻南邊的幽州和東邊的遼東。

當上可汗的第二年，阿保機率領四十萬軍隊大舉南下，越過長城，掠奪河東等地，攻下九郡，俘獲漢人九萬五千多名以及無數的牛馬等牲畜。

接著，又出兵討伐女真，俘三百戶。

阿保機且曾領兵七萬與李克用在雲州（今山西大同）會盟，和李克用互換戰袍與戰馬，互贈馬匹、金繒等物，結為兄弟，相約共伐幽州的劉仁恭。隨後，阿保機又在討伐劉仁恭時連陷數州，盡掠其民財而歸。

這些通過戰爭掠奪的財物，被視為阿保機家族的財產，因而耶律家族的經濟實力很快便大大超過其他家族。

阿保機掠奪的漢人中有不少知識分子，當中的代表如韓延徽、盧文進、韓知古等人，日後在阿保機鞏固政權，特別是在稱帝建契丹國的過程

高翅鎏金銀冠 遼

中發揮了重要的作用。並且幫助阿保機建立各種政治制度，引導利用漢人從事生產，促進經濟發展。

中原帝王的世襲制度對阿保機的吸引力很大，再加上升為于越後，權勢僅次於可汗，離稱帝建國僅剩一步之遙。遙輦氏最後一位可汗痕德堇平庸無能，內部治理無方，對外征戰失利，無法滿足貴族征戰掠奪財富的慾望，各部落非常不滿。相比之下，阿保機顯得更加符合貴族的要求。

於是，阿保機利用這個大好時機，遵照契丹傳統，舉行可汗改選儀式，終於憑藉自身威望坐上了可汗的寶座。此後，在他的努力下，契丹的領土擴張到今長城以北的大部分地

遼中京遺址

位於內蒙古赤峰市寧城縣鐵匠營鄉。遼宋澶淵之盟後，契丹為便於與中原交往，遂利用北宋每年所納歲幣，徵集燕雲地區遷來的漢族工匠，在遼統和二十五年（一〇〇七年）興築規模宏大的陪都——中京大定府城。城址遺蹟現仍明顯可見，除東南角被老哈河沖毀外，部分城牆殘高仍達四公尺。遼中京城址現存大塔、小塔、半截塔、石獅、龜趺等文物。

區。

⊙諸弟之亂

阿保機兄弟之亂一共有三次。第一次在後梁乾化元（九一一年）五月，剌葛、迭剌、寅底石、安端策劃謀反，被安端的妻子發現，立即告訴了阿保機。阿保機不忍心殺掉兄弟，就和他們登山殺牲，對天盟誓，然後赦免了他們。

免於一死的兄弟並不領情，第二年，剌葛諸人又在于越轄底的帶領下，再次謀劃叛亂，新任命的惕隱滑哥也參加了。

七月，阿保機征朮不姑部，命剌葛攻打平州（今河北盧龍）。十月，剌葛攻陷平州後，率部擋住阿保機的退路，強迫他參加可汗改選大會。

阿保機沒有硬拚，按照傳統習慣舉行燔柴告天儀式「燔柴禮」，再次當選可汗。合法的連選連任，使眾兄弟失去了反叛的理由，阿保機兵不血刃平息了一場叛亂，展現出他的超群智謀。第二天，剌葛等人紛紛向阿保機請罪，阿保機也不追究，只令他們悔過自新。

然而，可汗寶座的誘惑力終究比兄弟之情要大得多，沒過半年，諸兄弟又於後梁乾化三年（九一三年）三月再次叛變。這次發生了較大規模的武裝衝突。他們先商議擁立剌葛為新可汗，然後派迭剌和安端假意朝見阿保機，伺機劫持阿保機參加已準備好的可汗改選大會。除了本部落外，乙室部落的貴族也參加了。

阿保機發覺陰謀，先殺了迭剌和安端，收編二人的一千名騎兵，然後親自率部追剿剌葛。剌葛派寅底石乘虛直撲阿保機行宮，焚毀輜重廬帳，並奪走了可汗權力象徵的旗鼓和祖先的神帳。阿保機的妻子奉命看守大帳，領兵拚死抵抗，待援軍到後又率部追趕，但僅追回旗鼓。

四月，阿保機北上追擊剌葛，先派人趕至剌葛前面埋伏。這一次，侍衛親軍發揮了重要作用，在前後夾攻下，剌葛丟棄神帳後敗逃。阿保機並未立即追擊，而是休整部隊，等到剌葛部下思念家鄉，士氣低落、無心戀戰時再出兵，以求不戰而勝。

女僕托盤銅燭臺
遼
這件銅燭臺構思奇特而別緻：在葉形三足上頂一鏤空銅球，其上為水波中升起的龍柱，上托仰蓮，內半跪一女僕，高髮髻，身穿圓領長袍，雙手托起一盤，內有燭托。這是一件藝術價值很高的遼代生活用品。

五月，阿保機伺機進擊，終於擒獲刺葛。

經過三次平叛，阿保機基本上消滅了本家族的反對勢力，但對部落經濟造成了很大的破壞。原先有馬萬餘匹，現在本族人出行都要步行了。

⊙平定諸部

本部落的反對勢力雖已消除，契丹其餘七部的反對勢力卻仍舊存在，他們以恢復舊的可汗選舉制度為旗號，強迫阿保機退位。

阿保機以退為進，先交出旗鼓，答應退位，然後請求諸部貴族道：「我即可汗之位九年，屬下有很多漢人，我想自己領一地治理漢人，可以嗎？」眾人同意。

在領地，阿保機帶領漢人耕種，當地原有鹽鐵，所以耶律族的經濟便很快發展。

一天，阿保機採用妻子述律計策，邀請諸部落首領：「我有鹽池，經常供給各部落，但大家只知道吃鹽方便，卻不知製鹽之苦，你們應該犒勞我和部下。」

眾人不知是計，便帶著牛酒前往。阿保機佈下伏兵，待眾人喝得爛醉時，將各部落的首領全部殺死。

⊙阿保機稱帝改制

後梁貞明二年（九一六年），阿保機在臨潢府（今內蒙古自治區昭烏達盟巴林左旗附近）稱帝，自號「大聖大明天皇帝」，封其妻為「應天大明地皇后」，立子耶律倍為太子，年號「神冊」。一個新的奴隸制國家誕生了。

建國後，阿保機進行了一系列的改革。創造契丹文字，制定法律。對生活在契丹治下的漢人，仍舊依照漢族的法律治理。模仿漢族城市，在潢河（今西拉木倫河）沿岸建造京城皇都（後稱上京）。此外，阿保機並採取了一些發展農業和商業的措施。在當時，產生了巨大的積極影響。

阿保機稱帝建國，是契丹歷史上一件了不起的事情，從此，契丹歷史進入了一個新的時期。契丹建國以後，阿保機不斷向周圍各族展開大規模的征服戰。那時候，中原地區正處於五代十國統治時期，群雄割據，混戰不斷。阿保機利用這個機會，侵入河北東北部，攻占了許多州縣。接著，又消滅了遼河流域一帶的渤海政權，統一了大漠南北及東北廣大地區。他領導的契丹，成為當時中國北方一個強大的地方政權。

神冊三年（九一八年）二月，阿保機下令修建皇都，命漢臣禮部尚書康默記充「版築使」，工程僅百餘日便告竣，一座宏偉的都城在今內蒙古巴林左旗林東鎮南方聳立起來。天顯元年（九二六年）平渤海後，又進一步擴展皇都郛郭，修建開皇、安德、五鑾三大殿，以供奉歷代帝王畫像，每月朔、望及節辰、忌日，在京文武百官前往祭奠。城內東南隅建天雄寺一座，塑有阿保機之父（後追尊爲德祖宣簡皇帝）的遺像。

延伸知識

佐命功臣韓延徽

韓延徽（八八二～九五九年），字藏明，遼幽州安次（今屬河北）人。早年為後唐節度使劉守光幕僚，奉命出使契丹，被遼太祖耶律阿保機留用，任參軍事，為阿保機進攻党項、室韋，征服諸部落進行了籌劃。他並建議阿保機築城郭，發展農業，以穩定其對所屬漢人的統治。

久居契丹，他思鄉心切，就逃歸後唐省親。不久又返回契丹，阿保機賜他匣列（遼語「復來」之意）的名字。隨即任命為守政事令、崇文館大學士，內外大事都讓他參與決策。阿保機天贊四年（九二五年），韓延徽隨從征討渤海，因軍功任為左僕射。遼太宗耶律德光時，封為魯國公，仍任守政事令。遼世宗耶律阮時，升任南府宰相。遼穆宗耶律時辭官。遼穆宗應曆九年（九五九年）卒，贈尚書令。

除韓延徽之外，尚有韓知古，是較早進入草原的漢人，後來受到阿保機的重用。契丹建國之初，對漢地禮儀所知甚少，韓知古參酌漢禮，因俗制儀，可以說他是將漢地禮儀介紹到草原和制定遼朝禮制的第一人，因此也成為遼太祖佐命功臣之一。

阿保機建國稱帝時，仍然是游牧部族首領的身分，但內心卻藏有作為帝國統治者的政治抱負。修建一個漢化的都城皇都，名義上是出於統治契丹部族的需要，實際上是為了征服渤海，進而把契丹勢力擴展至中原地區。沒有一個漢化的統治中心，就無法實現統治這些地方的理想。

耶律德光統治的大同元年（九四七年），契丹建國號為遼，耶律德光即遼太宗，追尊阿保機廟號為太祖。

遼太祖陵

位於內蒙古赤峰市巴林左旗，為遼代的開國皇帝耶律阿保機的陵寢。陵墓借鑑了唐代帝陵的風格，依山而鑿。陵前山谷兩側山峰如闕，稱黑龍門。山間谷道幽深，風景優美，氣勢雄渾。太祖陵旁建有祖州城，為太祖奉陵邑，其護衛親軍斡魯朵世代在此駐守，按時祭掃。據史書記載，祖陵前有享殿和石碑，碑上刻太祖像，並且以文字記述了太祖的功業和遊獵之事。現享殿和石碑已不存，只留下建築基址。

遼滅室韋定渤海

●時間：西元九〇四～九二六年
●人物：耶律阿保機

唐時，在契丹的西北邊居住著室韋。該族最西一部即俱倫泊西南的烏素固部，與回紇接界。由此向東，依次為移塞沒部、塞曷支部、黑車子室韋部、烏羅護部，再往東即是「那禮部」。「那禮」即阿保機的祖先泥禮。契丹人同室韋人在語言、風俗等方面十分相近。

龍鳳魚形玉珮　遼

⊙攻滅室韋

唐代中期，回鶻勢力強大，黑車子室韋與達靼都受其役屬。唐末，回鶻散亡，黑車子室韋南徙至幽、并邊塞地區，依靠當地的割據勢力與契丹抗衡。

唐昭宗天祐元年（九〇四年）九月，尚未即汗位的阿保機曾率軍征討黑車子室韋，唐盧龍節度使劉仁恭發兵數萬，命養子趙霸率領前往救援。趙霸至武州（今河北宣化），受阿保機伏兵擒獲，其眾大半被殲。

次年七月，阿保機再討黑車子室韋，與唐河東節度使李克用在雲州會盟，交換袍馬，約為兄弟。

阿保機即汗位後，又在唐天祐四年（九〇七年）二月、十月，及次年五月、十月，多次征伐黑車子室韋。

契丹因伐黑車子室韋而與劉仁恭交兵的同時，也征服了另外一些和他語言、風俗相近的部族。這樣，勢力範圍又大大向西南擴展了一步。

神冊元年（九一六年）阿保機稱帝後，又繼續向西南方向發展。同年七月，親征突闕、吐渾、党項、小蕃及沙陀諸部，盡數征服。

四年（九一九年）征討烏古部，俘獲人口一萬四千二百多，牛馬、車乘、廬帳、器物二十餘萬，烏古被迫舉部來降。次年八月，阿保機又親征党項諸部。

天贊三年（九二四年）六月，他又大舉征討吐渾、党項、阻卜等部。隨後，率軍至古回鶻城，擒獲甘州回鶻都督畢離遏，派遣使者向回鶻烏母主可汗遞送詔書，可汗歸降，遣使進貢。這樣，契丹勢力進據了西北廣大地區。

契丹對西面的征討，不僅免除了以後東征、南下的後顧之憂，更重要的是擴大了契丹王朝的疆域，獲得西北諸多部族首領長時期的效忠，直至遼末，他們還能夠依靠這些部族建立西遼政權，抗衡女真。

⊙平定渤海

武周時期，粟末部首領大祚榮乘契丹李盡忠反唐，率部東遷，在今東北東部地區建立了一個地方二千里、十餘萬戶、兵士萬人的「震國」，有五京、十五府、六十二州。開元元年（七一三年），唐朝封大祚榮為渤海郡王，所以這一政權又稱「渤海國」。

契丹崛起，先後征服東北西部諸部族，其領土東面即與渤海國為鄰。當時的渤海國勢力龐大，非小部族可比，契丹起初也與之互通國書，友好往來。

天贊三年（九二四年），渤海國攻掠契丹遼州，殺刺史張秀實，並掠走當地居民財物。這一事件表明，當時的渤海國似乎並未認識到在與新興的契丹王朝的力量對比中已處於劣勢。

渤海國的挑釁正好給阿保機攻打的口實，然而，阿保機想滅渤海國的真正原因要深刻得多。契丹的主要目標是南下中原，首先要解決西方諸部族及東方的渤海國，以解除後顧之憂。在西討與東征的問題上，阿保機選擇先易後難的策略——即先西後東。

渤海國攻遼州時，契丹正準備出師西討。阿保機接受長子耶律倍建議，首先制定滅渤海國的方針，命耶律倍留守皇都，自己仍按既定部署率部西討，將渤海國尋釁滋事的干擾完全置於全盤計畫之外。

西征獲勝後，天贊四年（九二五年）十二月，阿保機下詔宣布：有兩件事耿耿於懷，其中一件西征已經完成，「惟渤海世仇未雪」，寢不安席。於是，殺青牛、白馬祭天地，整軍征討渤海國。從征的有長子耶律倍及次子大元帥耶律德光，另有趙思溫、康默記、韓知古、韓延徽等漢臣及所統領的漢軍。

天顯元年（九二六年）正月，阿保機指揮大軍攻克渤海都城上京龍泉府（今黑龍江寧安縣東京城），渤海國國王出降。阿保機接受投降後，仍放回城內，然後詔諭各郡縣。但是，當契丹將領康末怛等入城收繳兵器時，竟被渤海國巡邏士卒殺死，而國王本人則躲在宮中，放任部眾。於是，契丹軍二度攻城。城破後，渤海國國王向阿保機請罪，被扣留軍中。二月，渤海國各地的節度使、刺史前來朝見新主阿保機。

渤海國的經濟、文化發展水準都高過契丹，戰事初起，契丹攻下渤海扶餘府後，阿保機便急於檢括戶口，徵收賦稅。耶律倍認為不妥，連忙諫止道：「現在初占領該地，立即役使當地百姓，民心必定不安。」為緩和衝突，順利推進對渤海國的戰爭，阿保機接受了這一意見。

在征服渤海國後，阿保機命耶律倍統治該地區，改渤海國為東丹國（即東契丹），以耶律倍為東丹王，仍以渤海國都為東丹國都城，改名「天福」。賜耶律倍天子冠服，建元「甘露」，設立左、右、大、次四相及百官，分別由契丹及渤海國貴族擔任。耶律倍繼續保持渤海國原來的政治、經濟制度不變，沿用「漢法」治理這一地區。

【功列第一耶律曷魯】

●時間：西元八七二～九一八年
●人物：耶律曷魯

耶律曷魯（八七二～九一八年），字控溫，又字洪隱，是遼太祖耶律阿保機的族兄弟，在阿保機的功臣中位列第一。他和阿保機同歲，兩人自幼便形影不離，交情極好。阿保機對耶律曷魯十分器重，軍機大事都向他請教。耶律曷魯謀略過人，也很有軍事指揮才能，在阿保機的東征西伐中屢建戰功。

⊙輔佐得力

唐昭宗天復元年（九〇一年），時任迭剌部夷離堇的阿保機，領兵征討奚族，久攻不下，十分著急，派耶律曷魯帶箭前去勸降對方，卻被奚人抓了起來。

耶律曷魯毫不畏懼，勸奚人首領道：「契丹和你們語言相同，如同一個國家，契丹對你們怎麼會有凌辱欺侮之心呢？漢人殺了你們的首領，我們的夷離堇也很痛恨漢人，日夜不忘為你們復仇，但又擔心勢單力薄，無法取勝，這才派我來你們這裡求援，又怕你們不信，才讓我帶箭來。我們的夷離堇受命於天，以恩德領導百姓，所以有了今天的強大勢力。如果你們今天殺了我，便是違背天意，將有大禍臨頭。刀刃相向，戰火連綿，對你們又有甚麼好處呢？」奚族首領聽信耶律曷魯之言，率眾歸順了阿保機。

天復三年（九〇三年），契丹族的于越被人殺死，阿保機的處境也很危險，耶律曷魯不離左右保護。後來，阿保機當上了于越，獨攬軍政權力，想讓耶律曷魯做迭剌部的夷離堇，卻被謝絕，繼續擔當侍衛。

後梁開平元年（九〇七年），痕德堇可汗病故，阿保機的部下一致推舉他做聯盟的可汗，耶律曷魯態度積極。為了讓阿保機即汗位，想盡各種辦法尋找充足的理由，說服阿保機，最終如願以償。

⊙勸進有功

阿保機做了可汗，開始向帝制邁進。他為了加強親信力量，組織了屬於個人私有的軍隊「腹心部」，共有兩千人，腹心部的統帥便是極為信任的耶律曷魯。從後梁乾化一～三年

契丹大字銀幣　遼

這枚銀幣的契丹文字上下左右順讀，其意思並不一致，一般解釋為「天朝萬順」「天祿通寶」或「千錢直萬」等。

（九一一～九一三年），阿保機的兄弟為了權位，多次策劃叛亂。耶律曷魯竭盡全力支持阿保機，並在阿保機平定其兄弟的戰爭中立下汗馬功勞。

阿保機在與兄弟爭鬥的過程中，認識到迭刺部的關鍵作用，這也是以後稱帝的最大障礙。為了充分控制迭刺部，阿保機讓耶律曷魯擔任迭刺部的首領。這次，耶律曷魯很痛快答應了，因為他和阿保機一樣，也強烈知道迭刺部的重要作用。

後梁貞明二年（九一六年），耶律曷魯認為阿保機稱帝的時機已經完全成熟了，於是聯合眾人勸說阿保機稱帝建國。阿保機稱帝後，封耶律曷魯于越之職，尊號「阿魯敦于越」，意思是盛名的于越，在契丹歷史上，獲得這種稱號的他是第一人。

契丹建國後，耶律曷魯知道鞏固政權的關鍵仍然是迭刺部，建議阿保機將迭刺分為兩部，以削弱其力量。在病重時，還不忘向前來探望的阿保機提及此事。死後不久，阿保機採納了他的意見，將迭刺部分為五院和六院。

在阿保機四處征戰和稱帝建國的過程中，耶律曷魯的作用幾乎是無人可以代替的，他是阿保機的重臣和忠臣。然而，在阿保機建成都城後宴請群臣時，四十七歲的他卻不幸病故。阿保機聽到噩耗後傷心說：「他如果能再輔佐三五年，我還能有更大的建樹。」耶律曷魯下葬後，阿保機又為他的墓賜名「宴答」，意思是盟友或者結義兄弟。

《遼史》對整個遼代的功臣做過統計和比較，得到過于越這種極高榮譽的人只有三個，即耶律曷魯、耶律屋質和耶律仁先，而耶律曷魯是第一個。

玉雕孔雀　遼

長五．五公分，器物雕琢孔雀開屏，雕工精湛，神態逼真生動，是典型的具有代表性的遼代工藝品。

遼太祖陵門——黑龍門

狠心斷腕的述律后

●時間：西元八七九～九五三年
●人物：述律后

述律后即耶律阿保機的皇后，名月理朵，漢名平。阿保機稱帝時封她為應天大明地皇后。到遼太宗時又尊為應天皇太后，死於遼穆宗應曆三年（九五三年），終年七十五歲。阿保機死後，她利用契丹殉葬的民俗，打擊異己大臣，自己也被迫陪葬一隻手，所以歷史上又稱她為斷腕太后。

⊙親上親

述律氏家族起源於回鶻，阿保機之妻月理朵的曾祖魏寧做過舍利（契丹族爲其貴族中勇猛但沒有官職的子弟設的稱號），祖父慎思做過皇家總管梅里，父親月碗也做過梅里。月碗娶阿保機的姑母為妻，生下月理朵。月理朵成年後，又嫁與舅舅撒剌的之子阿保機。

月理朵在阿保機一生的事業中作用是相當大的，本人非常有智謀，而且還能領兵作戰。每逢大事，都能幫阿保機果斷應變。

契丹民間有一個關於月理朵的傳說：有一次，她見到地神站在遼水和土河的交匯處，但是地神一見她，便趕忙躲開了。據此，有一句童謠流傳：「青牛嫗，曾避路。」傳說與童謠傳開後，月理朵便成了地神的化身，使她在當時信仰神靈的契丹社會中更充滿了神祕感，無形中增加了她的威信。

⊙鼎力助夫

在阿保機的事業上，月理朵傾注了全部精力。她為阿保機盡力發現、保舉人才，漢人韓延徽就是一個很突出的例子。

在阿保機領兵四處征討時候，月理朵便主持後方工作，堅守大本營，使阿保機能在前線集中精力，不致分心。在平定諸弟叛亂的過程中，正是她派兵追擊攻打大帳、掠走神帳和旗鼓的叛軍，並奪回了象徵可汗權力的旗鼓。在其影響下，她的兄弟也大力支持阿保機，在阿保機與其他人的政爭中，充分發揮了作用。因為佐助有功，阿保機也不斷提高妻族述律氏的地位和權力，僅次於皇族耶律氏。

遼太祖陵享殿石柱礎

阿保機戰勝所有的對手，順利登上皇位後，月理朵自然成了皇后。為了擴充疆土，阿保機又積極四處用兵，後方的事務全都落到了能幹的述律后身上。

為進一步鞏固後方，述律后徵得阿保機同意，建立了歸自己直接統轄的宮廷衛隊。事後證明，她的這一舉措確有先見之明。有一次阿保機帶兵出征，室韋部落的黃頭和臭泊兩個家族便計畫趁機偷襲，述律后覺察，派兵埋伏守候，大破室韋人，這一仗使述律后聲名大振。

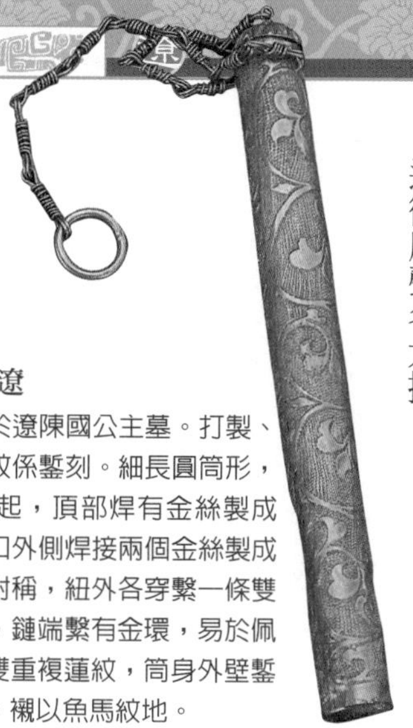

鏨花金針筒　遼

此金針筒出土於遼陳國公主墓。打製、焊接成型，花紋係鏨刻。細長圓筒形，有蓋，蓋頂隆起，頂部焊有金絲製成的小環鈕，筒口外側焊接兩個金絲製成的小鈕，左右對稱，鈕外各穿繫一條雙環束腰形金鏈，鏈端繫有金環，易於佩掛。蓋頂鏨刻雙重複蓮紋，筒身外壁鏨刻纏枝忍冬紋，襯以魚馬紋地。

除了領兵作戰外，述律后也經常參與謀劃一些重要的戰爭計畫，並曾阻止了阿保機的一次毫無意義的出征。這一年，南方的吳國向契丹進獻了一種猛火油，聲稱油遇水後火不但不滅，反而會燒得更旺。阿保機聽了心動，即刻就想領兵攻打幽州城，試試猛火油的威力。

述律后沒有單純阻止，而是另外提出騷擾幽州的戰略。她說：「我們用三千騎兵埋伏在幽州一側，再掠其四野，斷絕城中糧食來源，不用幾年，幽州便不攻自破。如果冒險用兵，萬一不能速勝，不但會被中原的人恥笑，我們內部還有解體的可能。」

阿保機一開始並沒有放在心上，後來經過仔細考慮，深感同意，便不因一時衝動攻打幽州了。

阿保機曾在神冊二年（九一七年）和神冊六年（九二一年）兩次率兵南下中原，但都失敗。這時，想起妻子騷擾幽州的策略，便立即實施，果然取得了很好的成效。述律后的這一謀略在阿保機出兵渤海時同樣得到了充分的展現。

⊙偏心幼子

阿保機征討渤海國時，述律后隨行。攻下渤海國後，阿保機建立東丹國，命長子耶律倍做東丹王，自己在返途中死於扶餘城。

按照游牧民族的傳統習慣，在新君選出之前，由皇后主持政務，繼承人也要由皇后主持召開大會選舉產生。述律后暫時掌握了軍政大權，待阿保機安葬之後，她主持了由契丹貴族參加的推薦繼承人大會，並按照自己的意願選擇阿保機次子耶律德光為繼承人。

最初，阿保機曾立長子耶律倍為太子，一方面，耶律倍頗有才幹，另外也符合中原王朝嫡長子繼承制的做法。但在滅渤海國後，阿保機改命耶律倍管理渤海地區，可能是述律后影響，準備讓次子耶律德光繼位。耶律倍後來被迫逃奔後唐，被後唐李從珂所殺。

阿保機在世時曾對三個兒子做過一次測試：讓兄弟三人一起砍柴，看誰先回來。次子耶律德光最先回來，不選擇柴的好壞，砍完了就往回走。老大耶律倍選擇砍了一些乾柴回來。老三李胡砍了很多，卻又扔掉不少，回來後袖手而立，有些慚愧。

以後的事實與這次測驗的結果似乎頗為印證：耶律倍仁義，但沒有大的謀略，鬥不過二弟。耶律德光以機巧繼承、鞏固了帝位。老三李胡殘暴，不得人心，述律后想立他為帝，遭到眾人的反對。阿保機總結這次測驗道：「長巧而次成，少不及也。」說明他對老大、老二都很欣賞的。

然而，耶律倍不會討好母親，雖然才學過人，精通音律和醫藥，也擅長寫契丹和漢文章，但母親述律后不喜歡。尤其他推崇孔子的思想，建議以儒家學說治國，更使守舊的母親傾向於二弟。

⊙狠心斷腕

在正式選舉皇位繼承人之前，述律后就未雨綢繆，充分利用主持阿保機葬禮的機會清除政敵，而且表現得既果斷又狠毒。因為大臣當中支持長子和次子者勢均力敵，為了掃除以後耶律德光政治上的敵對勢力，她以傳統的殉葬制度為理由，命作對的人為阿保機殉葬，單就這一個藉口就殺掉了一百多名大臣。但她也付出了一隻手的代價。

述律后命漢人趙思溫為阿保機殉葬，趙思溫不從。述律后責問：「你和先帝不是很親近嗎，為何不呢？」趙思溫反駁道：「論與先帝親近，誰也比不上皇后。皇后去，我馬上就去。」述律后狡辯說：「幾個兒子還年幼，國家也沒有君主，我暫時不能去。」

最後，述律后為了除掉趙思溫這個難對付的大臣，竟狠下心來，將自己的一隻手從手腕處砍斷，這就是歷史上有名的「太后斷腕」的故事。

阿保機死後，述律后的權勢不降反增。首先，耶律德光是由於她的堅持才得以繼位稱帝。耶律德光對母親非常孝敬，述律后因病不進食，他也守在一旁不吃飯。耶律德光對母親也很敬畏，有時候說話不當，述律后便橫眉怒視他，耶律德光就嚇得趕緊退出，若母親不召見，便不敢再去見她。

其次，述律家族本身勢力很大，耶律德光的皇后也是述律族，而且是述律后弟弟的女兒。阿保機在世時，述律族的地位和權勢就僅次於皇族，阿保機死後，述律太后主政，述律家族的權勢更重。反過來，家族的勢力

金花銀奩　遼

對述律后的權勢也是一個保障。

另外，得益於地神躲避的傳說，述律后自身具有一股神祕色彩，一般人不敢對她有所不敬。

⊙反對南征

述律后重視牧業，輕視農業，所以對用兵中原不太熱心，只希望在草原地區建立穩固的統治。

有一次阿保機出兵幽州時，她反對道：「我們有這麼廣闊的地方，羊馬無數，在這裡享受無人可比，又何必興師動眾遠征，得那麼點利益呢？我聽說晉王用兵，天下無敵，假如出兵作戰不利，後悔就來不及了，到時又有誰能相救呢？」她的策略就是用少量騎兵騷擾，掠奪財物和人口就達到目的了。

遼世宗「天祿通寶」銅幣

耶律德光繼位後，繼承了父親用兵中原、擴疆土至黃河以北的志向，屢次南下，但述律后總是攔阻。後唐節度使石敬瑭為奪帝位，獻書契丹，稱臣割地，約契丹攻打後唐。就在耶律德光接到石敬瑭書信，準備南下時，述律后仍然不願出征，儘管這次出征的把握性很大。述律后對兒子說：「我兒將行，記住我一句話，如果有人乘虛北上攻打我們，你就趕快回來，不要再前往太原了。」

後來，耶律德光在滅後晉後回兵時，病死在欒城。耶律德光的靈柩運回上京時，述律太后既沒有哭，也沒有立即發喪，而是宣布等到各部落安定、不再發生變亂時再行喪禮。

⊙被囚至死

耶律德光死後，述律太后還是想立三子李胡為帝，然而，李胡生性極為殘忍，沒有威望。當年，述律后因為偏袒耶律德光，已經得罪了一大批人，而且殺掉了很多大臣，這時被殺大臣的兒子都已成人，他們聯合共同向述律太后發難。在南院大王耶律吼、北院大王耶律窪以及直宿衛耶律安摶等人的帶領下，擁立東丹王耶律倍之子耶律阮為帝。

述律太后得知，異常惱怒：「我兒南征東討，功業卓著，繼位者應該是在我身邊的孫子，耶律阮的父親棄我逃奔後唐，是大逆不道之人，怎麼能立這種人的兒子為帝呢？」

於是，命三子李胡率軍討伐，與耶律阮隔湟水對峙。然而，與李胡同行的後晉降將李彥韜倒向耶律阮，李胡敗退而回。

大臣耶律屋質趁機勸說述律太后罷兵言和，述律太后見無力左右局勢，只好承認耶律阮的帝位。但內心仍留戀棧昔日的權勢，所以暗中繼續尋機謀劃廢耶律阮而立李胡。事洩，被幽禁在阿保機陵墓旁，直到七十五歲時去世。

【耶律德光屢下中原】

●時間：西元九二六～九四七年
●人物：遼太宗

遼太宗耶律德光，耶律阿保機的次子。在阿保機的三個兒子當中，他和長子耶律倍都很受阿保機的喜愛，但耶律德光更像父親，在阿保機四處征戰的時候，耶律德光都跟隨出征，因此立功甚多，一直到後來平定渤海國，都有建樹。所以同樣有勇有謀的母親述律后才對他另眼相看，在繼承皇位的問題上全力支持，反對喜歡漢族文化的長子耶律倍繼位。

⊙處心積慮保皇位

由於耶律德光是在母親述律太后的支持下才得以即位的，許多大臣並不支持，特別是哥哥耶律倍更是不服，阿保機當初曾立耶律倍為太子，耶律德光一直將他當作最大的政敵。所以即位之初，耶律德光花了大量的精力，採取一系列的措施來鞏固帝位，直至耶律倍逃亡後唐。

首先，耶律德光加強對軍隊的控制。經常檢閱侍衛親兵、各部族及各帳軍隊，充分控制軍權，防止異己勢力在其中滲透，從根本上鞏固權勢。

其次，對耶律倍管轄的渤海國嚴加防範。為削弱渤海國的力量，趁耶律倍離開屬地進京之機，將渤海國大量居民遷移至其他地方。此後，渤海國土地面積逐漸縮小，並將其政治中心遷至離契丹很近的地方，便於監視控制。

為進一步防範哥哥，耶律德光又兩次前往耶律倍處，名義上探望兄長，實際上是為了進一步瞭解情況。耶律倍住在京城時，耶律德光又趁機到渤海國，目的為了拉攏耶律倍的屬下充當耳目。等耶律倍及其部屬要回渤海國時，他又抓住時機召見其屬下，在宮中設宴招待，進一步拉攏，分化耶律倍的力量。

不久，在其母述律太后的授意下，耶律德光又將其弟李胡立為皇太弟，作為皇位的繼承人。在弟弟的一次次打擊下，耶律倍終於無法忍受，同時為避免以後遭受不測，渡渤海投奔了後唐。耶律德光費盡心機，終於達到了目的。

這時的契丹人似乎比較厚道，耶律德光僅僅將其兄逼走，而沒有設計殺他。阿保機當初也是如此，兄弟叛

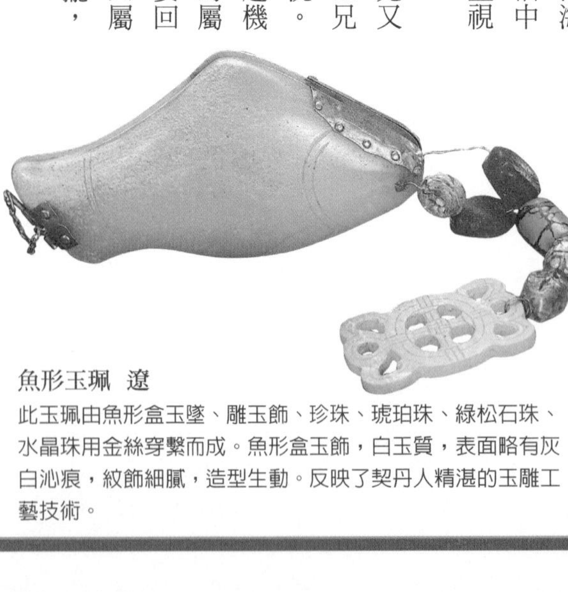

魚形玉珮　遼

此玉珮由魚形盒玉墜、雕玉飾、珍珠、琥珀珠、綠松石珠、水晶珠用金絲穿繫而成。魚形盒玉飾，白玉質，表面略有灰白沁痕，紋飾細膩，造型生動。反映了契丹人精湛的玉雕工藝技術。

亂，卻沒有立即處死，而是全部赦免，最後一次叛亂才殺了一些人，但對於首犯也沒有斬首，僅只處以杖刑。

⊙承父業爭霸中原

在鞏固帝位後，耶律德光準備實現父親的遺志，向南用兵，爭霸中原。耶律阿保機在位時一直想把疆土擴展到黃河岸邊，進而擁有黃河以北的大片領土，但中原勢力一直抵制契丹。契丹用兵，總是要趁中原勢力相爭時打著支援的旗號。

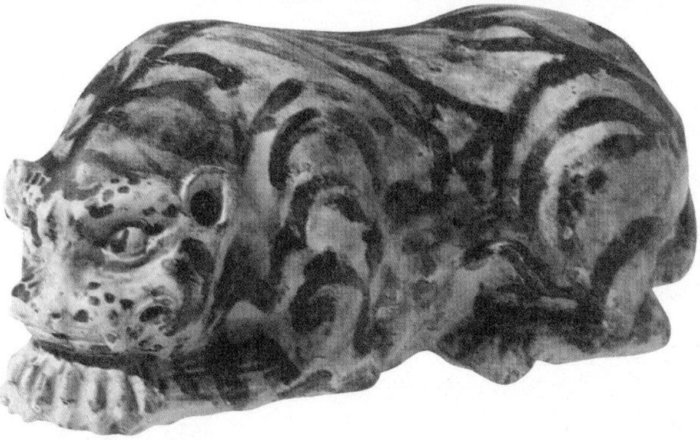

白釉黑花虎形枕　遼

高十四公分，長三十二公分，寬十四公分。出土於遼寧省朝陽市西大營子鄉郭家村。枕呈伏虎形，白釉黑花，虎目圓睜，頗具氣勢。此枕為遼代枕中動物造型枕的代表。

後唐統治時期，尤其明宗在位時，中原相對安定，再加上後唐的軍隊戰鬥力很強（由於身穿黑衣，號稱鴉軍），而當時的契丹尚沒有專門的作戰部隊，所以在和中原王朝交兵時，屢遭敗仗。因此，儘管契丹的勢力日漸壯大，耶律德光也要等到中原變故時才乘虛而入。一直到後唐明宗李嗣源死後，石敬瑭為奪帝位向遼求援時，耶律德光才決定南下中原。

時任太原節度使的石敬瑭為奪帝位，背叛後唐，唐末帝李從珂派兵圍困石敬瑭駐地晉陽城。石敬瑭以向遼國稱兒皇帝以及燕雲十六州為條件，請求契丹出兵援助。面對誘人的條件，等待已久的耶律德光喜出望外，親自率兵相救。

耶律德光冊封石敬瑭為大晉皇帝，自己得到了一大塊肥肉，不費吹灰之力便將渴望已久的燕雲十六州收入契丹的版圖，而且，每年還有大批的布帛進貢。然而，這塊意外的肥肉耶律德光也只品嘗了十來年的時間，最後還把命丟在了中原。

⊙三戰滅後晉

耶律德光得到燕雲十六州後，下一個目標就是繼續南下，將契丹邊界推至黃河岸邊。石敬瑭死後，姪兒石重貴繼位，在侍衛親軍都指揮使景延廣的支持下，對契丹稱孫不稱臣。後晉態度的變化，正好給伺機南下的耶律德光提供了良機和藉口。

時任契丹幽州節度使的後唐降將趙延壽，也想仿效當年石敬瑭之舉，屢勸耶律德光攻打後晉。後晉青州節度使楊光遠因被石重貴猜忌，也暗通契丹。後晉南方盤據著割據稱王的吳越、後蜀，虎視眈眈，統治集團內部紛擾不斷，加之連年的旱、蝗、澇、饑，餓殍遍野，民怨沸騰。此時的後晉，內外交困。

耶律德光心動不已，乘著千載難

天寧寺塔　遼

天寧寺塔建成於遼末（一一〇〇～一一二〇年），塔在北京市廣安門外。

逢的時機，發動了對後晉的戰爭，經過三次大規模用兵，滅了後晉。在滅後晉長達三年的戰爭中，耶律德光充分顯示出過人的謀略。最大限度利用了漢族官吏的稱帝野心與他們之間的衝突，這得益於他多年來對中原政治、軍事情報的瞭解和掌握。

他先利用趙延壽稱帝的野心，讓他充當與後晉作戰的先鋒，許諾趙延壽在滅晉後讓他做皇帝，所以趙延壽非常賣力。等最後滅了後晉，耶律德光卻閉口不提當初的許諾，趙延壽恬不知恥提出立自己為太子，耶律德光聲稱太子應該立自己的兒子。後來，又在他的授意下，有大臣提議將趙延壽職位中「都督中外諸軍事」給取消了。

對於另一個重要人物——後晉北面行營部招討使杜重威，耶律德光也採取同樣的辦法，先許諾給與皇帝之位，待其投降後，讓他穿上赭黃色袍服在軍中示眾，最後只封他為太傅。

青玉松鶴人物山子　遼

高十一·九公分。青白玉質地，山形奇異，孔洞交織，山上猢猻姿態百出，山中瀑布穿石而出，直流而下。山腳一童子捧物前行，其下一仙鶴緩步而行；山子一側利用質料的天然皮色琢成松樹，樹下長靈芝數株，生機盎然，底有大小兩孔。

由於後晉軍民的誓死抵抗，契丹對後晉的戰爭十分艱苦。第一次發兵，僅趙延壽部取得部分戰果。第二次發兵，被後晉皇甫遇、慕容彥超、李守貞等部打得大敗而歸。這時，契丹國內也發生了天災，人畜大量死亡，各部落也有厭戰情緒，因此，當後晉準備派使議和時，述律太后便極力勸說耶律德光罷兵。

述律太后問兒子：「如果漢人做契丹王行嗎？」耶律德光說：「不行。」述律太后又問：「那你為甚麼非要當漢王呢？」耶律德光說：「石氏忘恩負義，不能容忍。」述律太后勸道：「你就是得了漢地也不能久留，萬一有甚麼意外，後悔就來不及了。」

耶律德光沒有聽從母親的勸告，堅持要後晉割讓鎮州和定州，才肯息兵。雖然一時失利，耶律德光於次年第三次出兵伐晉。這次，他掌握時機，利用杜重威的怯懦和野心，勸降成功，不久，後晉被滅。

【南北面官制】

●時間：西元九二六～九四七年
●人物：遼太宗

除開拓疆土之外，遼太宗對遼朝的貢獻要數對政治制度的完善了。遼太宗將後晉的一整套漢族官制帶到了遼國，加上原來阿保機時期確立的官制，終於使遼在部分漢化的過程中形成了具有自己特色的民族官制。

隨著契丹版圖的不斷擴大，為了更有效管理境內不同的民族，耶律德光在漢人的幫助下，遵循「因俗而治」的原則，制訂了北、南兩套完整的制度，也稱「北南面官制」。

⊙北面官制

北面官制，又稱「國制」，即契丹本族官制，官員一律由契丹族人擔任，掌管契丹及其他游牧民族的軍政事務。因為契丹人有崇拜太陽的習俗，面向東方，以左為貴，所以契丹人的官署都在北方，稱為北面官。

鎏金海東青銅飾片　遼

海東青圖案常見於契丹人的墓葬壁畫和裝飾上，這個飾片即是如此。海東青張翅佇立，神態雄猛，極為傳神，是契丹鏨刻藝術中的上乘之作。

北面官制中的中樞機構稱北面朝官，北面朝官又分南、北兩個部門。北面朝官中的最高機構，也是契丹的最高行政機構是北南樞密院，分別掌管軍政和民政，也稱北衙和南衙。北面朝官中還有北南樞密院中丞司，掌管糾察檢舉百官。北南宰相府也參與軍國大事，類似於漢族官制中的參知政事。另外，大惕隱司掌管皇族的政教事務，夷離畢院掌管斷案、刑獄，敵烈麻都司掌管禮儀。北面朝官諸職之上並設置了一個沒有實際權力的大于越府，僅是一個榮譽稱號，和漢族官制中的太師差不多。一般人很難得到大于越的稱號，整個遼朝只有三個人得過。

北面朝官以外，北面官中還有這麼幾個主要的機構：

北面御帳官，下設侍衛司負責皇帝御帳的護衛，北南護衛府負責北南兩個樞密院的護衛工作。

北面皇族帳官，由阿保機的後裔、阿保機伯父的後裔、阿保機叔父的後裔、阿保機兄弟的後裔這四個系統的皇族擔任，分別設置有職權的營帳，稱四帳皇族，地位很高。其下設有分支機構，大內惕隱司就專門掌管四帳的政教事務。

契丹大字銀幣

北面諸帳官，專為皇族之外的其他有地位的部族而設，如遙輦氏、渤海王族等，一方面表示恩寵，另一方面也是為了進行有效的控制。

北面宮官，主要掌管宮廷日常事務。

⊙南面官制

耶律德光得到燕雲十六州後，進一步完善漢族官制，仿效唐朝官制，設立三省六部等一整套管理機構，並招徠漢族人管理漢族人的事務。南面官主要由漢人擔任，也有少數契丹人，統稱為漢官，身穿漢服。

南面官中的主要機構有：漢人樞密院，阿保機統治時稱「漢兒司」，其他有中書省、尚書省、門下省、御史臺、翰林院等。

⊙地方官制

在地方官制當中，也是兩套制度並存——部族制與州縣制。契丹人和其他游牧民族實行部族制，而漢人和渤海人則使用效仿唐朝的州縣制。

耶律倍的東丹國即原渤海國，是封國，原先並不受契丹中央直接管轄，東丹王全權管理本地事務，可以自建年號與國號，而且有權直接和外國交往，宰相以下官員可以自行任免。耶律倍投奔後唐以後，耶律德光趁機整頓東丹的行政制度，在東丹國設立中臺省，派遣官員參與當地政務管理，加強對東丹的直接控制。

契丹文字　遼

契丹大字筆畫比漢字簡單，但字數仍有三千之多，很難掌握。並且用以記錄多音節詞彙比較多、語法中有黏著詞尾的契丹語時，效果也不理想，後來，迭剌參照回鶻字對大字加以重新改造，又創制了契丹小字。契丹小字是拼音文字，拼音方法受回鶻字的啓發和漢字反切注音的影響，有三百多個表音符號，稱作原字。將若干原字拼合以記錄契丹語，使用起來比大字更為方便。

仕女出遊圖　遼　壁畫

具有晚唐至五代宮廷繪畫的風格，畫中仕女頗有中原仕女風姿。此畫對研究中國唐末至五代的繪畫藝術，及契丹與中原的關係，具有重要的價值。

耶律倍投後唐

●時間：西元八八九～九三六年
●人物：耶律倍

耶律倍，後世追封為遼義宗，是遼太祖耶律阿保機的長子，母親是淳欽皇后述律氏，與後來繼承遼太祖皇位的遼太宗耶律德光是親兄弟。耶律倍自幼聰敏好學，外寬內摯。遼神冊元年（九一六年）春，耶律阿保機立耶律倍為皇太子。

⊙傾心儒家

耶律阿保機曾問侍臣：「受天命的君主，應當敬畏、侍奉天地神靈。我想祭奠那些有顯著功德的人，應該先祭奠誰呢？」眾人都說行祭佛陀，阿保機卻認為佛陀不屬中土。耶律倍建議道：「大聖先師孔子，萬世景仰，應當先祭拜他。」阿保機聽後大悅，隨即下詔修建孔廟，由耶律倍主持每年春秋祭祀活動。

耶律倍曾跟隨阿保機征伐烏谷、党項等部族，多次擔任先鋒都統一職，顯示出卓越的軍事才能。阿保機西征，耶律倍留守京師。

天顯元年（九二六年），阿保機出兵攻打渤海國，耶律倍隨行。契丹攻下扶餘城後，阿保機打算先行休整，登記、核對當地人口。耶律倍勸諫道：「我軍剛攻下這座城池，現在這麼做會引起城裡居民不安。如果乘破竹之勢，直接殺向忽汗城，一定能順利攻下。」

阿保機同意，命耶律倍與耶律德光擔任前鋒，夜圍渤海國都忽汗城。渤海王驚慌失措，只好請降。不久，又發動叛亂，早有防範的阿保機很快便鎮壓了叛亂。

阿保機將渤海國改名為東丹，改忽汗城為天福城，封耶律倍為人皇王，統治東丹國。耶律倍穿天子冠服，建元甘露，設官立職，一切都循漢制。阿保機非常放心把東丹國交給耶律倍管理，對耶律倍說：「此地臨海，並非久居之地。留你在此治理，我一點都不擔心。」

⊙被迫出走

在述律太后的支持下，耶律德光繼承了帝位，把耶律倍看作最具威脅的帝位爭奪者。他把東平（今遼陽市）設為南京，令耶律倍離開東丹國，遷到東平居住，並安排了許多衛士，監視耶律倍的日常起居，變相軟禁耶律倍。

耶律倍為了表明無意爭奪帝位，讓隨從王繼遠撰寫〈建南京碑〉文，並在居住的西宮建起一座藏書樓，整日讀書作畫，閒散度日。為了避禍，耶律倍數次將王妃和長子耶律阮留在東平，只帶寵妃高美人前往閭山（在今遼寧錦州），隱居了一段時間。

後唐明宗李嗣源得知耶律倍不見

東丹王出行圖　遼　李贊華

縱二十七．八公分，橫一百二十五．一公分。李贊華繪。遼東丹王李贊華自投後唐明宗後，長期居住中原，其畫風對後世影響很大。從文獻著錄來看，此卷是李贊華所畫的一件精品。人物形象似胡人，各具姿態，衣冠、服飾、佩帶亦各有不同，馬匹矯健、豐肥。東丹王神情憂鬱，若有所思，正合其棄遼投唐後的處境。

容於耶律德光，便派密使渡海見耶律倍，勸他投奔後唐。天顯五年（九三○年）十一月，耶律倍決定前往後唐。率隨從悄悄離開南京，進入後唐境內的登州（今山東蓬萊）。

出海離國之前，耶律倍對左右說：「我把天下讓給了當今皇上，可是仍然遭到猜疑。不如前往他國，以成吳太伯之名。」

吳太伯為周代太王之子，當吳太伯得知周太王想讓季歷繼位，便帶其弟仲雍避居於荊蠻。季歷即是周文王的父親。孔子曾評論吳太伯：「可謂至德矣。」

在海上，耶律倍刻木作詩曰：「小山壓大山，大山全無力。羞見故鄉人，從此投外國。」背井離鄉、遠走他國時的悽涼心情盡顯其中。

得知耶律倍來投，唐明宗十分高興。以天子儀衛出迎，賜耶律倍姓東丹，名慕華，任命為懷化軍節度使，瑞、慎等州觀察使。不久，唐明宗又賜耶律倍姓名為李贊華。後唐長興三年（遼天顯七年，九三二年），又封為義成節度使。

長興四年（遼天顯八年，九三三年）十一月，唐明宗病死，第五子李從厚即位。數月後唐明宗養子李從珂謀反，奪了帝位，改元清泰。

當時居住在洛陽的耶律倍，向契丹密報李從珂弒君自立一事，並建議派兵征討。契丹獲報後，開始在後唐邊境上發動試探性的進攻。

後唐河東節度使兼北面都總管石敬瑭心懷異志，雖然身負防禦契丹南下的重任，卻暗中與契丹聯絡，準備叛變。

後唐清泰三年（遼天顯十一年，九三六年），石敬瑭上表，指責李從珂篡位，要求讓位於明宗之子李從益。石敬瑭隨即投靠契丹，稱耶律德光為父，並以燕雲十六州為代價換取與契丹的結盟。

九月，耶律德光率軍南下，在晉陽城外消滅了後唐軍主力，又在石敬瑭的帶領下，攻破了洛陽。李從珂見洛陽城破、大勢已去，便強迫尚在洛陽城中的耶律倍一同投火而死。

睡王遼穆宗

●時間：西元九三〇～九六九年
●人物：遼穆宗

遼應曆元年（九五一年）九月，遼平息察割之亂後，群臣擁立遼太宗長子耶律璟，是為遼穆宗。穆宗好遊戲，厭國事，每夜酣飲，達旦乃寐，日中方起，國人稱之為「睡王」。

⊙鎮壓內亂

耶律倍死於後唐，其長子耶律阮（字兀欲）回到東丹國，受封為永康王，後來隨同耶律德光攻打後晉。

後晉天福十二年（九四七年），耶律德光滅後晉，終於做上了中原的皇帝，於是改契丹國號為遼。四月，耶律德光在歸途中死於欒城（今屬河北），廟號尊為太宗。

遼太宗死後，眾人擁立耶律阮為帝，即遼世宗。天祿五年（九五一年），遼世宗不顧大臣反對，出兵援助北漢，攻打後周，行軍至祥古山（在今河北宣化）時，皇族耶律察割兵變，殺遼世宗自立為帝。大將耶律屋質佈署軍隊，誅殺察割，立遼太宗長子壽安王耶律璟繼位，改元應曆，即遼穆宗。

即位之初，遼穆宗同樣面臨皇位不穩、統治集團內部衝突日益尖銳等問題。

應曆二年（九五二年）正月，太尉忽古質謀反，事敗被誅。四月，羽林部署辛霸卿等三十二人南奔後周。六月，宣政殿學士李澣寫信給在後周做官的哥哥李濤，密謀投奔後周，國舅政事令蕭眉古得發現後未報，事情洩露後，蕭眉古得被殺，李澣杖刑。

七月，政事令耶律婁國不滿穆宗的昏庸，覬覦皇位。在誅殺耶律察割時立有大功的耶律敵烈，因未被重用而心懷不滿。兩人便互相結納，並勾結侍中神都和郎君海里，陰謀篡位。事情洩露後，穆宗縊殺耶律婁國，將耶律敵烈凌遲處死。

應曆三年（九五三年）十月，李胡之子衛王耶律宛與郎君嵇幹等謀反，並牽連到太宗次子太平王罨撒葛和林牙華割、郎君新羅等人。穆宗將眾人一併逮捕，處死華割、嵇幹，釋放了耶律宛和罨撒葛。功臣耶律安摶則被指控參與罨撒葛謀亂，死於獄中。

十年（九六〇年）七月，政事令耶律壽遠、太保楚阿不等人謀反，皆處死。不久，李胡之子趙王耶律喜隱

乳釘紋高頸玻璃瓶　遼

瓶高十七公分。無色透明，含有氣泡，表面有風化層。雙唇，侈口，漏斗形細高頸，寬扁把，球形腹，喇叭形高圈足。把用十層玻璃堆成花式鏤空狀，口沿有一周淡藍色顏料，腹壁飾五周小乳釘紋。

謀反，李胡受牽連被拘，死於獄中。次年二月，耶律喜隱獲釋。

穆宗鎮壓了上述謀叛，但反對者仍大有人在。世宗次子耶律賢祕密結納韓匡嗣、耶律賢適和女里等人，伺機推翻穆宗。穆宗的失政也引起了各部族的叛離。

應曆十四年（九六四年）秋，黃室韋大掠馬牛，叛逃而去。同年冬，統軍庫古只擊敗黃室韋，收為部下。

與此同時，烏古部也開始叛亂，大掠人畜財物，詳穩（官名）僧隱戰死。次年二月，穆宗派樞密使雅里斯為行軍都統，虎軍詳穩楚思為行軍都監，合諸部兵討伐烏古。烏古部眾殺了長窣離底，投降契丹，不久又發動叛亂。

這時，大黃室韋酋長寅尼吉也叛亂。四月，小黃室韋叛亂，雅里斯、楚思等出兵鎮壓，被室韋擊敗。穆宗下詔招撫，遭到拒絕。

七月，烏古部劫掠上京北榆林峪居民，雅里斯等與之交戰，再告失利。十月，常思率兵進討，大破烏古部。歷時一年多的室韋、烏古叛亂才告平息。

⊙殘忍嗜殺

遼穆宗昏庸且十分殘暴。在平定叛亂、穩定政權後，覺得帝位無憂，便縱情玩樂。經常晚上喝酒作樂，直至次日清晨，白天酣睡，不理政事，因此得了個「睡王」的稱號。

早在即位之初，女巫肖古聲稱，用男子之膽可配製延年藥方，穆宗竟聽信妄語，為取膽而殺人無數。直到應曆七年（九五七年）才發覺受騙，將女巫處死。

應曆十三年（九六三年）春，穆宗曾一連九天晝夜酣飲。同年，以小過甚至無故殺死侍從官員多人。此後，經常不理朝政，晝寢夜飲，濫殺無辜，愈演愈烈。

穆宗嗜酒好殺，往往因微不足道的緣故，對近侍施以炮烙、鐵梳等酷刑。或親手刺殺，或命人斬殺、射靶，斷手足，折腰脛，劃口破齒，棄屍於荒野。如應曆十年（九六〇年），用鎮茵石鑿成的狻猊（獅子）像擊殺近侍古哥。應曆十五年（九六五年）以後，每年都有近侍無辜遇害，死者達百餘人之多。

十九年（九六九年）二月，穆宗在懷州（今內蒙古昭烏達盟巴林左旗林東鎮附近）打獵，醉於行宮，被近侍小哥、輿人花哥、庖人辛古等所殺。

穆宗一死，侍中蕭思溫與南院樞密使高勳等奉遼世宗次子耶律賢之命，率甲士千騎火速趕往行宮，擁立耶律賢，是為遼景宗。五年後，殺穆宗的小哥等人被捕處決。

契丹狩獵圖　遼　佚名

遼景宗守成

●時間：西元九六九～九八二年
●人物：遼景宗

遼景宗耶律賢是世宗第二子，生於天祿二年（九四八年）。穆宗即位後，將他養在永興宮。這是穆宗生父太宗的宮衛（即行宮）。太宗死後，永興宮由穆宗繼承，穆宗即位後，在該宮成長的耶律賢就成了這個宮衛的新主人。穆宗無子，視賢如己出。

⊙繼承皇位

幼時耶律賢深得遼穆宗喜愛，成年後卻對穆宗酗酒怠政十分不滿。經常向身邊的兩個親信女里和韓匡嗣流露出這種情緒。這兩人原是積慶宮的宮分人（即宮裡當差者），積慶宮原屬耶律賢生父遼世宗，穆宗即位後，二人隨耶律賢轉入永興宮，因此，與耶律賢的關係格外親密。

李胡之子耶律喜隱早就發現了耶律賢對穆宗不滿，並試圖加以利用。應曆十年（九六〇年），韓匡嗣出任太祖廟詳穩。十月，耶律喜隱謀亂，稱韓匡嗣是同謀，然而穆宗卻置之不理。本來，遼穆宗可以為任何小事對宮分人大開殺戒，但因為不願牽涉到耶律賢，使韓匡嗣倖免一死。

儘管如此，耶律賢和韓匡嗣等人還是深感不安，更加小心謹慎。穆宗一直沒有明確皇位繼承人，所以耶律賢隨時準備，以候時機。

應曆十九年（九六九年）二月，穆宗被弒。早有準備的耶律賢立即反應，命女里集結五百禁兵自衛，同時命侍中蕭思溫和南院樞密使高勳率甲騎千人，連夜奔赴行宮。

黎明時分，耶律賢率大隊人馬趕到，為穆宗痛哭，在群臣的「勸進」下，於穆宗柩前繼位，即遼景宗，改元「保寧」。

⊙謀反不斷

景宗即位的經過幾乎就是穆宗的翻版。相比之下，由於景宗事先準備充分，且掌握了較強大的武力，所以繼位更加順利。但即位不久，擁立的幾個關鍵人物之間很快又爆發了權力之爭，並且達到白熱化的程度

由於擁立中居功甚偉，高勳當了大丞相，女里也坐上了行宮都部署的高位，二人自以為深得景宗寵愛，於是恣意妄為，與景宗姨母等互通聲息，權勢炙手可熱，賄賂公行，門庭若市。景宗心腹耶律賢適十分耿憂，時常提醒景宗注意。

景宗即位後，景宗睿智皇后的父親蕭思溫地位迅速提升，當上了掌握兵權的北院樞密使兼北府宰相，且獲准後世可以襲承，已躍居高勳、女里之上。高勳和女里深感地位受到威脅。

保寧二年（九七〇年）五月，趁

蕭思溫隨景宗出獵時，二人合謀將其殺死。此案直至八年後才查清。保寧十年（九七八年），有人舉報女里私藏甲冑，審訊時從其衣袖中搜出了一封與當年謀殺蕭思溫有關的密信，於是真相大白，女里和高勳均被處死。

女里、高勳被殺不久，乾亨二年（九八〇年），又發生李胡之子耶律喜隱謀反事件。喜隱在穆宗朝就曾因謀反囚禁，景宗即位後，喜隱聽說有赦免令，便自去刑具，前去朝見。景宗大怒：「你這個罪人，怎麼可以隨意離開囚禁之所。」下詔殺了不負責任的看守，並重新囚禁喜隱。

但是，剛剛即位的景宗，需要更多的親信幫助鞏固統治地位，因此，景宗很快就饒恕了喜隱，不僅放其出獄，並將皇后的姐姐嫁給他，恢復宋王的封爵，竭力拉攏。然而，喜隱稍稍得志便忘乎所以，連景宗都不放在眼裡，被鞭打一頓。從此懷恨在心，伺機謀反。

保寧六年（九七四）四月，喜隱謀反失敗，削去宋王爵位，投入監牢。鑑於女裡、高勳事件的教訓，景宗除宗室外戚外，很少相信別人，所以在保寧九年（九七七年），喜隱又重新起用為西南面招討使，派往河東的北漢政權索還逃戶。

乾亨二年（九八〇年）六月，喜隱再次聚眾謀叛，失敗後，景宗下令將手足戴械，囚禁於祖州（治今內蒙古巴林左旗西南）。

三年（九八一年）五月，上京漢軍二百餘人叛亂，想劫持喜隱，立為領袖，由於城池堅固，久攻不下，叛軍便擁其子留禮壽為首領。叛亂很快被上京留守除室平定，留禮壽伏誅。乾亨四年（九八二年）七月，景宗不得已，將喜隱賜死。

景宗以武力奪權，在位十四年，契丹貴族內部的權力爭奪、謀殺、謀反，幾乎貫徹他統治的始終。

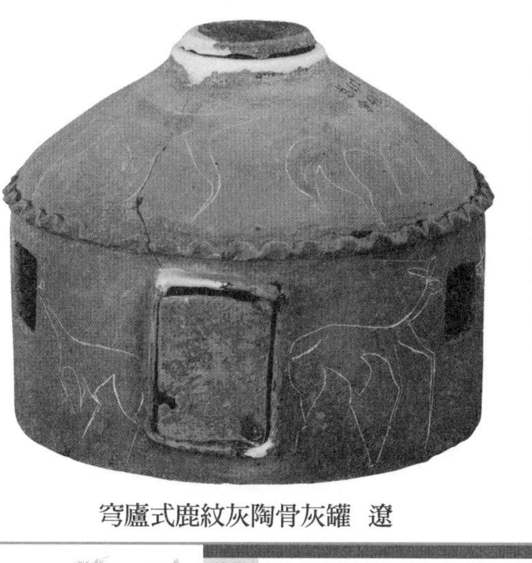
穹廬式鹿紋灰陶骨灰罐　遼

延伸知識

蕭思溫

蕭思溫（？～九七〇年），小字寅古。契丹族國舅部人。太宗女燕國公主駙馬，宰相蕭敵魯之姪。通書史。

穆宗時，任南京（今北京）留守。應曆九年（九五九年）後周世宗攻遼易（今河北易縣）、瀛（今河北河間）等地，蕭思溫畏懼不敢出戰。十九年（九六九年），穆宗射中一熊，思溫與牙里思等進酒上壽，穆宗醉臥，為庖廚所弒。思溫與大臣定策立景宗。

保寧元年（九六九年）任北院樞密使，兼北府宰相。因其女冊為皇后，加尚書令，封魏王。旋因勳臣貴戚不滿，從帝獵於閭山（今遼寧北寧西北），被刺身亡。

承天太后蕭燕燕

●時間：西元九五三～一〇〇九年
●人物：蕭燕燕

遼朝歷史上掌握最大權力的太后不是述律太后，而是蕭燕燕（九五三～一〇〇九年），蕭燕燕時代，達到官位頂峰的大臣是漢臣韓德讓（九四一～一〇一一年），後世傳說兩人的愛情故事，雖然或許子虛烏有，但君臣相得，共同締造了契丹族的盛世，卻是不爭的事實。

⊙助夫秉政

遼景宗皇后蕭燕燕，漢名叫綽，自幼聰明過人，性格執拗，喜愛讀書。有一次，其父蕭思溫頗有興致，觀察幾個女兒掃地，發現其餘的都馬馬虎虎，草草了事，只有蕭燕燕非常認真。他禁不住高興說：「燕燕將來一定會有出息。」

金花銀唾盂　遼

有一種說法稱，蕭思溫曾將蕭燕燕許配給韓德讓。韓德讓是阿保機統治時的著名漢臣韓知古之孫、遼景宗心腹韓匡嗣之子，自幼喜讀漢文典籍，文化修養深厚，文韜武略均名冠一時。

應曆十九年（九六九年），遼穆宗耶律璟被刺，蕭思溫等擁立世宗次子耶律賢為帝，為了報答擁立之功，耶律賢提出選蕭燕燕為貴妃。這年，燕燕才十七歲。

遼景宗耶律賢自小患病，多年不癒，身體虛弱，經常不能臨朝斷事，朝政大權逐漸轉移到皇后蕭燕燕手中。蕭燕燕勵精圖治，日夜操勞，從善如流，深得朝廷上下的擁戴。遼景宗對此非但不嫉恨，相反，為能找到這樣一位智勇雙全的皇后代政而感到慶幸。

保寧八年（九七六年），遼景宗下詔，自此以後史館學士記錄皇后之言也稱「朕」，將蕭燕燕擺到和自己相等的位置。

乾亨元年（九七九年），宋太宗滅北漢後，北上進攻遼國，包圍南京（今北京市）。韓德讓代父守城，與援軍內外夾擊，在高梁河大敗宋軍。

乾亨四年（九八二年），遼景宗病死，臨終時傳位給蕭皇后之子耶律隆緒，即遼聖宗，並頒詔：「軍國大事聽皇后命。」

傳說，蕭皇后請來身兼北南兩院樞密使的韓德讓，說：「我曾許嫁於你，現在皇上歸天，願與你相諧舊好。如今我子年幼當國，願你把他當作自己的兒子一樣！」

遼朝設北南兩樞密院，分管契丹

等游牧民族與漢族事務，韓德讓身兼兩院樞密使，且拜大丞相，總理朝政，這在遼朝歷史上是絕無僅有的。統和十九年（一○○一年），蕭太后賜韓德讓名德昌，三年後又賜姓耶律，改稱耶律隆運，封晉王。

韓德讓權傾一時，引起契丹貴族不滿，抗議道：「非我契丹族人，怎能委以如此重任！」蕭太后以詔書鞏固韓德讓的地位：「選官貴在得人，應當以賢能與否為尺度，怎能把種族界限當成不可踰越的障礙呢？」

韓德讓沒有辜負蕭太后的期望，與耶律休哥等人協力，彌合民族問題，勸農桑，修武備，使遼朝達到前所未有的盛世。

⊙宋遼之盟

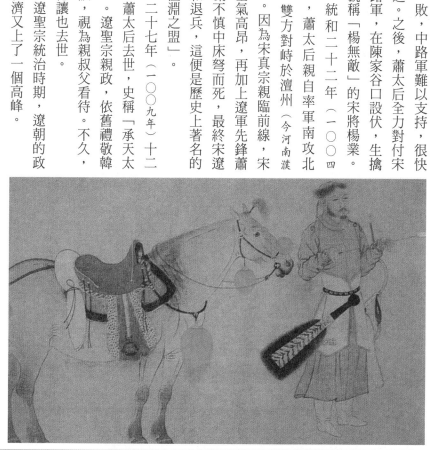

遼統和四年（北宋雍熙三年，九八六年），北宋再度大舉北伐。蕭太后臨危不亂，沉著應對，派駐紮南京的耶律休哥抵擋宋東路軍，命大將耶律斜軫抵擋宋西路軍，親自帶著兒子親臨前線，指揮作戰。

經過通觀全局、深思熟慮後，蕭太后決定集中主力對付宋東路軍，在涿州西南的岐溝關將其擊潰。宋東路軍一敗，中路軍難以支持，很快潰退。之後，蕭太后全力對付宋西路軍，在陳家谷口設伏，生擒了號稱「楊無敵」的宋將楊業。

統和二十二年（一○○四年），蕭太后親自率軍南攻北宋，雙方對峙於澶州（今河南濮陽）。因為宋真宗親臨前線，宋軍士氣高昂，再加上遼軍先鋒蕭撻凜不慎中床弩而死，最終宋遼議和退兵，這便是歷史上著名的「澶淵之盟」。

二十七年（一○○九年）十二月，蕭太后去世，史稱「承天太后」。遼聖宗親政，依舊禮敬韓德讓，視為親叔父看待。不久，韓德讓也去世。

遼聖宗統治時期，遼朝的政治經濟又上了一個高峰。

射騎圖 遼 佚名

縱二十七・一公分，橫四十九・五公分。畫中武夫腰弓持箭，立於馬前，正在校正箭桿，似做出獵前的準備。人馬刻畫最見功夫，活靈活現，血肉俱足。筆法細膩，設色清雅。

渤海造反

●時間：西元一〇二九～一〇三〇年
●人物：大延琳

渤海人自遼太宗即位初期遷徙到遼東地區，當地官府對他們一直免徵鹽、酒等稅。聖宗即位後，馮延休、韓紹勳等大臣不顧遼東地區與燕京地區在社會經濟發展水準上的差距，相繼將燕京地區的徵稅辦法強行推廣到遼東，致使百姓生計遭到嚴重威脅。

⊙大延琳造反

遼聖宗統治末年，遼東京（原渤海國國都，今遼寧遼陽）戶部使韓紹勳在當地強行實施新賦稅制度，加重了渤海人的負擔，引起當地民眾不滿。

太平九年（一〇二九年），燕京（今北京）地區因連年受荒，東京戶部副使王嘉獻計，強徵遼東百姓從海上輸送糧食到燕地，賑濟燕民。由於海路艱險，運糧船隻多數沉沒。船戶屢次向官府報告，韓紹勳等不但不相信，且以種種手段驅逼，強迫船民繼續出海。

民不堪命！渤海王族遼東京舍利軍詳穩大延林見此，與東京副留守王道平共謀造反。豈料王道平當面同意，當夜隻身逃出東京，與大延琳派去聯絡黃龍府黃翩共同舉兵的信使一道，向遼聖宗告密。

形勢緊急，這年八月，大延琳被迫倉促舉事，殺了韓紹勳、王嘉及四捷軍指揮使蕭頗得等官員，囚禁了東京留守駙馬都尉蕭孝先及南陽公主，自立為帝，建國號「興遼」，年號天慶，設官任職，建立制度。

⊙遼聖宗平叛

大延琳領導的反抗，在遼東地區得到廣泛響應，南、北女真歸附，高麗也趁機不向遼朝如期納貢。遼朝在東北地區的統治大受威脅。這時，聖宗正在慶州東北舉行一年一度的秋

金銅彌勒菩薩坐像　遼

通高二十．二公分。大英博物館藏。由造像左手所持軍棒可知這是一尊彌勒造像。頭綰高髻，肩披天衣，蓮花狀佛座，所有特徵都呈現了遼代同類造像的典型特徵，堪稱遼代金銅造像中的斷代標準器。

包銀木馬鞍　遼

鞍長五十六公分。胎為木質，外鑲包貼金銀飾。前橋銀飾略呈拱形，正面飾雙鳳戲珠，邊緣飾雲紋。後橋銀飾略呈八字形，亦飾雙鳳戲珠紋和雲紋。銀飾精美，做工精湛，是遼代馬具的代表作。

獵，聞訊後立即向諸道徵兵，限期進討。

太平九年（一〇二九年）十月，遼聖宗以南京留守蕭孝穆為都統，國舅詳穩蕭匹敵為副統，奚六部大王蕭蒲奴為都監，率軍進討大延琳。次年三月，蕭孝穆大軍在距東京城五里處修築堡寨，將東京團團圍住，完全切斷了女真、高麗的援助。

圍困幾個月後，東京城內軍民只能拆毀房屋以供燒柴，困難至極。在圍城的同時，蕭孝穆著手瓦解城中守軍的鬥志，東京城先後有七百多戶出降。

八月，大延琳部將楊詳世暗中與遼軍聯絡，夜裡打開城門，放遼軍入城，城破，大延琳被擒，持續一年的戰事失敗。

大延琳舉事失敗的主要原因，是由於他沒有及時與女真和高麗取得聯絡，而是寄希望於策反遼軍中的渤海將領，以致各路遼軍來攻時，只好固守孤城，十分被動。

太平十年（一〇三〇年）十一月，蕭孝穆凱旋回朝，遼聖宗設宴犒勞，封為東平王，東京留守。封蕭匹敵為蘭陵郡王，奚王蕭蒲奴加侍中，奚王府都監蕭阿古軫為東京統軍使。

經過這次動亂，遼聖宗認為有必要進一步加強對渤海人的管理與防範，對渤海舊貴族進一步實行分化瓦解，下詔給有能力者敘用，其餘人等分遷來、隰、遷、潤等州。渤海人的力量再次削弱。

加彩灰陶羅漢臥像　遼

通長六十九・二公分。此加彩灰陶羅漢像與傳世遼代舍利容器上所雕刻者相類似，可斷定為遼代作品。

遼興宗和法天太后

●時間：西元一〇一五～一〇五四年
●人物：遼興宗　法天太后

從來母子同心，然而如果生在帝王家，權力慾卻能扭曲甚至徹底毀滅這種人倫親情，遼興宗（一〇一六～一〇五五年）和其生母法天太后之間所發生的事，就證明了這一點。

⊙齊天皇后撫養興宗

遼聖宗耶律隆緒的皇后是平州節度使隗因之女，韓德讓外甥女，小名菩薩哥，生得既聰明又美麗，十二歲便選入宮中，不久，由蕭太后作主，冊封為遼聖宗皇后，稱齊天皇后。

遼聖宗允許後宮干政，齊天皇后因此權勢薰天，經常不通過皇帝而任命朝廷官員。她的生日被稱為「順天節」，國內官民都必須慶祝，連宋朝也須遣使祝賀。但是，齊天皇后的兩個兒子卻相繼夭折，給了宮女耨斤可乘之機。

耨斤也出自蕭氏，據說膚色黝黑，目光凶狠。她的母親曾經做過一個夢，夢見一根黃金柱子直通雲天，幾個兒子費盡九牛二虎之力都爬不上去，耨斤一到，卻連帶著僕人全都爬到了天上。

耨斤侍奉蕭太后非常盡心。傳說有一次，她幫蕭太后整理床褥，撿到一枚金蛋，吃了以後膚色變得異常光潤。蕭太后十分詫異，說：「妳一定能生下尊貴的兒子！」後來，耨斤果然為遼聖宗生下兩子兩女，兒子一名耶律宗真，一名耶律重元。耨斤因此受封為順聖元妃。

齊天皇后沒有兒子，就收養了宗真，關懷備至。引起了生母耨斤極度不滿，時常在遼聖宗面前搬弄皇后的壞話。由於皇后擅長彈奏琵琶，經常召見琵琶樂工燕文顯和李睦文，她便污蔑皇后行為不檢，私通樂工。然而，聖宗對皇后極為寵愛，根本就不相信。

太平十一年（一〇三一年）六月，遼聖宗病重，即將不久人世。在聖宗病榻前，耨斤竟然破口大罵皇后道：「老傢伙，皇帝對妳的寵愛也終有完結的一天！」

遼聖宗留下遺詔，命耶律宗真繼位，封齊天為皇太后，順聖元妃為皇太妃。耨斤藏起遺詔，以新皇帝生母的身分坐上太后寶座，即法天太后。繼位的耶律宗真便是遼興宗。

⊙法天太后弄權

法天太后將兄弟、親戚都安插在重要職位上，全面掌控朝政，遼興宗成了傀儡。權力在握後，她便開始報復齊天皇后。先派人誣告北府宰相蕭浞卜、國舅蕭匹敵謀反。經過調查，事情牽涉到齊天皇后，法天太后便命有司將其下獄治罪。

遼興宗前去求情，說：「皇后侍奉先帝四十年，從小養育我長大，理當成為太后。現在不讓她當太后也就罷了，怎能再加罪於她呢？」法天太后堅持道：「如果留下皇后，一定會後患窮。」興宗哭著說：「她年紀已經老了，又沒有兒子，會有甚麼後患？就囚禁在宮中吧！」

熾盛光九曜圖　遼

一九七四年在山西省應縣佛宮寺釋迦塔發現。佛宮寺釋迦塔，即著名的應縣木塔，始建於遼清寧二年（一〇五六年）。一九七四年維修木塔時，從塑像腹部發現了一批遼代的刻經、寫經和繪畫，為研究遼代佛教活動、文化狀況和雕版印刷技術提供了珍貴資料。這幅熾盛光九曜圖，題名「熾盛光佛降九曜星宮房宿相」，為該塔保存的彩色佛畫之一，皮紙本，設色，上端殘損。據佛經，熾盛光佛因周身毛孔放光而得名。其圖像為佛手持金輪，結跏趺坐於蓮花寶座上，兩側侍立九曜星官，上方畫天界諸神及星宿等。這是遼、宋、西夏時期流行的佛教繪畫題材。

法天太后根本不聽，將齊天皇后囚禁在上京，又送去毒藥。齊天皇后歎息道：「我的無辜，天下共知。且待我整理一下儀容再死吧！」於是沐浴更衣，然後飲藥而死。

法天太后不但專權跋扈，對皇帝也很苛刻。某次，興宗賞賜樂工孟五哥銀帶，高慶郎密報法天太后。法天太后認為不合禮法，就把孟五哥抓來，狠狠鞭打了一頓。興宗大怒，暗中殺了高慶郎。

法天調查此事，終於牽扯到興宗頭上。興宗惱怒說：「我貴為天子，難道也要像囚徒一樣寫供狀嗎！」

法天太后愈來愈不喜歡興宗，認為讓齊天皇后教壞了，就和兄弟商議，想要廢黜興宗，立次子重元為帝。重元素來尊敬兄長，便透露給了興宗。

興宗極為驚恐，和耶律喜孫等人合謀，於重熙二年（一〇三三年）率兵包圍太后寢宮，將法天太后送到慶州軟禁。

次年，遼興宗狩獵經過祖州白馬山，看到齊天皇后墳墓荒蕪，雜草叢生，不禁哭泣說：「我如果早點行動，妳就不會死了啊！」另找墓地，將齊天皇后遷葬。

然而，法天太后終究是興宗的生母，群臣都勸說皇帝將其迎回，甚至以這樣的理由勸諫：「以前每逢皇帝和皇太后的生辰，宋朝都會派遣使節前來，送上重禮。現在齊天皇后已死，法天太后又被逐開，宋朝不再送太后生日禮來，我們不就吃虧了。」

遼興宗無奈，只得於重熙八年（一〇三九年）將法天太后迎回，但母子兩人始終不和。

重熙二十四年（一〇五五年），遼興宗去世。法天太后毫無戚容，甚至還對哀哭的興宗皇后說：「妳年紀還小，何苦如此悲傷呢？」

雄偉壯麗的遼塔

遼代的佛塔遍佈於五京所屬的許多地區。常見的遼塔是八角十三層的磚塔，塔為實體，不能入內攀登。遼塔的這種形制後來也為金代所繼承，在中國建塔史上成為具有獨特風格的遼金塔。

萬部華嚴經塔

萬部華嚴經塔又稱白塔，位於內蒙古自治區呼和浩特市東郊白塔村西南方，是遼代豐州故城西北角，約建於遼聖宗時，歷代都曾維修。

塔身外側有精美的磚雕，經塔各層有金、元、明、清各代遊人題記，其中有些仍然墨跡如新，題記除使用漢字外，另有契丹文字、女真文字、蒙古文字、古敘利亞文字及古波斯文字等，是研究該地區歷史文化的重要資料。

白塔為樓閣式磚木結構，八角七層，通高五十公尺。塔內有設計精巧的旋轉式階梯走道。塔座大部分埋入地下，上部砌作仰蓮瓣。塔身外表是仿木結構形式，每層開有兩個半圓形拱門和砌有兩個方形假門，各層之間真門與假門交錯排列。外壁有天王、力士、菩薩等磚雕，造像精美生動，線條流暢，為遼代雕塑藝術的傑作。

遼中京大明塔

大明塔位於內蒙古赤峰市寧城縣遼中京城遺址內。約建於遼聖宗重熙四年（一〇三五年），是我國現存遼塔中最大的一座。

大明塔築於高約六公尺的夯土臺基上，為八角十三層密簷式磚塔，高七十四公尺，底座每邊長十四公尺。塔座呈須彌形，分兩層。

塔身分八面，每個稜面上都附有佛龕，龕內雕飾著凸起的八尊神像，

分別坐於仰蓮寶臺之上。每兩面相交的稜面上，寫著佛經上的警句和神像各自的尊名。雕像造型精美，栩栩如生。正南面的觀音像特別引人注目，體形豐滿，姿態端莊，飄帶捲風，端坐於雲煙浩渺的蓮花臺上。觀音頭上華麗的寶蓋，兩旁各有一個體態輕盈，手持荷花，腳踏浮雲的飛天。

塔剎是小型藏式喇嘛塔，南北各有一小門，上面寶珠、相輪、寶瓶都是紅銅鑄造。

塔共十三層，每層塔簷椽頭均掛有銅鈴，計一千三百五十個，微風吹拂，千鈴共鳴，如宮廷雅樂。塔身第一層南面存有清咸豐四年（一八五四年）重修時的蒙古文題記。

遼上京南塔

遼上京遺址位於內蒙古巴林左旗林東鎮東南郊，是遼代最早建立的都城，距今已有一千多年的歷史。上京城南北各有磚塔一座，俗稱南塔、北塔。南塔屬八角七層簷式寶塔，位於城外南十里的山坡上，高二十五公尺，臺座每邊寬三．八公尺，塔身嵌有佛、飛天、菩薩、小塔等浮雕，很有契丹族文化的特色。

遼釋迦佛舍利塔

遼釋迦佛舍利塔，俗稱遼慶州白塔，當地蒙古族牧民稱「金金察罕索布爾嘎」，位於內蒙古自治區巴林右旗索博日嘎蘇木駐地東北查干沐淪河的沖積平原上，遼代鼎盛時期的重要州城——慶州城西北部。

遼慶州白塔造型玲瓏秀美，浮雕精湛細膩，規模宏偉壯觀，為八角七級的磚木結構塔。始建於重熙十六年（一○四七年）二月，竣工於重熙十八年（一○四九年）七月十五日，是為遼興宗耶律宗真之生母「章聖皇太后」特建的。

塔上七層共設假門二十八個，每門兩旁都有天王浮雕一尊，全塔共有天王浮雕五十六尊。塔體浮雕將儒、佛、道及薩滿的宗教思想表現得水乳交融，隱隱透出遼代佛教「星密圓通」的特色。

一九八九年維修時從塔剎相輪橖等處發現了按遼代佛教儀軌祕藏的一批遼代聖經、雕版印刷佛經，及形制多樣、造型優美、彩繪華麗的內藏雕牌印刷陀羅尼經卷的木質法舍利塔一百零八座。史學界、文博界稱慶州白塔的浮雕為「遼代塔寺藝術的精華」、「契丹民族建築之瑰寶」。

重元之亂

●時間：西元一〇六三年
●人物：耶律重元

耶律重元是遼聖宗次子，興宗同母弟。清寧九年（一〇六三年）七月，重元父子發動叛亂，重元自立為皇帝，並派兵進攻道宗行宮。由於南院樞密使耶律仁、耶律乙辛等率宿衛士卒反擊，粉碎政變。重元被迫自殺。

⊙興宗重臣

遼興宗即位初期，法天太后專政，曾準備廢興宗而立重元，重元因向興宗告密，興宗果斷舉措，保住皇位，因此深得興宗信任。

三彩刻花鷺蓮紋盤　遼

興宗親政後，封重元為「皇太弟」，恩寵無比。在一次宴席上，興宗微帶醉意許諾，待「千秋萬歲」之後，便將皇位傳給他。從此，重元更加驕縱不法，然而，興宗對此並不反感。

一天，興宗與重元玩「雙陸」博戲，以居民城邑為賭注。興宗手氣不佳，連輸數城，一旁觀戰的滿朝文武，對這場荒唐的賭博都無可奈何，都害怕得罪這位皇太弟。

後來，當賭局又要重開時，一個機智的小人物——伶官羅衣輕上前制止了興宗，他裝腔作勢喝道：「雙陸休癡，和你都輸去也！」提醒興宗，如果再這樣如醉如癡賭下去，保不準連皇位都得輸掉。興宗如夢初醒，結束了這場荒唐的遊戲。

興宗雖對重元恩寵有加，卻沒有正式確立為皇位繼承人，作為受漢文化薰陶成長的帝王，自然準備傳位於子。日後，他極力提高和加強長子洪基的地位。

重熙二十四年（一〇五五年），遼興宗壽終正寢，洪基奉遺詔繼位，是為遼道宗。遼道宗即位僅兩天，便下詔改重元「皇太弟」為「皇太叔」。

然而，重元並沒有打消有朝一日南面稱孤的念頭，他在等待這一天的到來。

⊙反叛亡身

清寧七年（一〇六一年），重元之子涅魯古奉調回朝，任知南院樞密使事，他竭力鼓動其父造反。他向重元獻計：詐稱患病，待道宗前來探視時，伺機行弒。但重元當時顧慮尚多，所以並未實施。

九年（一〇六三年）七月，重元父

子等來了一個更好的時機：道宗準備到太子山行獵。重元父子獲悉後，立即開始部署。

但是，這一陰謀尚未付諸實施，便被敦睦宮使耶律良發現。由於皇帝對重元父子深信不疑，他不敢直接向道宗奏報，而是首先向皇太后密報了此事。

太后十分重視，怕走露風聲，於是假稱生病，趁道宗前來探視之機，將這一消息告訴了他。道宗根本不相信，他懷疑耶律良想離間他們叔姪關係。耶律良焦急萬分，但毫無辦法，只好在道宗面前發誓，以性命擔保所言非妄。同時，他建議道宗試探，召涅魯古前來，如果不應召，便可應驗。

道宗採納，派使者前去，結果立刻被涅魯古捆在帳下，準備殺掉。使

歷史詞典

遼代刑法的類別

遼代刑法之類別有死、流、徒、杖四等。

死刑有絞、斬、凌遲之屬，又有籍沒之法。

流刑量罪輕重，分為三等。一是「置之邊城部族之地」，如黃龍府、烏隗部。二是「投之境外」，指遼政權直接統治區以外的各屬部所在地，如于厥拔離弭河。三是「罰使絕域」，如使回鶻、轄戛斯、吐蕃等。

徒刑根據刑期長短分三等：終身、五年、一年半（聖宗時，三犯盜竊者徒三年）。凡判徒刑者，還要施杖刑、黥刑。黥刑主要處置犯竊盜罪和犯姦淫罪者。

杖刑，與木劍、大棒、鐵骨朵、沙袋、笞、撾是同類的刑罰。木劍、大棒是太宗時製。木劍面平背隆，大臣犯重罪，欲寬宥則擊之。沙袋是穆宗時製，用熟皮縫合而成，長六寸，寬二寸，柄長一尺多。有重罪者，以沙袋決之。此外，還有宮刑、拷刑之法、贖銅之法和八議八縱之法。

卓歇圖（局部）　遼　胡瓌

《卓歇圖》長卷，基本上由兩組情景組成，畫卷前半段表現的是狩獵歸來的騎士正在休息的場面，人馬雜會，鞍轡間卻畫了白色的天鵝，極富野趣。所畫騎士，有的在整理馬鞍，有的坐著休息；人物的神態也呈多樣，有的打著呵兒，顯得睏倦，有的在敘話，顯得神情舒暢。整個畫面既有深度，又有廣度，既自然，又熱鬧，極富有游牧民族生活氣息。畫卷後半段是貴族宴飲的場面，有兩位貴人在帳幕前席地而坐，男貴人舉杯飲酒，兩個僕人正在席間斟酒，席側還有四人帶豹皮弓囊彎恭恭敬敬站著，女主人側立四位侍者，席前有舞者，有奏豎箜篌者，畫意恬靜，人物神情肅穆，全卷組織結構，有疏有密，以沙坡野草統畫面，呈現草原風光，十分開闊。

者趁看守不備，將隨身攜帶的割肉小刀割斷捆繩，逃回行宮。聽了使者回奏，道宗這才相信耶律良的情報。趕緊召來南院樞密使許王耶律仁先，說明大致情況，命他設法除亂。耶律仁先領命，剛要上馬，重元已經領兵前來。

道宗遇到突如其來的危急情況，六神無主，打算逃往北、南大王院。耶律仁先以為不妥，認為皇帝此時如果離開營帳，叛軍必定尾隨在後，很可能會陷入他們掌握。而且南、北院大王心思不明，投奔未必可靠。

耶律仁先的擔心不無道理，跟隨重元父子謀叛的多為重臣，未反者也大多居心叵測。所幸，道宗帳下數千宿衛士卒並未發生動搖，在耶律仁先、知北院樞密使事趙王耶律乙辛、南府宰相蕭唐古、北院樞密使事蕭韓家奴、北院樞密副使蕭惟信及敦睦宮使耶律良等率領下，奮力抵禦叛軍的進攻。

叛軍數量不少，但多是烏合之眾，其中不少是重元誘騙來的奚族獵戶。蕭韓家奴不顧安危，隻身來到

二龍戲珠鎏金銀冠　遼

銀冠周邊壓印如意雲紋。冠面紋飾浮凸，中央是在雲朵上承托一顆大火焰寶珠，左右兩側各有一龍，後肢蹲踞，前肢直立，全身呈蹲坐姿態，翹尾昂首，張口揚鬣，面向寶珠，互相對視，形態生動，莊重而華美。應為遼代契丹貴族的頭飾。

鳳紋織金錦袍　遼

這件完整的右衽長袍是罕見的遼代服飾。圖案為織金對鳳和褐色對鳳。這件古袍的出土，為後人瞭解遼初的織錦工藝、印染技術和服裝款式等都提供了十分珍貴的實物。

歷史詞典

遼代石窟——真寂之寺

真寂之寺位於赤峰市巴林左旗林西鎮西南二十公里，始建於遼乾統九年（一一〇九年），是遼上京三寺中保存得較好的一座寺廟。

真寂之寺的名勝之處在於遼代石窟。石窟門楣上方有陰刻「真寂之寺」四個蒼勁有力的大字，是遼代開鑿石窟時所題。石窟分中窟、南窟和北窟。

中窟正中雕釋迦牟尼臥像，兩旁侍立著菩薩兩尊，十五名弟子跪伏在地，南、北、西三面牆壁為半浮雕的千佛像。

南窟為方形的窟室，窟內兩側各有半圓雕天王像一尊，腳穿長靴，面目猙獰。中間雕刻釋迦牟尼坐像。右面雕有普賢菩薩騎象像，左面雕有文殊菩薩騎獅像。

北窟分內外兩室，外室造型與南窟基本相似。內室全為浮雕像，這些浮雕像刀法遒勁，線條流暢，造型生動。居中趺坐著釋迦牟尼像，兩旁有佛弟子、菩薩、供養人及天王像各一尊。其中供養人跪在弟子像前，雙手捧供物、衣飾，其容貌為典型的契丹人。

真寂之寺的石窟是目前中國現存唯一的遼代石窟。

舍利金塔　遼

陣前，對這些奚人說：「你們投靠叛逆，白白招來滅族之災。不如現在就知悔改過，轉禍為福！」受了蒙蔽的獵戶很快放下了武器。

涅魯古見狀，立刻躍馬向前，企圖穩住叛軍陣腳，結果被渤海近侍詳穩耶律阿思及護衛蘇所射殺。前後僅一天多，叛亂即告平定，參與叛亂都被滅族。

重元遠入大漠，最後走投無路，自殺身亡，臨死前哀歎道：「是涅魯古害我到如此地步啊！」

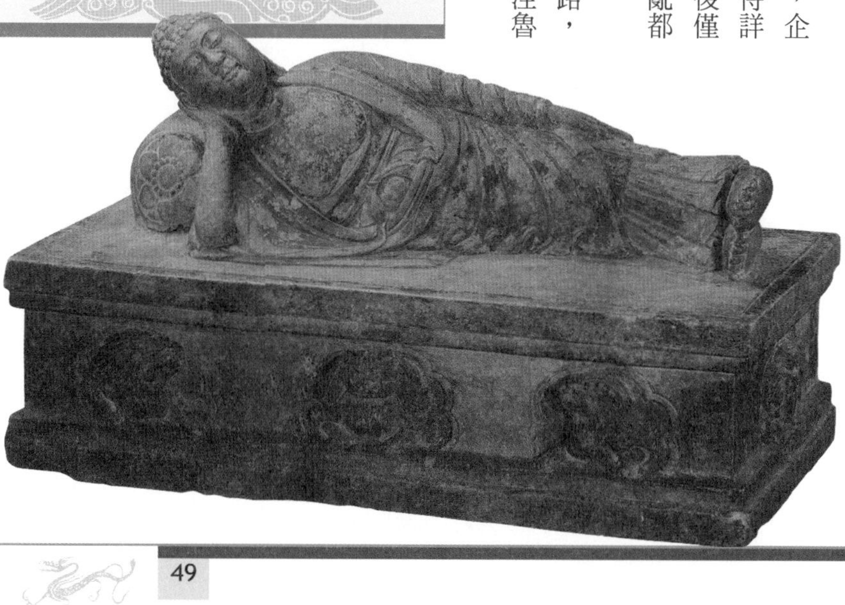

釋迦涅槃石雕像　遼

像為漢白玉圓雕作品，刻工精美，釋迦佛神態安詳，是遼代造像藝術的傑作。

大奸耶律乙辛

●時間：西元一〇五五～一一〇一年
●人物：蕭觀音　耶律乙辛

耶律乙辛字胡睹袞，契丹五院部人，是遼代名聲最壞的奸臣。性格陰毒，為了一己之私，設計害死了遼道宗的皇后和皇太子。

⊙唯有知情一片月

遼道宗皇后蕭觀音，是個有名的才女，姿容冠絕，工詩善文，尤其擅樂，不僅譜曲作詞，並彈得一手好琵琶。遼道宗與其祖輩一樣，善於騎馬射箭，喜歡圍獵，常常馳騁山林，追獵猛獸，有時連貼身扈從都跟不上。皇后擔心出意外，數次勸阻，道宗十分反感。

當時，在平定重元之亂中有功，已任樞密使的趙王耶律乙辛正與蕭皇后一系爭權，看到機會，準備謀害蕭皇后。

蕭皇后曾作〈回心院〉詞十首，譜成曲，交給賞識的伶官趙惟一演奏。宮中還有一個婢女單登，也擅長琵琶，為了爭寵，表示要與趙惟一比高下。蕭皇后便讓兩人對彈二十八調，單登比不上趙惟一，十分惱恨。

單登有妹妹叫清子，雖已嫁人，卻與乙辛私通，單登便通過清子，將皇后寵幸趙惟一的事告訴乙辛。乙辛心生一計，囑人作了十首內容狎暱的詩，名為〈十香詞〉，謊稱是宋朝皇后所作，交給單登。

單登假意向蕭皇后求墨寶，請求將〈十香詞〉抄錄一遍。蕭皇后不知是計，便揮毫抄寫，抄畢意猶未盡，又賦詩一首：

宮中只數趙家妝，敗雲殘雨誤漢王。
唯有知情一片月，曾窺飛燕入昭陽。

乙辛得到蕭皇后親筆書寫的〈十香詞〉後，迫不及待到道宗面前，誣稱〈十香詞〉是蕭皇后為趙惟一所作，並以詩中含有「趙惟一」三字為證，指控蕭皇后與趙惟一私通。道宗聽後大怒，命耶律乙辛負責審理。

最後，趙惟一滅九族，蕭皇后被賜自盡。蕭皇后深感冤屈，臨死前求見道宗，道宗不允。蕭皇后作〈絕命詞〉一首，懸樑自盡，年僅三十六歲。

⊙害死皇太子

乙辛害死了蕭皇后，擔心太子耶律濬繼位後，不利自己，因此處心積慮除掉蕭皇后之子耶律濬。他先向道宗上書重立皇后，然後將親信的妹妹推薦給皇帝。乙辛的作為引起了部分正直大臣的憤慨，護衛蕭忽古曾計畫刺殺乙辛。乙辛得知後，加快了謀害皇太子的步伐。

母親被冤殺後，太子悲憤交集。乙辛的親信副檢點蕭十三對乙辛說：「太子深得民心，一旦登基，我等必死無葬身之地。」

乙辛指使蕭十三等人出面，誣告都宮使耶律查剌和蕭忽古陰謀廢道宗，擁立太子。因拿不出證據，道宗未予理睬。

一計不成又生一計，乙辛命蕭訛都斡自誣，對道宗說：「我參與了反對皇上的陰謀，我們準備殺死乙辛，然後立太子。我若不說出來，擔心事發受牽連，所以冒死上奏，乞求寬恕。」

這回道宗相信了，將太子軟禁，派耶律燕哥主持鞫訊。太子不服，對燕哥申訴道：「我已經當上了太子，早晚能繼承皇位，何苦要謀反呢？請您在父皇面前為我申辯。」可是太子不知燕哥也已被乙辛買通，向皇上謊報太子已認罪。

道宗大怒，將太子廢為庶人，流放到邊城。臨行前，太子仰天長歎：「我有何罪？竟落到這種地步。」

耶律濬先被押往上京（今內蒙古巴林左旗南），不久被乙辛派來的人暗殺。乙辛向道宗謊稱太子病死。道宗心中傷感，打算召回耶律濬的妻子。乙辛怕真相敗露，又將太子的妻子殺死。

害死皇后及太子以後，乙辛在朝中的權力愈大，也更加肆無忌憚。結黨營私，打擊忠良，無所不為，甚至企圖陷害皇孫。

有一次，道宗準備外出打獵，乙辛奏請留下皇孫。道宗原想答應，同知點檢官蕭兀納上前諫道：「陛下如照乙辛所言留下皇孫，請讓臣也留下保護，皇孫年紀尚幼，應防不測。」

道宗親眼看到許多朝官對乙辛唯唯諾諾，前呼後擁，心裡也十分不悅，最終將乙辛削官流放。乙辛企圖投奔宋朝，事情敗露，被勒死。

歷史詞典

洗妝臺

洗妝臺，據說是遼道宗皇后蕭觀音的梳妝場所。蕭觀音為奸臣耶律乙辛所害，懸樑自盡。洗妝臺也就成為緬懷這位才女皇后的遺蹟，許多詩人都曾以洗妝臺為對象，發述古之幽思。其中最為著名的是清代詞人納蘭性德寫的〈臺城路．洗妝臺懷古〉：

六宮佳麗誰曾見，層臺尚臨芳渚。露腳斜飛，虹腰欲斷，荷葉未收殘雨。添妝何處。試問取雕籠，雪衣分付。一鏡空濛，鴛鴦拂破白蘋去。

相傳內家結束，有帕裝孤穩，靴縫女古。冷豔全消，蒼苔玉匣，翻出十眉遺譜。人間朝暮。看胭粉亭西，幾堆塵土。只有花鈴，綰風深夜語。

雖然有人說這首詞是納蘭性德對妻子的懷念，但是從字裡行間可以感受到，納蘭性德對於蕭觀音是十分欽敬的，詞的哀婉纏綿，恰恰是對這位才女皇后的不幸遭遇深表同情。

荷花形銀杯　遼

天祚帝亡國

●時間：西元一○七五～一一二八年
●人物：遼天祚帝

遼道宗曾因奸臣乙辛的挑撥殺害了皇后和太子。無獨有偶，遼末帝天祚皇帝耶律延禧又重蹈祖父的覆轍，在奸臣蕭奉先的欺騙下，害死了愛妃蕭瑟瑟和親生骨肉敖盧斡。

⊙文妃失寵

蕭瑟瑟出身於渤海王族，姿色出眾，多才多藝。遼天祚帝初次見到便神魂顛倒，不能自已。將蕭瑟瑟帶入宮中，藏匿數月。皇太叔和魯斡知道後，都勸他明媒正娶。天祚帝依言，納蕭瑟瑟為文妃。不久，文妃便生了兒子，取名敖盧斡，後封為晉王。

三彩摩羯壺　遼

整體造型為摩羯遨遊狀，仰臥蓮花底座，昂首擺尾，背部中空為流口，鱗翅紋理清楚，釉色黃綠相間，造型優美，線條流暢，為遼三彩的上品。

天祚帝當政時期，遼國內憂外患日趨嚴重，天祚帝卻遊獵無度，直言勸諫的忠臣多被疏斥。

文妃眼看國勢頹危，女真人所建的金國威脅日益嚴重，便作歌諷諫：「勿嗟塞上兮暗紅塵，勿傷多難兮畏夷人。不如塞奸邪之路兮，選取賢臣。直須臥薪嘗膽兮，激壯士之捐身；可以朝清漠北兮，夕枕燕雲。」

又作詩抨擊朝政的黑暗：「丞相來朝兮劍佩鳴，千官側目兮寂無聲。養成外患兮嗟何及，禍盡忠臣兮罰不明。親戚並居兮藩屏位，私門潛畜兮爪牙兵。可憐往代兮秦天子，猶向宮中兮望太平。」

⊙晉王遭殃

天祚帝看到這些諷喻詩，非但沒有絲毫悔悟，反而對文妃心生忌恨。文妃共有姐妹三人，姐姐嫁給耶律撻曷里，妹妹嫁給耶律余覩，二人皆是朝廷重臣。兒子晉王武藝高強，十分厲害，且對人寬厚，在諸皇子中鶴立雞群。

當時，遼宮中不准內侍讀書，一經發現，嚴加訓斥。一日，天祚帝召見諸皇子，晉王入宮時，看到內侍茶刺正在看書，便將書拿過來翻了翻。正巧其他皇子也來了，晉王便把書藏入袖中帶回家，後來悄悄還給茶刺，並關照要小心被人發現。晉王年紀輕輕便懂得隱惡揚善，頗具長者風度，在朝廷內外深得人心。文妃自然也希望晉王能繼承皇位。

天祚帝的元妃貴哥生有一子，封為秦王。貴哥有哥哥蕭奉先，封蘭陵

「杜家」款綠釉淨瓶　遼

通高二十四．一公分，口徑一．三公分，淨瓶作塔形，小口，長頸，頸中貼塑一周印花紋的蓮瓣，上部刻螺旋紋，下部呈竹節紋，肩部一側安有盤口乳狀流，器身印滿瓔珞紋，通體施綠釉。從作品看有可能屬定窯產品，因為定窯這個時期已能燒出很好的綠釉瓷器了。

王，時任樞密使。此人外寬內忌，成事不足，敗事有餘，但偏偏得天祚帝賞識。

蕭奉先想讓貴哥之子繼承皇位，處心積慮想除掉晉王。誣告文妃勾結耶律撻曷里和耶律余覩，欲立晉王為帝，尊天祚帝為太上皇。天祚帝信以為真，立即誅殺耶律撻曷里及其妻，逼文妃自盡，對晉王未加追究。

當時任遼南軍都統的耶律余覩聽到消息後，率部投奔了女真，又帶兵殺回遼都。天祚帝驚慌失措，蕭奉先說：「余覩也是遼皇室苗裔，本無亡遼之心。他率兵攻遼，無非是想立晉王為帝。為了國家的命運，皇上還是殺了晉王，讓余覩希望成空，自然也就不戰而退了。」

天祚帝以為言之有理，就令晉王自縊。有人勸晉王出逃，晉王仰天長歎道：「我怎能為了蕞爾之軀而違背父皇的意旨呢？我不能做有失臣子氣節之事。」言畢，慨然赴死。

⊙天祚命夭

耶律余覩得知晉王自盡後，更為憤怒，加緊進攻，直逼天祚帝行宮，天祚帝被迫退入深山。

金兵尚遠時，蕭奉先曾寬慰天祚帝，稱金兵不會遠離故土，深入遼境。如今金兵逼境，他方才醒悟，對蕭奉先說：「正是你們父子害我國亡家破，現在就算殺了你們，又有甚麼用？你們快離開吧！免得軍隊譁變，禍及我身。」

蕭奉先父子大哭一場，只得離去。沒走多遠，就被手下親兵拘押，送往金營。金人殺了蕭奉先長子，把他和次子蕭昱押往金國。半途遇上遼兵，蕭奉先父子又被奪回，押解給天祚帝。天祚帝怕引起兵變，令奉先父子自盡。

此時，遼國的潰敗已勢所難免。遼保大五年（一一二五年），天祚帝在山西應州被金兵包圍。自知難逃，便挺身向前，對金兵說：「我就是遼天祚帝！」

金兵要用繩索捆綁，他大聲喝道：「放肆！你們敢綁天子嗎？」

金將完顏婁室驅馬來到天祚面前，翻身下馬，跪地作揖，稱：「奴婢不才，乃以甲胄冒犯天威。請陛下下馬！」

天祚帝悽然一笑，翻身下馬。二百年前由遼太祖耶律阿保機打下的江山，就這樣從馬鞍上滾了下來。

耶律大石建西遼

●時間：一〇八七～一一四三年
●人物：耶律大石

西遼是歷史上契丹族建立的遼朝在十二世紀三〇年代被金朝擊敗之後，由耶律大石在中亞地區創建的強大王朝。西遼疆域廣闊，部屬眾多，歷時近九十年，在歷史上留下了深刻的印跡。耶律大石作為西遼的創建者，在中國歷史上足以和耶律阿保機、完顏阿骨打、成吉思汗、努爾哈赤等人齊名，是一個出色的政治家和軍事家。

⊙遠走西北

耶律大石（一〇八七～一一四三年），契丹人，學識豐富，通契丹文、漢文，自幼善騎射。於遼天祚帝天慶五年（一一一五年）中進士，出任翰林承旨，契丹語中稱翰林為「林牙」，故又名「大石林牙」。歷任泰、祥州刺史和遼興軍節度使。

女真族完顏阿骨打建金國，起兵滅遼，天祚帝於保大二年（一一二二年）自鴛鴦濼敗走夾山（今內蒙古薩拉齊西北大青山）。皇族耶律淳留守南京析津府（今北京），耶律大石與宰相李處溫等在南京擁立耶律淳為帝，號天錫皇帝，這個小朝廷歷史上稱北遼。耶律淳稱帝僅三個月便病死，其妻蕭德妃主持朝政。

不久，金兵攻陷南京，蕭德妃西奔天德軍（今內蒙古烏拉特前旗北）的天祚帝，被殺。

耶律大石在居庸關被金軍俘虜，保大三年（一一二三年）九月逃至夾山見天祚帝。天祚帝雖然赦免他擅立之罪，但耶律大石心不自安。

次年七月，天祚帝自夾山率師東伐，準備收復燕、雲，耶律大石勸阻，天祚帝不從。

於是，耶律大石自立為王，率領二百騎北走，過黑水，得到白達達部（汪古部）酋長的資助，到達遼西北重鎮可敦城，該地尚未受到金兵侵擾。耶律大石在可敦城召集境內威武等七州和大黃室韋、烏古里、敵剌、達密里、阻卜、密兒紀等十八部部眾，組織軍隊，共募得精兵萬餘，戰馬萬匹。同時，設官置吏，建立新政權，策劃復興遼朝。許多突厥部族前來歸順，勢力逐漸增至四萬戶。

不久，耶律大石決定西征，行前，致書給西州（高昌）回鶻王畢勒哥，請求借道西行赴大食（這裡說的大食不是指阿拉伯，而是指塔吉克，泛指中亞地區），畢勒哥款待三日，贈送馬六百匹、駱駝一百頭、羊三千隻，送他出境。契丹人沿途所過之處，消滅抵抗，安撫歸降，有不少小國依附。

⊙建立西遼

保大四年（一一二四年）二月初五，耶律大石在新建的葉密立城（今新疆額敏）稱帝，也叫天祐皇帝，改元「延慶」，同時採用突厥族稱號「古兒汗」（或譯「菊爾汗」、「葛兒罕」，意爲汗中之汗），史稱「西遼」，阿拉伯史學家稱為「哈剌契丹」（或譯「喀剌契丹」）。不久，高昌回鶻也成了他的附庸。

這時，統治八剌沙袞（今吉爾吉斯斯坦的托克馬克東南）的東哈剌汗王朝衰弱，所轄的割錄（葛邏祿）部和康里部叛亂，哈剌汗王易卜拉欣向耶律大石請求援助，並答應將整個版圖置於西遼統治之下。耶律大石出兵，取代了哈剌汗王朝對該地的統治。

延慶三年（一一二六年），耶律大石以八剌沙袞為都城，稱「虎思斡耳朵」（意爲強有力的宮帳）。封易卜拉欣為「伊利克．伊．土庫曼」（意爲土庫曼王），並保留其對喀什噶爾及和闐的統治。

白釉穿帶瓷壺　遼

東哈剌汗國所轄地區，原有很多屯田的契丹人居住，給耶律大石在當地拓疆立國提供了便利。耶律大石平定康里部的叛亂，又北向擊敗了黠戛斯。

康國元年（一一三四年）三月，耶律大石任命六院司大王蕭斡里剌為兵馬都元帥，蕭查剌阿不為副元帥，耶律燕山為都部署，耶律鐵哥為都監，率騎兵七萬東征金朝，準備洗雪前恥。大軍行程萬里，抵達喀什噶爾、和闐時，牛馬死亡大半，被迫還師。

康國四年（一一三七年）五月，耶律大石揮師進攻統治尋思干（今烏茲別克斯坦撒馬爾罕）的西哈剌汗算端（蘇丹）馬哈木汗，先是在忽氈大敗西哈剌汗。馬哈木汗退到尋思干後，重整武備，並向舅父呼羅珊（今伊朗東北部）的塞爾柱算端桑賈爾求援。

八年（一一四一年）夏，桑賈爾舉兵十萬，渡過阿姆河，在尋思干以北的卡特萬與耶律大石率領的契丹、突厥、漢人聯合軍相遇。經過幾次交鋒，九月初九，桑賈爾大敗，全軍覆沒，棄屍數十里，桑賈爾與馬哈木汗僅以身免。

耶律大石乘勝北進，攻下不哈剌（布哈拉），不哈剌和尋思干的宗主權從桑賈爾手中轉到了耶律大石。耶律大石封易卜拉欣為「桃花石汗」，並留下一名「沙黑那」，監督其統治，於是，西哈剌汗王朝也成為西遼的附庸。

同年，耶律大石命將軍額兒布思進攻花剌子模，花剌子模沙赫阿即思也降服，做了西遼的藩屬，進貢大量金幣、畜產。至此，西遼的疆域已相當遼闊：東起哈密，西至鹹海，北達葉尼塞河上游，南抵阿姆河，成為當時中亞的強大帝國。

【卡特萬之戰】

●時間：西元一一四一年
●人物：耶律大石

宋遼對峙時期，西域地區最大的王國共有三個，即佛教國高昌和突厥化的伊斯蘭國哈剌汗（即黑汗）、花剌子模。其後哈剌汗分裂為東西兩部，西哈剌汗國和花剌子模國臣服於稱霸西亞的塞爾柱突厥國。

⊙耶律大石西征

康國四年（一一三七年），西哈剌汗王馬哈木向其舅舅塞爾柱算端（蘇丹）桑賈爾寫信說，有一支來自東方的異教徒軍隊突然侵入國土，穆斯林遇上了前所未有的災難，請求桑賈爾發兵救援。

當時正是塞爾柱最為強盛的時期，桑賈爾自然不會坐視西哈剌汗國所遭遇的危機，收到求援信後，立刻召集呼羅珊、西吉斯坦等地的國王，聚集十萬騎兵，浩浩蕩蕩向東開拔。據說，僅整合和檢閱部隊，桑賈爾就花了整整六個月的時間。

康國八年（一一四一年）七月，聯軍渡過阿姆河，進入河中地區。馬哈木汗稟報說，來自東方的異教徒並未繼續進攻，但國內葛邏祿突厥人發動叛亂，請求聯軍協助進剿。

桑賈爾答應了，向葛邏祿人進攻，葛邏祿人無力單獨對抗如此強盛的大軍，只得向統治東哈剌汗國的菊爾汗求救。這位菊爾汗就是馬哈木汗所說的來自東方的異教徒西遼皇帝耶律大石。

耶律大石在收到葛邏祿人的求援後，寫信給正在西哈剌汗國首都尋思干的桑賈爾，好言請他原諒葛邏祿人，退兵回國。然而，桑賈爾正沉醉於強大的軍事力量中，不但不接受說情，反而叫耶律大石皈依伊斯蘭教，否則便要攻打西遼。為了證明軍隊能使用各種武器，這樣比喻道：「須知他們都能用自己的箭截斷鬚髮！」

耶律大石聽完回信，便拔下使者的一綹鬍鬚，拿一根針要他將鬍鬚截

樂舞壁畫　遼

延伸知識

遼代服飾

遼代服飾有南班和北班之分。遼代北班服飾，以長袍為主，男女皆然，上下同制。服裝特徵，一般都是左衽、圓領、窄袖。袍上有疙瘩式紐襻，袍帶於胸前繫結，然後下垂至膝。長袍的顏色比較灰暗，有灰綠、灰藍、赭黃、黑綠等幾種，紋樣也比較樸素。貴族階層的長袍大多比較精緻，通體平繡花紋。龍紋是漢族的傳統紋樣，在契丹族男子的服飾上出現，反映了兩民族的相互影響。

遼代南班服飾，即「漢服」，與契丹族的「國服」（或稱「北班服飾」）有所不同。這種服飾不僅百姓可穿，漢族的官吏也同樣可以穿。腰帶有蹀躞帶，本為胡制。帶間有環，用作佩掛各種隨身應用的物件，如弓、箭、算囊、刀、礪石等之類。其他民族也有用蹀躞帶的。

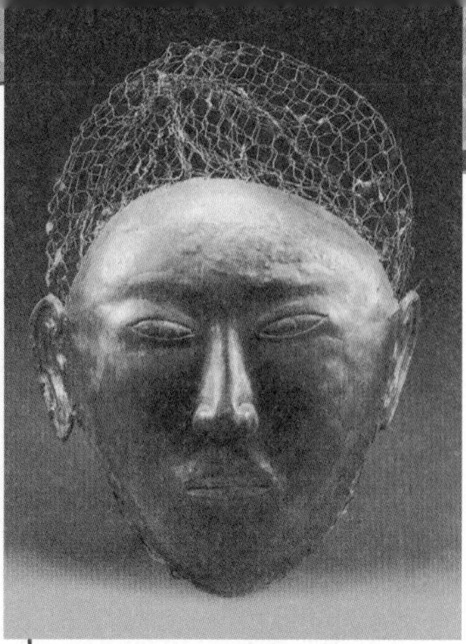

鎏金銀面具 遼

契丹貴族死葬，面部往往覆罩一件面具樣的金屬片，軀體則用錦彩絡纏或用銀銅絲網絡絡住，以為飾終之儀。此面具應是公主所用。

斷。使者不知所措，耶律大石說道：「如果你不能用針截斷鬍鬚，別人怎麼能用箭截斷鬍鬚呢？」

⊙卡特萬大會戰

於是，耶律大石親率混合了漢人、契丹人和突厥人的部隊，向西進入西哈剌汗境內。雙方大軍如同兩股湍急的巨流，在尋思干以北的卡特萬相撞。

耶律大石所部數量相對較少，部下看到敵軍有十萬之眾，且武器精良，大多面有懼色。耶律大石察看地形後，激勵將士道：「敵軍雖多，但有勇無謀，只要掌握時機進攻，他們便首尾不能兼顧，一定會敗退的！」

於是在地勢險要的達爾加姆峽谷部署軍隊。命六院司大王蕭斡里剌、招討副使耶律松山等領兵兩千五百人攻打聯軍右翼，樞密副使蕭查剌阿不、招討使耶律朮薛等領兵兩千五百人攻敵左翼，耶律大石則攻擊敵人中軍。

中亞聯軍的右翼是名將庫馬吉，左翼是西吉斯坦國王，中軍由桑賈爾親率，有經驗的老兵殿後。

戰鬥在康國八年（一一四一年）九月初九吹響號角，耶律大石的軍隊越戰越勇，尤其剛歸附的葛邏祿人發揮了重要作用，首先破敵中軍，逼使桑賈爾駁馬逃走。主帥一走，聯軍立刻崩潰，耶律大石在後追擊，殺敵三萬人，伏屍數十里，桑賈爾的妻子、左右翼指揮官以及著名的伊斯蘭法學家胡薩德．奧馬爾等全部被俘。

時人都說，卡特萬之戰，「在伊斯蘭教中沒有比這個更大的會戰，在呼羅珊也沒有比這個更多的死亡」。戰後，塞爾柱王朝勢力退出河中地區，並迅速衰敗。

接著，耶律大石征服了西哈剌汗和花剌子模，定都虎思斡耳朵（今吉爾吉斯斯坦托克馬克），建立起一個疆域超過已經滅亡的遼朝和正在興盛的金朝的龐大帝國，中亞史上稱之為哈剌契丹，中國史上叫做西遼。

契丹人的日常風俗

●時間：西元九〇七～一一二五年
●人物：契丹人

契丹人「隨陽遷徙，歲無寧居」，生產生活方式與農耕民族大不相同。

⊙衣食住行

游牧的契丹人「隨陽遷徙，歲無寧居」，生產、生活方式與農耕民族大不相同。居住的是便於遷徙的穹廬式氈帳，類似現在蒙古牧區居住的蒙古包。這種氈帳便於遷徙，適合於逐水草而居的契丹等游牧民族。

契丹族崇拜太陽，又由於北方草原多吹西北風、北風，所以契丹族氈帳多面向東南。遼朝皇帝和王公、大臣的四時遷徙與普通牧民相似。大約在唐末，契丹族開始有居室建築。遼朝建立後，城邑越來越多。

遼　綠釉刻花鳳首瓶

隨時準備轉徙的契丹人，出行多騎馬或乘車。由於用途不同，契丹人車的種類不一。在遼人的繪畫和遼墓壁畫中，契丹車多有出現，其形制與當時人的記載一致。契丹人雖為游牧民族，但其故地有潢河、土河，漁獵生活和洪水氾濫，使得早期契丹人也離不開舟船。

契丹人的食物以乳肉為主，除家畜牛、羊外，野豬、狍、鹿、兔、鵝、雁、魚等獵獲物也是主要食物來源。契丹貴族也喜好飲茶，但遼朝原不產茶，茶葉通過貿易和宋朝的贈禮傳入。契丹在舉行禮儀、歡慶、遊樂、接待使節和恩賜下屬時，往往飲酒，中京的釀酒業對後世有著深遠的影響。

契丹的傳統服飾有「胡服」、「國服」、「番服」等不同稱謂，其中包括冠帽、衣褲、靴襪和帶飾。契丹貴族的服裝依官職不同而相異，皇帝和南面官著漢服，皇后和北面官著胡服。另又有祭服、朝服、公服、常服、田獵服之別。契丹人男女皆佩戴耳環。他們同烏桓、鮮卑人一樣，也有髡髮的習慣。

⊙婚喪習俗

遼朝建立之前，契丹實行群婚與族外婚制。建遼後，遼太祖耶律阿保機及後繼者就婚姻問題頒布過一系列法令，最重要的是確立了王族、后族兩姓世婚制，嚴格執行「族外婚」制度，大多數人過著一夫一妻的生活。但長期以來，耶律氏和蕭姓之間互相通婚，所以不計輩份，以致表親聯姻、輩份混亂的現象比較嚴重。

唐朝時，契丹人行樹葬、火葬，將屍體置於山樹上，三年後收遺骨焚化。當時契丹人沒有墳墓，火化後的骨灰集中埋葬於蒙特內哥羅，人們面向此山，祭拜祖先亡靈，稱為「拜山禮」，或「祀木葉山儀」。

遼建國後漸行土葬，早期多為單室墓，石棺。中期以多角形為主，石木、磚木混合結構，室內多築有屍床、屍臺，並有多室墓和裝飾性結構出現。遼朝晚期，多室墓普遍，結構更複雜，貴族墓葬多有墓誌。遼聖宗統治之前尚有人殉遺風。

受佛教影響，遼朝的部分漢人或契丹人死後，用柏木雕成人形（真容木雕像），中空，屍體焚化後，將骨灰儲入雕像胸腔之中。

遼　三彩舞獅盒

契丹人有燒飯之俗，以追思死者，多在既死、七夕、週年、忌日、節辰、朔望等日舉行。人們築土為臺，或掘地為坎，上置盛有酒食的大盤，將其焚化，以供死者在另一個世界裡享用。凡死者生前所用衣物、弓矢、車馬、珍玩等物都可奉祭。

⊙禮儀娛樂

與祭山儀一樣，再生儀是契丹獨具特色的儀式，終遼一代不輟。遙輦氏聯盟首領、遼朝皇帝、執政的皇后和皇儲可行再生禮，於本命前一年季冬擇吉日舉行。

先在御帳禁門北設再生室、母后室、先帝神主輿。行禮時，將童子和接生老婦置於室中，一老叟持箭囊立於門外。然後從神輿中取出先帝神主，祭奠。皇帝入再生室，除去朝服，與童子一起赤腳走出，模仿初生時的情景。最後，祭拜先帝，宴飲群臣。這一禮儀創於遙輦氏阻午可汗時期，目的是使人重溫初生時的情景，追念「母氏劬勞」，「起其孝心」。

契丹人一年四季都有各種節日慶典。二月初一為中和節，當時正值仲春，「助發生之德，覃生育之恩；助陰陽之交泰，表天地之和同」。六月十八是所謂「伏日」，是「秋夏交會之辰」，也是陰陽交泰之時。契丹人的傳統習慣也受到中國傳統的陰陽五行說的影響，互通婚姻的耶律和蕭二姓皆選擇上述兩個節日宴請對方。

契丹人還有放偷日，「正月十三日，放國人作賊三日，如盜及十貫以上，以法行遣」。放偷日反映了原始社會公有制的遺風，這一習俗延續至金代，成為男女之間的戲謔活動，並流傳到燕、雲等漢地。

遼朝的遊戲與娛樂活動，既有遊牧民族的特色，也受漢人、渤海人的影響。擊鞠、角牴、圍棋、雙陸、彩選格等都是契丹人喜愛的活動。文獻記載，遼興宗和耶律大石都曾與人作雙陸博戲，道宗晚年曾以彩選格擲骰子任官。現代考古發掘在遼朝統治舊地發現了圍棋棋盤、圍棋子、雙陸棋盤和錐形棋子，可知契丹人頗愛此類博戲。

特色鮮明的遼代文學

●時間：西元九〇七～一一二五年
●人物：遼聖宗　蕭觀音

遼先後與五代、北宋並立，與中原在經濟方面相互交流，在文化方面相互吸收。遼自耶律阿保機即位後，學習漢族文化，祭孔子，製文字，加速了文明化的進程。其後，景帝、聖宗、道宗幾代，都尚文雅，對於漢文著作多有翻譯，文學亦隨之得到了發展。遼代文學既受漢族文化的影響，又具有本民族剛健質樸的特色。

⊙宮廷文學

契丹人在語言運用上有其獨特的技巧，善於運用比喻的手法評論事物和品評人物，如用「空車走峻坂」形容人說話隨便，不加收斂；用「著靴行曠野射鴞」評論人說話言不及義；用「連氈裘上附著的蒼耳子都要收取」，來比喻人的貪婪。

白瓷迦葉像　遼

迦葉像左手投膝，右手作講論姿勢，神情滄桑而凝重，穿右衽斜領長衫，通體施白釉，釉質細膩，色彩光澤，栩栩如生，是遼代定窯白瓷的代表作。

遼朝文人既用契丹語言文字創作，也大量用漢文寫作。作品包含詩、詞、歌、賦、文、章奏、書簡等各種體裁，兼有述懷、戒喻、諷諫、敘事等各種題材。作者包括帝后、宗室、群臣、諸部人和著帳郎君子弟。

遼聖宗十歲能詩，一生作詩五百餘首，經常出題目，命宰相以下官員賦詩，並一一審閱。興宗也擅長詩文，不但與詩友唱和，並親自出題，以詩賦在殿試中考察進士。

在遼朝諸帝中，道宗的文學修養最高，善詩賦，作品清新雅麗，意境深遠，編有《清寧集》。現存〈題李儼黃菊賦〉：「昨日得卿黃菊賦，碎剪金英添作句。袖中猶覺有餘香，冷落西風吹不去。」

宗室大多也能詩善賦。如東丹王耶律倍著有〈樂田園詩〉〈海上詩〉。耶律國留、耶律資宗、耶律昭兄弟三人都善作文，工辭章，國留有〈兔賦〉〈寤寐歌〉。資宗出使高麗被留期間，「每懷君親，輒有著述」，後編為《西亭集》。昭因事流放西北，寫信給招討使蕭撻凜，陳述安邊之策，詞旨皆可稱。

道宗皇后蕭觀音所作〈諫獵疏〉〈回心院〉及應制詩〈君臣同志華夷同風〉，天祚帝文妃的諷諫歌，太師適魯之妹耶律常哥的述時政文等，不但反映出她們的文學修養，而且表達了她們關心社稷安危、致主澤民的政治理想。

此外，平王耶律隆先有《閬苑集》，樞密使蕭孝穆有《寶老集》，

《妙法蓮華經》卷　遼

北女真詳穩蕭柳有《歲寒集》，蕭韓家奴有《六義集》，敦睦宮使耶律良有《慶會集》等詩文集，耶律庶箴有〈戒喻詩〉，耶律韓留有〈述懷詩〉等，可惜都不傳於世，現已無從查考是用哪種語言文字創作的。

遼朝境內的漢人如楊佶、李瀚等也分別著有詩文集《登瀛集》《丁年集》。

流傳至今的遼人作品，除王鼎的《焚椒錄》外，還有寺公大師的《醉義歌》。《醉義歌》是用契丹語創作，有金人耶律履的譯文，契丹文原作和耶律履譯文已失傳，今有耶律履之子耶律楚材的漢譯本傳世。

遼人十分喜愛宋人的詩文，對三蘇的作品大多能道其詳。有的詩文集在宋朝境內尚未廣泛流傳，卻已為遼人所得。宋真宗大中祥符年間（一〇〇八～一〇一六年），契丹遣使至宋，聲稱遼人喜愛誦讀魏野的詩，但只求得上部，希望能得全部。宋真宗這才知道魏野的名字，便派人尋找，發現已死多年。多方搜集，尋得《草堂集》十卷，送給遼國。

⊙民間文學

遼代的民間故事、歷史傳說和歌謠、俗講等口頭文學也很豐富，然而已幾乎全部失傳，著名的青牛與白馬的傳說、黃龍的傳說等也只知其故事梗概。從尚能見到的幾首民歌中可以看出其樸質活潑的特色，如天祚帝統治末年的《國人諺》：「五個翁翁四百歲，南面北面頓瞌睡。自己精神管不得，有甚心情管女直。」辛辣形象地諷刺了昏庸無能的統治集團。遼亡國後，遺民所作的〈投坑伎詩〉〈臻篷篷歌〉等也極富意趣，新穎別緻。

現在可知的遼代文學作品的作者多為契丹貴族、上層人物，內容多反映貴族社會生活和統治集團內部問題。有些作品表達了希望南北兩朝友好相處的美好願望，描繪出北國人民的生活圖景，具有濃重的地方色彩和民族情調。

契丹文學擴大了寫作題材，豐富了中國古代文學寶庫。遼代文學總體成就雖然在歷代文學中顯得遜色，但仍然是中國文學史中的一環，對金、元乃至清代，甚至外國文學都產生了一定的影響。

遼代瓷製雞冠壺

雞冠壺是遼瓷的特有形制，因早期器形上部有雞冠狀裝飾而得名。契丹民族馬上為家，需隨時攜帶水、乳等飲物，為方便和安全起見，以皮革縫囊盛裝，只留小口，以防傾漏。雞冠壺即是仿這類革囊形制做成的隨葬用品，多是瓷器，腹部下垂仍如容水之囊，在邊角處並仿製出縫製皮革的針腳。

遼代兩百餘年間雞冠壺的形制也有顯著的變化。大抵早期壺形更接近於皮囊，上為單孔（備繫繩之用），單雞冠狀耳，稍後又在口邊增一小孔。中期壺身變扁變長，雞冠耳變為雙孔方耳。晚期壺腹變圓，已不似皮囊，方耳和繫孔均消失，上部成為一個提樑。早期壺多素面，白釉或單色釉，中晚期則有貼塑、刻劃花等加工手法，做出動物、花草、流蘇綬帶等花飾，造型生動，豐富多采。

▲褐釉皮囊式雞冠壺

壺高二十五．六公分，腹徑二十三公分，底徑十．四公分。雞冠壺造型別緻，是契丹特有器物，因置耳於器頂，狀似雞冠，故名。

▲綠釉雙猴皮囊壺

高二十七．五公分，壺一側為管狀小口，上附蓋，蓋頂置寶珠形紐。另一側置兩個橋形繫，繫旁各雕一蹲狀小猴，形象逼真。壺身兩側滿刻卷草紋。壺通體施綠釉，色瑩潤光亮。皮囊壺又稱馬蹬壺，因其形似馬蹬而得名，是遼代契丹族特有的生活用具。

▶綠釉掛銀雞冠壺

此雞冠壺口徑五．二公分，高二十四．五公分。扁體，作皮囊狀，邊緣突起，為仿縫合稜。

◀白執提樑壺

壺高二十八公分，口徑八公分，底徑九·五公分。直立小口，提樑呈三股絞索狀，長鼓腹，腹體下垂呈皮囊狀，圈足。頸部飾乳釘一周，上下各有兩周凸稜，為仿皮繩裝飾，口的下部及兩側有仿皮繩裝飾三條。

▶綠釉雞冠壺

壺高二十八公分，最大腹徑二十公分，足徑九公分。小直口，口後突起處有二穿孔，腹為下垂皮囊狀，上有線刻紋飾，是中期雞冠壺的代表造型。

◀白釉皮囊式雞冠壺

壺高二十九公分。扁圓形腹，平底，弧形提樑，小直口，口與壺腹連接處印有一周圓圈紋，腹身有仿皮革線凸稜，壺身滿施白釉，釉色潔淨明亮，開細片。

遼代手工藝品

契丹民族不僅是一個漁獵游牧民族，在手工藝技術方面也有極高的造詣，在傳統燦爛的文化中占有重要的地位。契丹人繼承唐五代和北宋工藝美術傳統，創造出了一種別具一格的本民族工藝美術。

遼代工藝美術可分前、後兩期，以興宗重熙（一〇三二～一〇五五年）為界。前期具有鮮明的契丹族特色，是遼朝工藝美術的代表。後期受漢文化影響，本民族特色減弱，漢文化成分加強，並且逐步漢化。

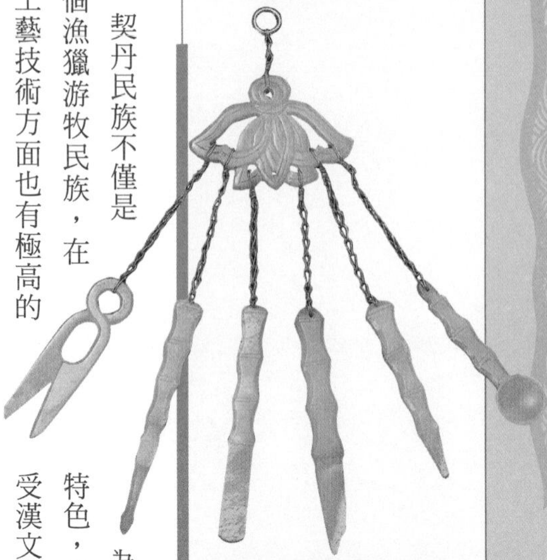

△用具形玉珮

此玉組件佩由一件蓮花形玉飾以金鏈下繫六件用具形玉墜組成，通長十八・二公分，均白玉製成，形狀有剪、觿、銼、刀、錐、勺。蓮花形玉飾為白色，表面有灰白色沁。鏤孔，線刻花瓣紋，花莖有孔，繫金鏈，可用於佩帶。其餘工具玉件皆為白色，雕琢細膩，是遼代玉組佩的代表作之一。

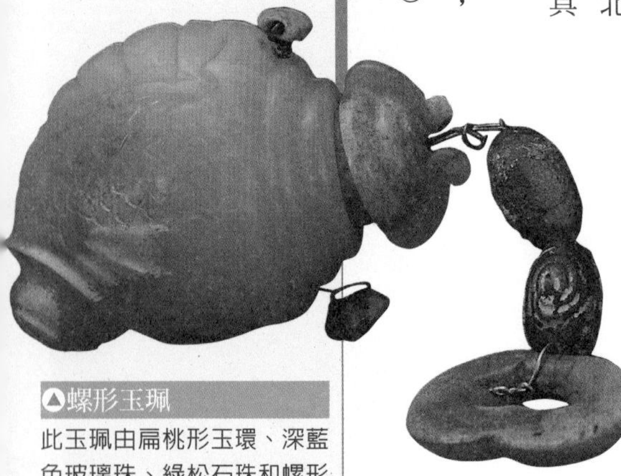

△螺形玉珮

此玉珮由扁桃形玉環、深藍色玻璃珠、綠松石珠和螺形玉墜以銀絲穿繫而成。螺形玉墜，白玉質，表面有沁痕。腹空有蓋，蓋身均有鑽孔，以便穿銀絲。

◁繫鏈水晶杯

水晶杯通蓋高三・五公分，共三件，形制大小相同，可能是用於佩帶的玩賞物。杯無色透明，圓唇，桶形腹，平底。表面拋光，口沿邊有兩個對稱的小孔，孔內各繫一條金鏈，金鏈末端繫一鎏金銀環，可以佩帶。杯口附鎏金銀蓋，蓋呈斗笠形，蓋頂有一環形小紐。

◀八稜鏨花銀溫碗

溫碗為錘鍱而成，整體為八稜形。圓唇、直口、直壁，下部折收，平底接外展八稜形圈足。此溫碗與八稜鏨花銀執壺為一套溫酒器，圖案紋飾皆相同。

▶胡人馴獅琥珀佩飾

佩飾長八・四公分，寬六公分，厚三・四公分。紅色，略呈長方形。正面雕刻胡人馴獅。胡人頭纏巾，袒胸，下著短裙，腰束長帶座於腳上，手執馴獅棒，獅子伏於側，作馴服狀。

▲七佛彩繪貼金舍利塔

通高二十三公分，底徑八・八公分。木雕彩繪，塔身外壁雕刻七佛立像，形象逼真，衣著線條簡潔流暢，七佛全身貼金並繪鬍鬚。塔身繪彩繪以平塗勾勒為主，塔剎寶珠貼金，色彩明快典雅。

▲仰蓮紋銀杯

杯口呈海棠形，唇外卷，內外皆鏨刻花紋，腹底為仰蓮紋，高撇足，工藝精湛，是遼代銀器皿的傑作之一。

◀契丹女神金像

這尊金像高十一・二公分，是用金片錘鍱而成，四周用金線飾繞。女神端坐於蓮臺上，頭戴花冠，身後飾有三個背光。這尊像是契丹人融合「薩滿教」與佛教，並運用西方金銀加工手法製作而成，神祕而富麗，是東西方文化交流的寶貴實物。

◀龍紋銅鏡

此鏡鑄造精良，雖歷經千年仍光可照人。鏡背鑄有戲珠蟠龍，龍口含珠，龍珠即是鏡紐，藝術構思奇巧。而龍團身飛騰，氣勢磅礴，又表現出整體造型的和諧，是獨到的遼代實用藝術品。

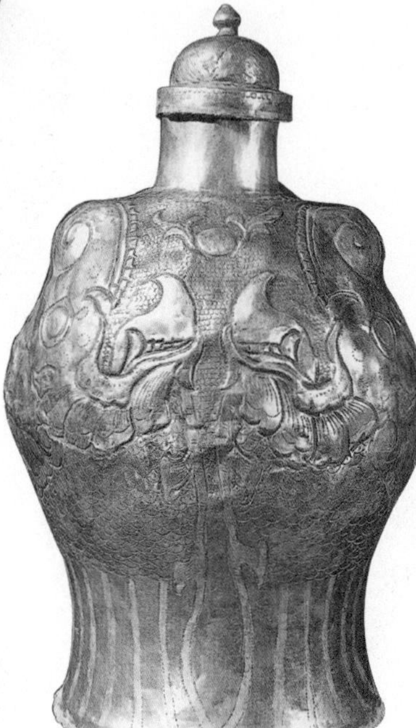

▶鎏金銀壺

壺用錘鍱法成形。壺為直口、直頸，上腹近圓形，下腹內收，至底部外展成橢圓形，平底。壺蓋為直口折沿，頂部隆起，上有寶珠狀蓋紐。此壺原有提樑，出土時脫落。壺腹在魚子紋地上錘出對稱的兩條魚龍，兩龍口之間有一顆寶珠。魚龍鱗鰭刻劃入微，清晰可辨。紋飾部鎏金。

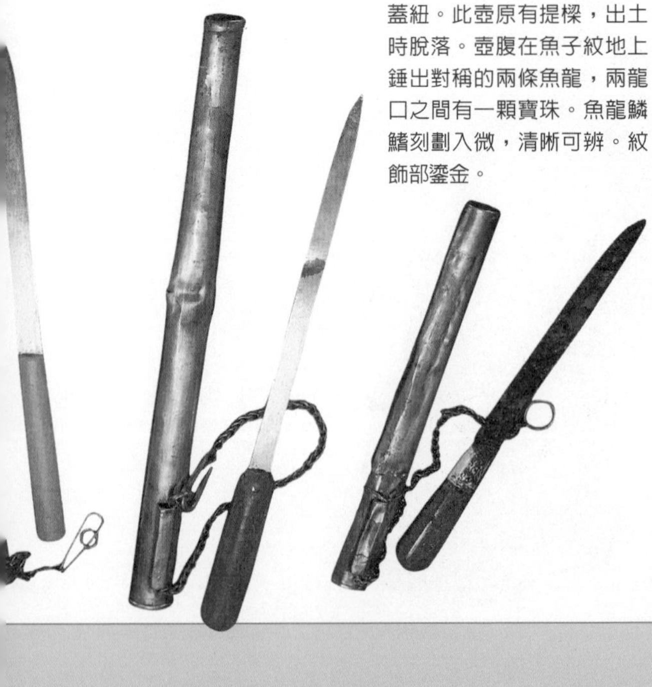

◀鎏金銀刀錐鞘等

銀刀均配有鎏金銀鞘，刀柄有玉製和琥珀製兩種，刀柄和刀鞘做工精緻，外表裝飾美觀大方。銀錐為玉柄，鎏金銀鞘，錐柄白色，圓頭，圓柱形。據考證此錐應為契丹貴族「捺缽」時所用的刺鵝之錐。

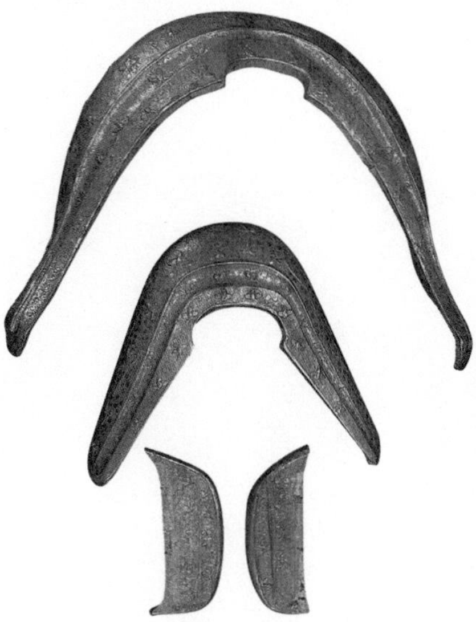

◀鎏金鏨花銀馬鞍飾件

鞍飾通體鎏金，前橋為拱形，凸面，凹背，正面捶有四十隻凸起的小鳥，周圍鏨刻卷草紋，以魚子紋為地。小鳥均尖喙長尾，展翅飛翔，有的向上飛翔，有的回首相望。造型生動，活潑有趣，西側花紋相互對稱，正面邊緣向背面彎捲。其餘部分紋飾、佈局與前橋相同。

▶琥珀瓔珞（駙馬）

瓔珞周長一百五十九公分，與五串二百五十九顆琥珀珠、五件琥珀浮雕飾件、兩件素面琥珀料用細銀絲穿繫而成。琥珀珠為紅褐色，形狀多為不規則橢圓形和棗核形。浮雕飾件所雕紋飾有行龍紋、蓮花紋、蟠龍紋、行龍戲珠紋等。

▲琥珀瓔珞（公主）

瓔珞周長一百七十三公分，由四百一十六顆琥珀珠、五件浮雕飾件用細銀絲穿繫而成。浮雕飾件有橘紅色、紅褐色、橘黃色三種。所雕紋飾有對鳥、荷葉、蟠龍、雙龍戲珠、行龍等。

◀鏨花銀靴

銀靴由靴靿、靴底、靴面三部分縫綴而成。靴口略呈橢圓形，捲邊，靴靿上寬下窄，外側略呈弧形。靴靿下口套入靴面上口內。靴面前部略尖，微上翹。底細長微凹，周邊的折成凹形，套入靴面下口內，周邊均用細銀絲綴合。靴兩側各鏨飛鳳，首有翠毛，長尾下垂、展翅飛翔。鳳鳥上下兩側各飾如意雲紋。靴面兩側也各鏨飛鳳，昂首展翅鳥側飾如意雲紋，紋樣上鎏金。

中國社會科學院近代史研究所■韓志遠教授

西元一〇三八～一二二七年

西夏

西夏是中國歷史上以党項族為主體建立的王朝，建都興慶府（今寧夏銀川），創建者為夏景宗李元昊。

党項族原屬於羌族的一支，居地在今青海東南部黃河曲一帶。從唐末經五代到北宋，党項拓跋氏均以中原王朝節度使的身分統轄以夏州（今陝西橫山）為中心的五州之地。經過李繼遷（元昊之祖父）、李德明（元昊之父）兩代人的艱苦努力，實施依遼和宋、用兵吐蕃與回鶻的戰略，向西發展，占領西涼府（今甘肅武威）、甘州（今甘肅張掖北）、瓜州（今甘肅安西東）等州，控制了河西走廊，奠定了李元昊的稱帝建國堅實的基礎。

宋仁宗天聖九年（一〇三一年），李德明死，李元昊繼位，不再接受封號，廢除唐、宋所賜李、趙姓氏，改姓嵬名氏，自號「兀卒」（青天子）。隨後，李元昊實行變髮式、定服飾、造文字、簡禮儀、立官制等一系列改革，並升興州為興慶府，擴建宮城，準備建國稱帝。宋仁宗景祐元年（一〇三四年），他開始不斷向宋發動攻勢，在府州（今山西府谷）、環州（今甘肅環縣）、慶州（今甘肅慶陽）等地擊敗宋軍。

宋仁宗寶元元年（一〇三八年），元昊正式稱帝，改元天授禮法延祚元年，國號大夏，史稱西夏。西夏疆域，東臨黃河，西界玉門關（今甘肅敦煌西小方盤城），南接蕭關（今甘肅環縣北），北抵大漠。盛時轄地二十二州，包括今寧夏及陝西北部、甘肅西北部、青海東北部及內蒙古部分地區。西夏共歷十帝，前後一百九十年。與遼、北宋及金、南宋先後鼎立。

西夏的政治制度受宋朝影響很大，官制的設置基本上模仿北宋。中央行政機構有：中書省、樞密院、三司、御史臺、開封府、翊衛司、官計司、受納司、農田司、群牧司、飛龍院、磨勘司、文思院、蕃學、漢學等。地方行政編制分州、縣兩級，在特殊的政治中心和軍事國防要地有時也設郡、府。

西夏的軍事制度是在党項的部落兵制的基礎

上吸取宋制而發展成的。樞密院是西夏最高的軍事統御機構，下設諸司。軍隊由中央侍衛軍、擒生軍和地方軍三部分組成。

中央侍衛軍包括「質子軍」、皇帝衛隊和京師衛戍部隊。「質子軍」人數約五千人，是由豪族子弟中選拔善於騎射者組成的一支衛戍部隊，負責保衛皇帝安全，號稱「御圍內六班直」，分三番宿衛。另有皇帝親信衛隊三千人，是從境內各軍中精選的強勇之士組成，皆為重甲騎兵，分為十隊，每隊三百人，隨皇帝出入作戰。京城地區並屯駐一支訓練有素的衛戍部隊，共二萬五千人，裝備優良，是中央侍衛軍的主力。

擒生軍人數約十萬，是西夏的精鋭部隊，主要任務是承擔攻堅和機動作戰。因在戰鬥中生擒敵軍為奴隸，故此得名。

西夏的地方軍由各監軍司所轄，共有五十萬人，軍兵種主要是騎兵和步兵兩種。西夏兵役制度是全民皆兵制，平時不脫離生產，戰時參加戰鬥。

党項族原來主要從事畜牧業和狩獵，通過學習漢族先進的農業生產技術，農業經濟得到迅速的發展。到西夏建國時，農業生產已成為西夏社會經濟的主要部門。西夏建國後，景宗李元昊更加重視農業生產的發展，大力興修水利工程，並親自主持修築了從今青銅峽至平羅的灌渠，世稱「昊王渠」或「李王渠」。以後，興慶府、靈州一帶，一直是西夏糧食生產的主要基地。

在發展農業的同時，西夏統治者也較重視畜牧業生產，國家專門設立群牧司負責畜牧業的管理。西夏的畜牧地區主要分佈在橫山以北和河西走廊地帶，牧養的牲畜以羊、馬、駝、牛為主，還有驢、騾、豬等。

由於農、牧業的發展，社會生產力的迅速提高，西夏的手工業生產和商業貿易也隨之迅速發展。西夏的冶煉、採鹽製鹽、磚瓦、陶瓷、紡織、造紙、印刷、釀造、金銀木器製作等手工業生產也都具有一定的規模和水準。

在西夏統治者的倡導下，党項族是同時期接受漢文化較多的一個民族。可以說，西夏文化的核心是儒家文化。

西夏於末主寶義二年（一二二七年）被蒙古所滅。

党項的興起

●時間：西元七世紀初～一〇三一年
●人物：李繼遷　李德明

党項，又稱党項羌，是中國古代北方民族——羌族的一支。原居青海東南部黃河曲一帶，西元七世紀中葉，党項向西北遷徙，各部分散居於廣大的西北地區。從唐末、五代到北宋初，受到中原王朝所封的党項拓跋氏夏州藩鎮割據勢力不斷增強。到北宋建立後，逐步脫離宋王朝的統治，建立了自己的政權——西夏。

⊙党項族的變遷

西元七世紀初，源自西羌族的党項尚處於氏族社會趨於解體的歷史階段。在遼闊的草原上，按姓氏結成大小不同的部落，各自分立，互不統屬，過著游牧狩獵的生活。

唐朝建立後，中原政權對党項採取羈縻政策，授予党項部落首領官職，統治本族人民，党項人生活的地區逐漸納入唐王朝的版圖。七世紀中葉，同源於羌族的吐蕃日益強盛，從雅魯藏布江向東延伸，党項族各部受到威脅，開始陸續向北遷徙。唐太宗時期，一部分党項人遷至岷江上游和今甘肅東部、寧夏回族自治區與陝西以北一帶，聚集在慶州附近的党項人稱為東山部，聚集在夏州地區的稱為平夏部。另一部分党項人被吐蕃統治著。

隨著游牧、遷徙，党項人同漢人有了更多的接觸，逐漸發展農耕，向半牧半農的經濟生活過渡。尤其是東遷到今甘、陝一帶的党項人，農耕得到了很大的發展，人口也有了明顯的增多。

唐末，爆發了黃巢之亂。衰弱的唐王朝利用党項人鎮壓，平夏部中強大的拓跋氏部落參與了戰爭。

唐中和元年（八八一年），黃巢失敗，拓跋部首領拓跋思恭受封為夏州節度使，統治夏州、綏州（今陝西綏德）、銀州（今陝西榆林）、宥州（今陝西靖邊）和靜州（今陝西省米脂縣境）等五州之地，形成割據之勢。

中和四年（八八四年）七月，唐朝升拓跋思恭為夏國公，並賜「李」姓。從此，夏州地區的党項拓跋氏成為了名副其實的唐朝藩鎮。

天祐四年（九〇七年），唐朝滅亡，中國進入了「五代十國」的分裂割據時期。党項族的活動範圍擴大到河套地區，並向河西走廊擴展，同原來的吐蕃、回鶻、漢人接觸，進一步促進了彼此的融合、發展。

⊙西夏建立前的党項

北宋建隆元年（九六〇年），北宋建立，先後依附梁、唐、晉、漢、周及北漢王朝的夏州党項李氏，開始向宋靠攏，竭力向宋朝討好，朝貢不斷。

北宋太平興國七年（九八二

延伸知識

拓跋思恭

拓跋思恭（？～八九五年），唐末党項羌族平夏部大首領。唐懿宗咸通末年據有宥州（治所在今陝西靖邊縣東），自稱刺史。中和元年（八八一年），助唐鎮壓黃巢，因功封為武衛將軍，暫代夏（轄境相當今陝西大理河以北的紅柳河流域及內蒙杭錦旗、烏審旗等地區）綏（治所在今陝西靖邊縣境）銀（治所在今陝西米脂縣西北）留後。

唐中和二年（八八二年），因攻打亂軍所占領的長安有功，受封為京城四面收復都統、暫代知京兆尹事等職。三年（八八三年），隨李克用攻入長安，僖宗以夏州（今陝西靖邊）為定難軍，受封為節度使，晉爵夏國公，賜姓李。統夏、綏、銀、宥、靜五州地（一說四州，無靜州）。文德元年（八八八年）遣弟思孝襲取鄜延路諸州。

唐乾寧二年（八九五年）思恭卒，弟思諫嗣位。思諫後梁開平二年（九〇八年）卒，其後繼者為：李彝超（九三三～九三五年）、李彝興（九三五～九六七年）、李光鋭（九六七～九七八年）、李繼筠（九七八～九八〇年）、李繼捧（九八〇～九八二年）。

經過近百年幾代人的不懈努力，由拓拔思恭開創的全新的党項人，事業一步步走向輝煌，在中國歷史上濃墨重彩書寫了一筆。

年），夏州党項首領李繼筠死，党項貴族內部因繼承問題發生衝突。新任定難軍節度使李繼捧向宋朝獻出統治三百年之久的夏、綏、銀、宥、靜五州，族人遷往京師居住。宋太宗十分高興，先是賞賜党項族人銀錢和絹帛，然後又賜任李繼捧為彰德軍節度使。端拱元年（九八八年），宋太宗再賜李繼捧「趙」姓，並更名為趙保忠，賞賜大量的金銀錦帛。

在党項族不斷發展、壯大中，隨著財產的日益膨脹，党項族首領與北宋王朝的衝突也日漸加劇。李繼捧雖歸附宋朝，但族弟李繼遷在契丹貴族的挑唆下，經常在夏州一帶搶掠。

遼朝在北漢政權瓦解後，就想勾結党項夾擊宋朝。淳化元年（九九〇年），遼朝封李繼遷為夏國王，此前，還把皇室義成公主嫁給了他。遼朝不斷用結盟、通婚、封王的方法，把李繼遷當作棋子以牽制宋朝。為應付這一局面，宋朝則令李繼捧回鎮夏州，安撫李繼遷。李繼遷與李繼捧各受宋、遼兩國的支持和挑唆，時和時戰。最後，李繼捧遭到李繼遷襲擊，逃回北宋，後被囚禁。宋朝毀棄夏州城，李繼遷遁居沙漠。

至道二年（九九六年），李繼遷在遼朝的支持下，圍攻靈州（今寧夏回族自治區靈武）。党項人勇猛善戰，

褐釉剔花瓶　西夏

瓶敞口，外撇，短頸，肩以下漸斂，寬圈足，砂底，器身開光剔牡丹紋，紋飾雕琢細膩流暢，頗具藝術性。

西夏王陵

騎射精通，宋軍在沙漠中不敵，損失慘重。

咸平五年（一○○二年），李繼遷攻占靈州，改為西平府。靈州是北宋西北交通的據點，也是黃河上游沿岸沙漠地帶最肥沃的地區，宋朝不願失去，雙方不停激戰。

同年，已歸附宋朝的吐蕃首領潘羅支向党項詐降，暗中集結數萬兵力，乘李繼遷不備，大敗党項。李繼遷中箭逃回西平府，景德元年（一○○四年）元月，箭創發作身亡，子李德明繼位。

李德明繼任時，遼、宋之間的關係已非常緊張。北宋為了全力對付遼朝的威脅，對党項暫時採取籠絡的手段。

景德三年（一○○六年），宋真宗封李德明為平西王，授予定難軍節度使的虛銜。隨後又賞一萬匹絹，三萬貫錢，一萬兩白銀，兩萬斤茶葉。景德四年（一○○七年），宋朝在邊境保安軍（今陝西志丹）開設榷場，雙方開展貿易，漢人用精美的繒、帛、羅、綺等絲織品和糧食，換取党項的馬、牛、羊、駱駝、氈、毯，用瓷器、生薑、甘草換取党項的蜜蠟、麝香、羚角、肉蓯蓉、紅花、翎毛等。

李德明在位近三十年（一○○四～一○三一年），與北宋的邊境貿易得到了長足發展，出現了「商販如織」的盛況，党項的社會經濟也穩定發展。

李德明具有遠見卓識，利用宋、遼兩國的爭端休養生息。同時向宋、遼稱臣，接受接踵而來的封王晉爵。遼封李德明為夏國王，宋則升李德明為中書令，加太保、太傅，又加賜只有親王和重臣才能賜予的「崇仁功臣」號。隨後，遼封李德明尚書令，晉大夏國王，並與其子李元昊聯姻，宋朝亦再次加封李德明為夏王。

宋、遼對党項的安撫政策，助長了李德明割據一方、建國稱帝的慾望。他開始厲兵秣馬，積極進行各種準備。

北宋大中祥符九年（一〇一六年），李德明追尊父李繼遷為「太祖應運法天神智仁聖至道廣德光孝皇帝」，廟號「武宗」。天禧四年（一〇二〇年），李德明採納部下建議，由西平府遷都懷遠鎮，改名興州，正式建立都城。天聖六年（一〇二八年），李德明冊立子李元昊為太子，元昊生母衛慕氏為皇后。其出行的規模儀仗，也和宋朝皇帝基本相似。

天聖九年（一〇三一年），李德明病逝。雖然沒來得及登上皇帝的寶座，但已經為大夏國的建立做好了一切必要的準備。

西方三聖接引像　西夏

八十四・八×六十三・八公分，此像出自黑城遺址，堪稱關於阿彌陀佛信仰的絕好圖解。畫面左下方作党項人裝束的即為像主，他在臨終之前正在虔誠合十祈禱，阿彌陀佛受其念佛的感應，親率觀世音、大勢至兩位菩薩捧蓮臺迎接像主往生。蓮臺右側的童子表明像主通過蓮花化生，已經具備了前往極樂世界的資格，畫面上方的巍峨金碧的殿宇、不鼓自鳴的樂器，無疑象徵了美好的淨土佛國。

李元昊建西夏

●時間：西元一〇三八年
●人物：李元昊

李德明病逝後，其子元昊在興州（今寧夏銀川）繼位。元昊是一位已經漢化的党項族領袖。自幼讀書，接受漢族的進步文化，通曉漢、藏兩族文字和語言。少年時即善於思索、謀劃，對事物有著獨到的見解。

⊙少年老成

李元昊（一〇〇三～一〇四八年），小字嵬理（党項語「珍惜富貴」之意），後更名曩霄，出生於宋咸平六年（一〇〇三年）五月初五。出生第二年，祖父李繼遷便去世了。少年時的李元昊是在一個比較平和的環境中成長的，受過很好的教育，文武雙全，智謀過人。

成年後，李元昊對父親李德明奉行的睦宋政策很不理解，李德明說：「我長期以來領兵作戰，已經感到疲憊了，我們部族三十年來身穿錦繡，享受富貴，都是宋朝的恩惠，不能辜負呀！」元昊反駁道：「身穿皮毛，從事畜牧，是我們部族的天性，英雄應當做一番稱王稱霸的事業，哪裡只能為了錦綺呢？」

北宋邊將曹瑋十分仰慕李元昊的風采，卻無法親見，於是派人暗中偷畫元昊的圖像。得見人物樣貌後，曹瑋由衷驚歎：「真英雄也！」

宋天聖六年（一〇二八年），李德明進攻甘州（今甘肅張掖）回鶻政權，時年二十四歲的李元昊在此役中嶄露頭角。

以甘州為中心的回鶻政權和占據西涼的吐蕃都是北宋挾制党項的盟友，李德明為了鞏固發展政權，部署戰略，攻占河西走廊，進兵回鶻。擔當西攻重任的李元昊採取突襲的方式，回鶻可汗來不及調派兵力，甘州城便被攻破。隨後，瓜州（今甘肅安西）、沙州（今甘肅敦煌）也相繼歸附

彩塑羅漢像
像高六十五．五公分，寬三十八公分，一九九〇年出土於寧夏賀蘭縣宏佛塔。

党項。在班師途中，李元昊又以聲東擊西的戰術，一舉擊潰西涼。

奪取甘州、西涼的勝利，使党項族的勢力擴展到了河西走廊。李元昊也因戰功顯赫而冊封為太子，贏得族人的廣泛讚譽。

歷史詞典

野利仁榮創西夏文字

西夏文字創製於元昊建國前的一〇三六年左右，由大臣野利仁榮演繹而成。文字的創製是民族文化發展到成熟階段的重要標誌，為本民族的人民在思想交流和文化傳承上帶來莫大的便利，也使後人研究這種文化與党項民族語言成為可能。

西夏文的創製參照了漢字創製的「六書」理論，採用合成法進行造字，即先創造了一些文字元素，就是我們常說的字根或母字，然後再用合成法繁衍出更多的西夏字。在西夏文中，除有很少的一部分是直接採用文字元素創字外，絕大部分是合成造字，包括會意、音意、對稱、互換、反切、長音等六種合成法。

西夏文字創製後，元昊即下令推行國中，詔令國民悉用蕃書。以法令的形式確立了西夏文的地位，並於建國初期設立「蕃字院」，選拔西夏貴族子弟加以教之，以期傳播。因此西夏文字很快就在西夏國中通行。

⊙西夏立國

北宋天聖九年（一〇三一年），李德明病逝，李元昊以太子身分和卓越的軍事才幹掌握了党項族的最高統治權，其統治區域，東起黃河，西至玉門關，南接蕭關，北臨大漠，方圓兩萬餘里，與宋、遼形成了三足鼎立的局面。

李元昊繼位後，不斷向河西擴展，迅速控制了河西走廊的全部和今甘肅東南地帶。在這片廣袤的土地上，生活著回鶻、吐蕃及大多數的漢人。先進的漢族生產技術帶動了少數民族從事農業生產，使得甘州和西涼一帶既是放養良馬的牧場，又是肥沃的農業生產區。

李元昊為了強化民族意識，增強党項族內部的團結，首先放棄了唐、宋王朝賜封先祖的李姓、趙姓，改姓嵬名，稱「兀卒」（青天子）。李元昊為遵從拓跋氏祖先舊俗，下令全族禿髮（頭頂剃光，四周留髮），率先剃

泥金書西夏文佛經冊頁　西夏

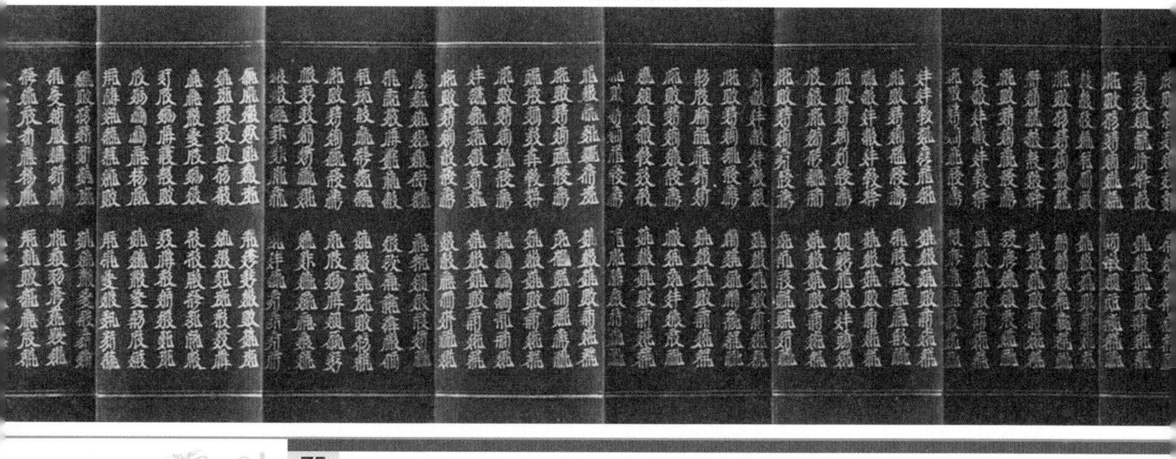

大佛寺涅槃像

此造像存於甘肅省張掖市大佛寺，是中國最大的室內臥佛，臥佛塑於西夏永安元年（一〇九八年），木胎泥塑，金裝彩繪，身長三十四．五公尺，肩寬七．五公尺。

髮並穿耳戴重環飾，以身作則。禿髮令頒布三日，限期內不剃髮者，一律處死。

明道二年（一〇三三年，李元昊為避父諱，改稱明道為顯道）五月，李元昊改興州為興慶府，大興土木，擴建宮牆殿宇。吸取漢族知識分子的意見，仿照中原王朝的禮儀，設立文武百官。皇帝之下的權力中樞設中書省、樞密院、三司、御史臺、開封府、翊衛司、官計司、受納司、農田司、群牧司、飛龍苑、磨勘司、文思院、蕃學、漢學等機構，職責、制度與宋代基本相同。

李元昊讓党項人和漢人共同擔任各級官員，封党項貴族功臣為「寧令」（大王）、「謨寧令」（天大王），後來又實行中原王朝的封王制度。服色是党項人區分有無官職的標準，而冠飾則是用來區分官職大小。官員穿紫色或紅色衣服，執笏板。無官職者著青、綠色的衣服。

為了進一步確保新政權的穩固與安全，李元昊並建立了一支五十餘萬人的騎兵隊伍，以興慶府為中心，向外呈三角形輻射狀部署，以防宋、遼及吐蕃、回鶻的攻擊。

從即位始，李元昊花了六年為建國稱帝準備。大慶三年（一〇三八年）十月，李元昊在興慶府南郊築祭壇，在親信大臣的擁戴下，即皇帝位，建國號「大夏」，史稱「西夏」，改元「天授禮法延祚」，即夏景宗。這一年，李元昊三十四歲。

新興的王國巍然屹立在北宋王朝的西側，與遼、宋形成了分庭抗禮之勢。

⊙興盛的西夏文明

党項族在內遷之前主要以畜牧和狩獵為生，逐水草而居，沒有固定的住所。隨著民族融合的趨勢，對中原文化的耳濡目染，党項人學會了農業生產，農業漸漸成了党項社會中的重要經濟形式。

自漢唐以來，党項人開始屯田，

興修水利。李繼遷占領靈州後，下令修築黃河堤壩，開鑿疏通漢唐舊渠，引水灌田。李元昊建國後，又修築了自青銅峽至平羅的水利工程，後人稱之為「昊王渠」或「李王渠」。

党項人使用的農業生產工具也呈現出多樣的色彩，犁、鏵、鐮、鋤、鍬、耬、耙、碌碡、碓等，不一而足。依靠工具，党項人收穫了大量的農作物，如麥、大麥、蕎麥、芥菜、香菜、茄子、胡蘿蔔、葱、蒜等，種類繁多。隨著農耕經驗的日益豐富，即使在遇到災荒或者貧瘠年份時，党項人依然能夠從容應對。

從事農業生產後，西夏的畜牧業、手工業也有了長足進展。國家增設了金作司、刻字司、織絹院、出車院等機構。在各類手工業生產部門中，到處可見党項族工匠的身影。西夏又開設了大量固定的集市，擴大民間貿易的規模。由於北宋要同中亞進行貿易，陸路必須通過西夏地區，因此西夏的商業貿易十分活躍。西夏政權適時設立了通濟監，管理錢幣發行，使市場流通更趨於制度。

早期，党項族沒有文字，內遷之前，文化尚處於原始發展階段。內遷之後，吸收了包括漢族在內的各民族文化，博採眾家之長。先是用自創的西夏文研讀漢人書籍，翻譯大量經典著作，如《論語》《孟子》《孫子兵法》《貞觀政要》，以及佛經《華嚴經》《妙法蓮華經》《大般若波羅蜜多經》《金剛經》等，又興辦太學，推崇孔子的儒家學說。漢族的文化和宗教思想在西北邊區得到了廣泛的傳播。

延伸知識

《蕃漢合時掌中珠》

《蕃漢合時掌中珠》為仁宗乾祐二十一年（一一九〇年）西夏學者骨勒茂才編寫。該書共五十頁，以事門分類。作者在每一詞語條目旁邊都列有：西夏文、漢譯文、西夏文漢字注音、漢譯文的西夏文注音，檢閱極為方便。該字典是党項人、漢人互相學習對方語言必備的工具書，也是初學西夏語文的入門工具書。

喜金剛像　西夏

宋夏之戰

●時間：西元一〇四〇～一〇四四年
●人物：李元昊　任福　葛懷敏

西夏國建立後，元昊沒有像中國歷史上的開國之君那樣，輕徭薄賦，與民休養生息。為了能夠掠奪到更多的鄰國財富，轉移統治階層內部問題，並迫使宋朝承認他所建立的大夏國，他發動了一連串的對宋戰爭。其中大戰三次，使夏宋兩國人民都遭受了深重的災難。

⊙三川口之役

天授禮法延祚三年（一〇四〇年）正月，李元昊集中十萬優勢兵力，發動了著名的宋夏三川口之戰。三川口在今陝西安塞縣東，因延川、宜川、洛川三條河流在此匯合而得名。

為了奪取中原地區更多的財富、人口，李元昊決定對宋用兵，將首要目標定在延州（今陝西延安）。因為延州開闊遼遠，防守薄弱，且守將延州知州范雍怯懦無謀，都巡檢李士彬貪暴，皆非良將，所以相對於其他壁壘堅固的地區，此處是北宋防線最容易突破之處。

要攻取延州，首先要攻克外圍的重要軍事點——金明寨。鎮守金明寨的將領正是延州都巡檢李士彬，他也是党項族人，勇猛善射，統領著十八寨近十萬羌兵，延州人稱為「鐵壁相公」。

為了奪下金明寨，剷除李士彬，李元昊費盡心思。先用反間計，將親筆書信、錦袍、金帶放置在金明寨外，信中聲稱準備約李士彬叛宋。不料，此計被鄜延副都部署夏隨揭穿：「這是夏人的反間計。李士彬與党項世代結仇，如有私下約定，通贈遺，哪能讓眾人知道呢？」

李元昊又施誘降之策，許以高官厚祿，結果李士彬怒斬來使。

接連碰壁之後，李元昊再用詐降之計，派人佯裝投降。李士彬接受，並上稟知州范雍。范雍重賞李士彬，表示贊同，於是「投降者」絡繹不絕。不久，李元昊派衙校賀真到延州詐降，很快就取得了范雍的信任。賀真到金明寨後，與詐降的党項族人取

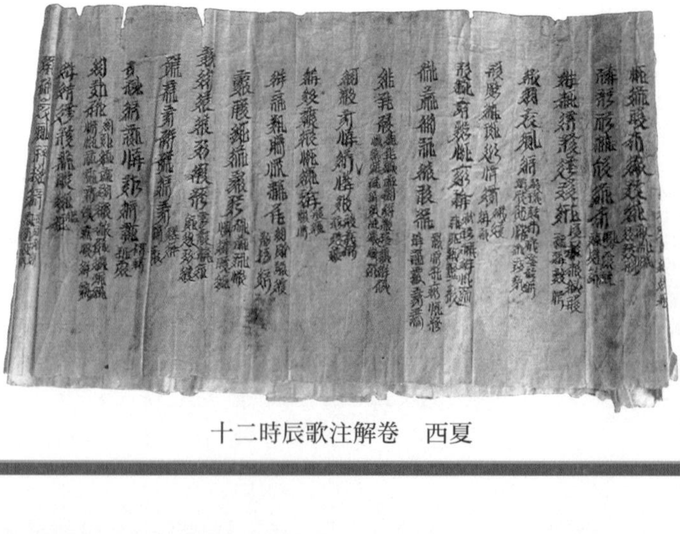

十二時辰歌注解卷　西夏

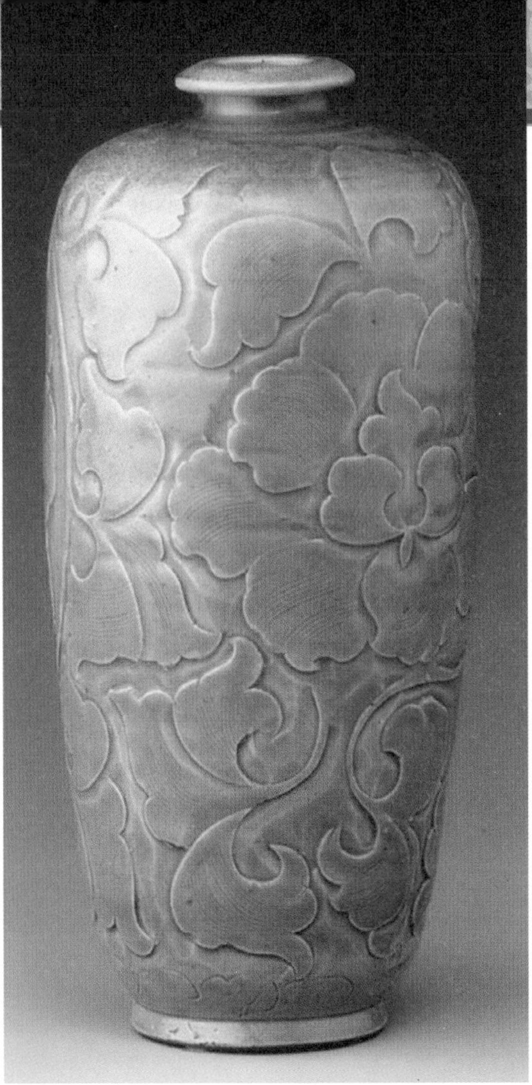
耀州窯凸花萊菔尊　西夏

得聯絡，準備裡應外合。

見時機成熟，一切準備停當，元昊立即突襲包圍了金明寨，發起猛攻，詐降的西夏士兵群起響應。李士彬聞訊，立刻披掛迎敵，由於坐騎已被調換，無法衝出重圍，李士彬與子李懷寶一同被內應者生擒。

李元昊順利占據金明寨後，乘勝進攻延州。延州又稱赫連城，依山而建，地勢險峻，易守難攻。然而，此時的延州城內只有鈐轄內侍盧守勤率領的數百人把守，勢單力薄。知州范雍急調在慶州的鄜延副總管劉平增援，劉平星夜兼程，與石元孫等將領的幾路人馬相繼趕到，在三川口以西安營紮寨。而李元昊早已在三川口佈下伏兵，等待援軍入甕。

發現中了敵軍的埋伏後，劉平立即指揮宋軍奮力突圍。激戰中，劉平受傷，軍隊大亂。李元昊率輕騎兵衝擊宋軍，宋軍不敵，大將郭遵戰死。劉平率領殘部退至西南山下，設卡駐守。

深夜，李元昊向宋軍喊話，問：「主將在哪裡？」劉平命部下不答。到了四更，李元昊軍大呼：「這麼點殘兵還不投降？」黎明時分，李元昊軍再大呼：「你們投不投降？不投降的，一律斬殺！」宋軍軍心大亂。

李元昊見機，率兵從山後攻擊，宋軍潰敗，劉平、石元孫被俘。西夏大獲全勝。

李元昊乘勝攻打延州城，卻屢攻不克。此時，西夏各路軍隊戰敗的消息不斷傳來，加上寒冬來臨，天降大雪，西夏軍補給不足，元昊無心再戰，於是撤軍。延州之圍遂解。

⊙好水川之役

從延州撤軍後，李元昊將大軍駐紮在金明寨地區，準備作為基地，待掃清後路，再取北宋。

宋朝則在三川口大敗後，重新認識到西夏的國力，積極採取應對措施。宋仁宗先是撤換了延州知州范雍，將臨陣脫逃的守將黃德和斬首，然後以戶部尚書夏竦為陝西都部署兼經略安撫使，韓琦、范仲淹為陝西經略安撫副使，共同管理西北軍事防務。

天授禮法延祚四年（一〇四一年）二月，李元昊再次發起對宋戰爭。親率十萬大軍，從天都山出發，深入宋境，直奔韓琦統領的涇原路主力，逼近懷遠城（今甘肅平涼以北）。韓琦聞訊，急忙派大將任福應戰，同時任命耿傅為參軍，桑懌為先鋒，命鈐轄朱觀、都監武英、涇州都監王珪等各率所部，接受任福指揮，共禦夏軍。

為確保戰事的順利推進，韓琦特意召見任福，命他率軍從懷遠城出發，向西至德勝寨，再向南至羊牧隆城，迂迴到敵後，斷其後路，以逸待勞，伺機伏擊。

臨行前，韓琦再三叮囑：「如果違反我的安排，即使有功也要斬首。」

李元昊到達懷遠城後，從探子處獲悉宋軍的部署，便派了一小隊人馬正面迎擊北宋主力，同時命大軍趁夜色向西南方向推進，在羊牧隆城南、瓦亭川東的山地擺好陣勢，靜待任福大軍出現。

任福與先鋒桑懌、參軍耿傅等領輕騎數千，率先翻過六盤山，到達笄頭山西麓時，遇上宋將常鼎、劉肅部與偽攻的夏軍正在酣戰。他不知是計，率部參戰，斬西夏兵首級數百。夏軍丟盔棄甲，假裝敗退。桑懌、任福隨後追趕，直至好水川。

與桑懌、任福部相隔五里遠的地方，是好水川支流籠洛川，宋將朱

文殊天王像　西夏

觀、武英在此駐紮。天色已晚，兩軍相約，明日在好水川口會師，一舉殲滅夏軍。

佯裝敗逃的夏兵，一直與宋軍保持四五里的距離，引誘追趕，任福兵分兩路窮追不捨。第二天，朱觀軍在北，任福軍在南，沿好水川繼續追趕，一直追到籠竿城北，才發現中了李元昊的誘敵之計。任福大驚，立刻率兵沿好水川向西奔逃。

出了六盤山後，宋軍在路邊發現了很多密封的泥盒，內中有響動。宋兵大奇，打開盒子，數百隻繫哨的鴿子沖天而起，在宋軍上空久久盤旋。

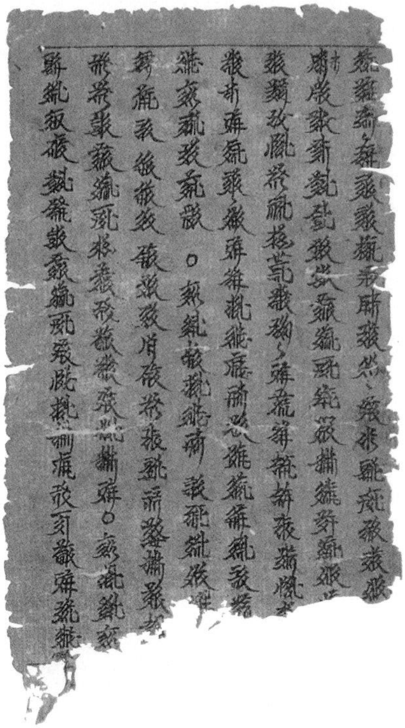

西夏文醫書　西夏

文字為西夏文，記載的是治療傷寒病的醫方，一九七二年甘肅武威張義鄉西夏修行洞出土。

一直靜候信號的李元昊見鴿子飛起，知道宋軍進入了埋伏圈，於是實施預先設定的分割包圍戰術。命將軍克成賞率領五萬人馬圍攻駐紮於籠洛川的朱觀、武英部宋軍，自己親率所部圍殲任福、桑懌等軍。

任福等人率軍拚死突圍，宋軍左衝右突，卻始終無法破圍而出。不久，宋軍人困馬乏，飢渴交迫，漸漸不支。桑懌力竭戰死，任福被夏兵圍困，身中十餘箭，血流如注。

見大勢已去，宋軍小校劉進勸任福投降自免，任福歎道：「我身為大將，戰敗了，只有以死報效國家！」於是揮動手中四稜方鐵鐧，挺身決鬥，直至面部中槍。任福無法再戰，便以手扼喉自盡，子懷亮也戰死。

在任福軍遭困突圍的同時，朱觀、武英的部隊也陷入重圍。兩軍隔山雖然只有五里，卻早已失去了聯絡，不知對方的情況。

夏軍分左右兩翼包抄朱觀、武英，幸好王珪率領千餘步兵及時趕到增援，渭州都監趙津率騎兵也同時到達，才擺脫被圍的困境。

幾路宋軍合兵一處，積極準備反攻。這時，已殲滅任福部的李元昊從背面殺出，宋軍頓時腹背受敵，亂作一團。王珪、趙津、武英、耿傅均戰死，只有副將朱觀率一千餘人退守一處圍牆之內，四向拚殺，才得倖免。

夜幕降臨，大獲全勝的李元昊領軍退去。

好水川之役，宋軍損失慘重，共計傷亡約七萬人，任福以下幾十名將校全部戰死，宋廷震驚。宋仁宗撤掉夏竦陝西都部署兼經略安撫使的職

務，貶韓琦為秦州知州，贈任福為武勝軍節度使兼侍中，王珪、趙津、武英、桑懌等均贈官。

好水川大勝令李元昊躊躇滿志，戰鬥結束後，命隨軍參謀張元題詩記錄，辛辣嘲諷了宋廷的外強中乾，不堪一擊：

夏竦何曾聳，韓琦未足奇。
滿川龍虎輩，猶自說兵機。

詩的落款為「太師尚書令兼中書令張元隨大駕至此題」。

戰後，李元昊將軍隊駐紮在天都山，休養生息。

⊙定川寨之戰

天授禮法延祚五年（一〇四二年）閏九月，經過休整的李元昊又一次發動了對北宋的大規模作戰，這次的主攻目標為鎮戎軍（今寧夏固原），決戰地點選在定川寨。

定川寨位在鎮戎軍治所西北面，向西控制著六盤山一帶，北宋太平興國年間（九七六～九八四年）設置，其

西夏王陵

地「東至州四十里，西趙林寨二十里，西南儀州制勝關三十里，北至山寨五十里」，地勢十分險峻，是宋朝西北防線上的重要關隘。

好水川之役後，宋朝完全採取守勢。大力提拔軍事將領，加強防務。以范仲淹知慶州，韓琦知秦州，龐籍知延州，王沿知渭州，分區守防，各負其職。將頻發戰事的今陝西地區劃分為鄜延、環慶、涇原、秦鳳四路，四路中以涇原平坦遼闊，無險可守，防守最為薄弱。李元昊選擇此地為突破點，除了有利地形以外，還因為渭州知州王沿既不熟悉邊事，也不具備指揮才能。

這一年，李元昊採納宰相張元建議，集合十萬兵馬，從天都山出發，向南行進，準備攻取鎮戎軍，經渭州深入關中。李元昊分兵兩路，一路奔劉堡（今寧夏海原西南），一路奔彭陽城（今寧夏固原東北），準備分進合擊，於鎮戎軍會師。

渭州知州王沿得悉西夏軍從天都

女像石座　西夏

山大舉出動，忙派涇原路總管葛懷敏率部據瓦亭寨，攔截夏軍。按照王沿的部署，葛懷敏應在第背城安營紮寨，誘敵深入，伺機出擊。

然而，當葛懷敏率領緣邊都巡檢使向進、劉湛部將行至瓦亭寨時，沒有遭遇夏兵，於是擅作主張，改向養馬城進發。與此同時，鎮戎軍統領曹英、涇原路都監李知和、王保、王文、鎮戎軍都監李岳、西路都巡檢使趙璘等也都領兵前來會合。

此時探馬回報，西夏軍已進入鎮戎軍界。部將建議葛懷敏道：「敵人遠來，利於速戰速決，他們人數眾多，勢不可擋，必須設計智取。我們應該依靠馬欄城，佈置柵欄，切斷敵人退路，固守鎮戎城，保障糧餉通道，等到敵人銳氣衰竭再行進攻，方能取勝。否則，必敗無疑。」

葛懷敏沒有採納，反而下令兵分四路——向進、劉湛出西水口，曹英、李知和出劉堡，涇原路都監趙珣出蓮花堡（今甘肅隆德西），葛懷敏自己進擊定西堡，會師於定川寨。

葛懷敏不擅指揮，這種部署正中李元昊下懷。為了誘敵深入，李元昊早已在定川寨做好一切準備，只等葛懷敏的主力到來。為了能全殲宋軍，李元昊下令燒毀定川寨後定川河上的木橋，斷絕宋軍退路，又切斷流經定川寨的水道，使宋軍無水可飲。

彌勒經變伎樂圖　西夏

大銅印　西夏

葛懷敏一到定川寨，立即陷入重兵埋伏，遭到西夏軍的迎頭痛擊。李元昊親率精銳部隊將宋軍團團包圍，分割圍剿。混戰間，狂風大作，飛沙走石。在定川寨會合的幾路宋軍亂作一團，紛紛逃向西南寨，幾支人馬爭相強擠奔入寨內。李元昊趁亂率軍掩殺，宋兵自相踐踏，死傷無數，葛懷敏幾乎被踩踏得昏死，幸好這時趙珣的騎兵趕到，擊退夏軍，葛懷敏等才得以逃入甕城之內。

當晚，葛懷敏與諸將商議後向外突圍。退到長城邊時，道路已被西夏截斷，宋軍再次陷入夏軍的重圍之中。李元昊率軍四面夾擊，葛懷敏、曹英等十餘名將領全部戰死，宋兵殘部、馬匹全部納入李元昊囊中，成了戰利品。

定川寨之戰，西夏又一次取得決定性的勝利，並趁勢揮師直搗渭州，攻城略地，滿載而歸。

與北宋的幾次戰爭，西夏連戰連捷，劫掠到了大量的財富，然而並不能彌補西夏國內因戰爭而遭受的巨大損失。由於長期的用兵，物資奇缺，物價飛漲，百姓生活困頓，不堪重負，西夏已無力再戰。

天授禮法延祚六年（一〇四三年），宋夏議和。次年，正式達成和議。宋夏之間又恢復了和平，北宋的西北局勢暫時轉危為安。

青銅峽塔林　西夏

青銅峽塔林始建於西夏，位於寧夏青銅峽縣峽口黃河西岩一個陡峭的山坡上，背山臨水，共一百零八座塔。該塔林建築奇異，是中國唯一的大型白塔林。

沒藏諤龐的野心

●時間：西元一〇四二～一〇六一年
●人物：夏毅宗　沒藏諤龐

西夏王朝的建立，后族野利氏起了重要的作用。野利氏是西夏的名門望族，與當時的細封氏、房當氏、往利氏、米擒氏、費聽氏、拓跋氏等都是党項族按姓氏劃分的部落。野利家族中很多位尊權重的長者都是元昊的主要支持者，把持著西夏宮廷和軍隊的大權。

⊙后廷相爭

天授禮法延祚五年（一〇四二年），大臣野利任榮病死，夏景宗李元昊悲痛欲絕，痛哭「失去了膀臂」。這一年，太子李寧明病死，野利皇后之子寧令哥繼太子位。后族大臣野利遇乞駐守天都山，野利旺榮封寧令（大王），后族勢力盛極一時。

六年（一〇四三年），西夏由於頻頻進攻北宋，國內物資奇缺，無力再戰，宋夏兩國達成和議。就在雙方休養生息的間隙，北宋派出間諜，準備在西夏實施離間。首先設計陷害李元昊重臣野利旺榮、野利遇乞，聲稱私通大宋。李元昊中計，殺了二人，野利氏家族中眾多成員以及與野利氏結親的其他部族也都遭到牽連。

八年（一〇四五年），李元昊從皇后野利氏處得知中計，錯殺了后族重臣。為安撫野利氏族人，他將野利遇乞的妻子沒藏氏接到宮中居住。沒藏氏聰慧貌美，進宮不久，李元昊便與私通。野利皇后察覺，將沒藏氏趕往興州戒壇寺，出家為尼。雖然如此，李元昊仍時常去寺院探望，並經常偕沒藏氏一起出遊打獵。

黑釉瓶　西夏

高三十二．六公分，口徑五．五公分，胎呈灰白色，施黑釉不到底，肩部有一周無釉露胎，小口外翻，短頸，鼓腹似球狀。上腹部弦紋兩道。其下刻有文字。此瓶器型圓渾，特別是由下向上內斂的蘑菇形式小口，是北宋的製作風格。西夏瓷器製品現存很少。

十年（一〇四七年）二月，身懷六甲的沒藏氏隨李元昊出獵，行至兩岔河，生下兒子諒祚。諒祚出生後，寄養在舅父沒藏訛龐家。沒藏氏也是西夏大族，沒藏訛龐是沒藏氏的族長，在當地極有威望。

三月，李元昊封沒藏訛龐為國相，總理政務。不久，又廢黜野利皇后，改立太子寧令哥的妃子沒移氏為皇后。

⊙毅宗諒祚的興起

野利氏和沒藏氏一樣，是西夏極有權勢的貴族。后族的廢立興衰，不僅僅是後宮之事，更反映出貴族間爭奪權力。

十一年（一〇四八年），國相沒藏訛龐唆使太子寧令哥入宮刺殺李元昊，李元昊受重傷，次日去世。

李元昊之死令沒藏一族歡欣不已，沒藏訛龐立即展開行動，處死太子寧令哥及其母野利氏。隨後和大將諸移賞都等共立年幼的諒祚為帝，即夏毅宗，尊生母沒藏氏為太后。諒祚即位時年僅三歲，沒藏訛龐獨攬西夏政權，其家族權傾朝野。

奲都五年（一〇六一年），大權在握的沒藏訛龐為了進一步鞏固地位，將女兒送入宮中，立為皇后。同時為削弱皇帝身邊漢人的勢力，並殺害了毅宗的親信大臣高懷正、毛惟昌。

沒藏訛龐仍不滿於已有的權勢，後來竟陰謀策劃弒君篡位，自立為帝。不料，陰謀被兒媳梁氏告發。

毅宗先發制人，在大將漫咩的支持下，擒獲沒藏訛龐父子，以謀反罪處死，隨後藉機誅戮沒藏家族。接著，廢黜了沒藏皇后，改立漢人梁氏為后，任命梁氏的弟弟梁乙埋為國相，重理朝綱。沒藏氏專權的局面隨之告終。

彩塑菩薩像　西夏

毅宗執政

●時間：西元一〇四七～一〇六七年
●人物：夏毅宗

毅宗諒祚親政後，對西夏的政治、軍事實行了加強漢化、整治軍隊等一些重要改革，不僅鞏固了新政權，而且對以後各朝產生了深遠影響。

⊙改用漢禮

剷除沒藏家族，親政後的毅宗立即著手進行一系列的改革，改革的核心是改蕃禮用漢禮，即用中原漢族王室的禮儀制度，取代李元昊建國時設立的制度。

奲都五年（一〇六一年），毅宗派遣使者向宋朝上表，表達仰慕中原衣冠，請求第二年用中原禮儀迎接宋朝使者的想法，得到宋廷的同意。次年，毅宗參照宋朝制度，改革了位於西壽等處的監軍司機構。六年（一〇六二年）四月，又請求宋朝賜予宋太宗御製的書法拓本，並準備建立藏書閣存放這些墨寶。

由於對中原先進文化嚮往，毅宗向宋朝進貢駿馬五十匹，以換取《詩經》《尚書》《易經》《左傳》《禮記》《周禮》《孝經》《論語》《孟子》等九經以及《唐史》《冊府元龜》等典籍。

拱化元年（一〇六三年），毅宗重新改用唐王所賜的李姓。

⊙恢復榷場

西夏與北宋麟州交界處，是塊方圓七十里的肥沃原野，沒藏諤龐執政時，曾令西夏農戶逐漸侵耕宋朝土地。宋廷十分惱怒，不斷派遣使者劃清界線，沒藏諤龐置之不理。

奲都元年（一〇五七年），沒藏諤龐出兵攻打麟州，守將郭恩迎戰不敵，沒藏遂盤踞屈野河。奲都四年（一〇六〇年），沒藏準備把屈野河以西二十里的田地退還宋朝，重新劃界，宋朝拒絕。不久，沒藏家族敗落。

毅宗親政後，與宋朝議定，在邊界設立寨堡，恢復舊界。由於連年征戰衝突，邊境貿易停止，劃清邊界後，永寧（位於今甘肅）等處的榷場陸續恢復。

⊙增用漢人

毅宗自幼由漢族婦女養育，與漢人相處日久，熟悉漢文化。親政後，增設了很多由漢人擔當的職位，如尚書、侍郎、南北宣徽使等，以鞏固統治。

拱化三年（一〇六五年），毅宗在宋境秦鳳路俘獲漢人蘇立，授予官職。北宋文人景詢犯罪，逃到西夏，毅宗也授以學士之職，讓其參政。

毅宗禮賢下士的做法吸引了愈來愈多的漢人投奔西夏，西夏從政治、文化上進一步加強了與中原漢室的來往。

⊙用兵吐蕃

毅宗在改革內政的時候，並未忘記向世仇吐蕃報復。早在奲都二年（一〇五八年），沒藏訛龐執政時，西夏就曾攻打過吐蕃青唐城（今青海省西寧市），結果兵敗。

拱化元年（一〇六三年），西使城（今甘肅榆中貢馬井）吐蕃首領禹藏花麻降夏，將城池及蘭州一帶拱手奉送西夏。毅宗以宗室女下嫁花麻，封為駙馬，升西使城為保泰軍，仍命花麻鎮守。四年（一〇六六年）底，河州吐蕃首領瞎氈子木征又以河州之地降夏。

西夏官員像　西夏

⊙侵擾宋境

在對吐蕃取得一系列勝利的同時，西夏與北宋的關係趨於惡化。

拱化元年（一〇六三年），宋仁宗去世，西夏遣使者吳宗前往弔唁。由於禮儀不合，吳宗與宋朝官員高宜發生爭執。高宜揚言要以百萬大軍攻取賀蘭山，宋英宗也指責毅宗用人不當。吳宗回西夏覆命，毅宗認為是宋朝有意侮辱西夏。

拱化三年（一〇六五年）初，西夏出兵萬餘，進攻慶州（今甘肅慶陽）王官城。年底，再攻德順軍（今甘肅靜寧）外的同家堡，擄掠牛羊數萬。

四年（一〇六六年）九月，毅宗親率大軍攻打慶州，包圍大順城，連續三日攻城，最後毅宗被流矢射中，匆忙退走。

五年（一〇六七年）十月，西夏綏州守將嵬名山被部下李文喜等人脅迫，投降宋朝。毅宗出兵爭奪綏州，在大理河被宋軍擊敗，西夏從此加強對北宋的防備。

十二月，毅宗病逝，子秉常繼位。秉常年幼，由梁太后攝政。

毅宗在位十九年，執政時間不長，但推行的改革進一步促進了西夏社會的漢化進程。

梁太后專政

●時間：西元一○六八～一○九七年
●人物：梁太后　梁乙埋

毅宗病逝後，年僅八歲的秉常繼位。太后梁氏攝政，和弟弟梁乙埋控制了西夏政權。梁氏是蕃化的漢人，頑固堅守党項奴隸主的利益。於是，西夏統治集團內部展開了后族與皇族的權力爭奪。對外，則與北宋交惡，經常發生激烈衝突。

⊙窮兵黷武

梁太后執掌政權後，立即宣布廢除漢禮，沿用蕃邦舊儀。同時，罷免手握重兵的皇族成員嵬名浪遇，貶出興慶府。在政權逐步穩固之後，梁氏姐弟頻頻發起對北宋的戰爭。

花形金盞托　西夏

盞托最大直徑二十一．八公分，形似蓮花，由托盤和盞兩部分組成，純金製作。造工精緻，造型美觀，是西夏文化精品。

夏惠宗天賜禮盛國慶元年（一○六九年），西夏發兵攻打北宋秦州（今甘肅天水），攻占了劉溝堡。接著攻打慶州（今甘肅慶陽）順安寨、黑水堡等地，包圍綏德。

二年（一○七○年）五月，梁太后發兵十萬，修築鬧訛堡，向宋軍挑釁。宋慶州知府李復圭逼迫部下李信率兵三千征討，結果大敗。李復圭將戰敗的責任推給李信，命他再次出兵進攻西夏邛州堡、金湯池等地，仍然無功而返。惱怒的李復圭下令捕殺西夏老幼百餘人，冒充被斬殺的西夏士兵，向朝廷邀功報捷。這一暴行激起了西夏民眾的仇恨。

八月，梁乙埋興兵三十萬，襲擊大順城、荔原堡等處，宋軍大敗，西夏兵鋒直逼慶州城下。

正當西夏軍勢如破竹大敗北宋之際，吐蕃趁著西夏國內空虛，暗中偷襲，梁乙埋被迫撤兵離去。

三年（一○七一年）正月，北宋陝西、河北宣撫使率兵攻打西夏橫山，西夏戰敗，宋軍就地築城。隨後分兵在永樂川、賞逋嶺等地修築城堡，各堡之間相距約四十里。兩個月後，西夏大舉反攻，占領宋軍所築全部城堡工事。不久，西夏與宋談判，約定以綏德城外二十里為界。

綏德定界後，兩國局勢並沒有隨之穩定。很快，梁氏集中兵力攻取吐蕃武勝城（今甘肅臨洮）。武勝是進入臨洮河流域的要塞，北宋秦鳳安撫使王韶早有奪取之意。於是，當西夏大軍即將攻克武勝之際，王韶突然率軍出現，西夏倉促應戰，兵敗。此時，武勝的吐蕃守將早已棄城逃跑，王韶漁翁得利，毫不費力占領了武勝。不久，又攻占了西夏的河州。梁乙埋企圖奪回，被宋軍擊退。

⊙梁氏把權

西夏連年征戰，國內怨聲載道，問題叢生。隨著戰事節節失利，梁氏的權威地位也開始動搖。

大安二年（一〇七六年），夏惠帝李秉常親政，但大權仍然掌握在太后梁氏手中。

六年（一〇八〇年），惠帝在皇族支持下，提出廢蕃禮、行漢禮，恢復早先實行的國策。這一建議被梁氏駁回。

第二年，惠帝和親信李清商議，準備奪取梁氏的實權，不料梁氏獲悉，李清被殺，惠帝遭囚禁。消息傳出，擁護皇族的西夏大將紛紛擁兵自立，大將禹藏花麻向宋朝求援，請求發兵討伐梁氏。

宋神宗認為這是攻打西夏難得的良機，於是派三十萬大軍，兵分五路，進軍西夏。大安七年（一〇八一年）八月，西夏熙河守將投降。宋軍於九月攻克蘭州，十月攻克米脂，西夏石州守將棄城逃亡。隨著戰事推進，宋軍兵臨靈州城下，西夏岌岌可危。

面對北宋軍隊的進攻，梁氏指揮鎮定。採納了老將的建議，實行堅壁清野、誘敵深入的策略，集中十萬精

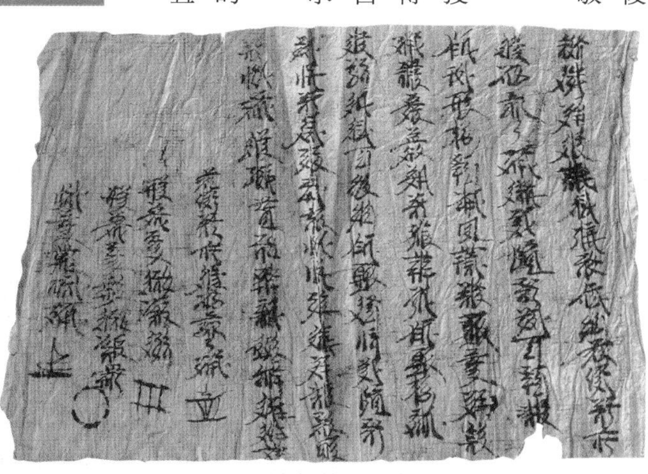
買牛契約　西夏

歷史詞典

西夏佛教

西夏佛教分為密宗與禪宗兩派，而傳入河西地區的佛教，主要是藏傳佛教密宗。

西夏的佛教管理繼承了中原地區的佛教管理制度，又有創新和發展，形成了一套比較完善的管理機構和管理制度。西夏在統治機構中設有三個功德司，管理全國佛教事務。其中僧人功德司管理境內僧人，出家功德司掌管度僧名額，護法功德司維護佛門戒律。

西夏統治者為了發展佛教，曾向宋朝多次請求賜給佛經，並進獻一定數量的馬匹作為印刷佛經的費用。西夏統治者在輸入佛典的同時，並重視組織人力，指定專人負責，有計畫大量翻譯佛經，負責之人是西夏僧人中地位較高的「國師」。惠宗秉常期間又命白智光主持譯經，至崇宗天祐民安元年（一〇九〇年），先後五十三年，譯成佛經三百六十二帙，八百二十部，三千五百七十九卷。

傳世的西夏文佛經絕大部分譯自漢文《大藏經》，但也有少量譯自藏文、梵文。此外，翻譯佛經的需求也促進了西夏文字的創造。

兵守住要塞，另派機動部隊切斷宋軍後路。不久，各路宋兵因糧草匱乏，被迫撤退。西夏見機掘開黃河河堤，水灌宋營。宋軍傷亡慘重，殘部匆忙撤回。

佛教繪畫　西夏

八年（一〇八二年），宋神宗命給事中徐禧在銀、宥、夏州交界處修築永樂城，以防西夏從東方來犯。徐禧領命後緊急施工，不到二十天便將城池修竣。

梁氏聞訊，出動精兵三十萬來攻。夏軍驍勇善戰，渡過黃河後偕同主力包圍了永樂城。宋軍雖拚死抵抗，但由於被夏軍截斷水源，渴死過半。宋廷派大將李憲率兵救援，半路受阻，寸步難行。西夏最終占領了永樂城，殺守將徐禧，繳獲大批輜重，北宋民眾死傷二十餘萬。

西夏文石碑殘片

西夏雖然在戰場上接連取得勝利，但統治集團內部仍然問題重重。不斷的鉅額軍費開支讓百姓不堪重負，國內經濟也蒙受了巨大的損失。

為了籠絡皇族，梁太后於大安九年（一〇八三年）恢復了惠帝的皇位。兩年後，梁乙埋、梁太后相繼去世。

梁乙埋的兒子乙逋出任國相，與大將仁多氏共同執掌兵權。

天安定禮元年（一〇八六年），惠帝抑鬱而終，時年二十七歲，子乾順繼位，是為崇宗。崇宗年幼，遵母梁氏為太后，朝政由梁乙逋與妹梁太后操控，皇族嵬名阿吳、仁多保忠也握有相當的實權。皇、后二族又開始了激烈的爭奪戰。

政權的更替並沒有讓戰爭止歇，數年間依舊金戈鐵馬，硝煙四起。接連的征戰讓西夏與北宋都感到疲憊不堪，天儀治平三年（一〇八八年），夏宋再次議和。然而，這次議和也沒有維持多久。在遼國的挑唆下，梁氏兄妹又向北宋挑釁。

天祐民安三年（一〇九二年），梁乙逋進攻綏德，大肆擄掠。梁太后親征環州，圍城多日，無功而返，歸途中遭遇宋軍阻擊，倉皇逃竄。

梁氏兄妹終因權力之爭，發生內訌。梁太后試圖削弱梁乙逋的權力，梁乙逋十分不滿，謀劃奪取帝位。天祐民安五年（一〇九四年）十月，嵬名阿吳、仁多保忠等殺梁乙逋，並誅其全家，但朝政還是把持在梁太后手中。

梁太后繼續向北宋發動戰爭。天祐民安六年（一〇九五年），率崇宗親征，攻下北宋金明寨（在今陝西境內）。次年，西夏進攻北宋的麟州、綏德等地，宋兵則反攻西夏的鹽、宥、洪等州，雙方互有勝負。

永安元年（一〇九八年）十月，梁太后領兵四十萬攻打平夏城（在今寧夏固原境內），連營百里，晝夜不停進攻了十餘天，終因糧草不濟退兵，並向遼國求援。

二年（一〇九九年）正月，遼國使者毒殺梁太后，西夏長達三十餘年的梁氏專政時代結束。

供養菩薩壁畫　西夏

崇宗親政

●時間：西元一〇八七～一一三九年
●人物：夏崇宗

崇宗乾順繼位的時候只有四歲，大權由梁乙逋和妹妹梁太后操控。在正式親政前的十多年中，任由梁氏家族窮兵黷武，連年對宋朝發動戰爭。梁太后被遼國毒死後，乾順當政。在遼國的支持下，對外與宋化干戈和解，親附遼國；對內則削弱政敵，鞏固嵬名氏皇族的勢力。

⊙和睦宋遼

崇宗親政後，曾上書向宋朝謝罪。宋神宗表面接受，卻仍有戒心，命邊將嚴加防範，有時仍出兵騷擾夏境。

宋將种朴曾在赤羊川俘虜西夏人百餘口，牲畜五千餘頭，西夏派兵追奪，被宋軍擊敗。崇宗又派兵反擊，出騎兵兩千攻打浮圖岔，擊敗宋軍。

不久，宋將王愍鎮壓已經叛夏降宋的邈川部落叛亂，崇宗聞訊，派大將仁多保忠領兵十萬前去支援，結果反被王愍打敗。不久，西夏又敗於宋將苗履之手。

宋徽宗當政後，宰相蔡京與宦官童貫勾結，對外實行開邊政策，以武邀功。從西夏貞觀四年（一一〇四年）到元德元年（一一一九年）的十餘年中，宋軍不斷襲擊西夏國境。

戰場上的節節失利，逼迫崇宗經常向遼國求援。西夏通過對遼國的卑辭厚禮與姻親關係，由遼出面斡旋調停，或對宋施加壓力，才勉強抵擋了宋朝的壓力，穩定了政局。

⊙整頓內政

在與北宋的關係稍有緩和後，崇宗開始著手清除政敵。

永安二年（一〇九九年）四月，崇宗將梁太后窮兵黷武的罪責全部推到大將嵬保沒、陵結訛遇身上，以支持梁太后對外用兵為理，將二人處死。仁多保忠邈川之戰失利，抑鬱不已，北宋宰相蔡京得訊後，令使者潛入西夏，企圖誘降。宋使被西夏截獲，崇宗藉機解除了仁多保忠的兵權。這樣一來，西夏的兵權基本上掌握在皇族嵬名氏的手中。

為進一步鞏固政權，崇宗仿效漢人的封王制度，大量封賞嵬名氏皇室

泥塑大肚彌勒像　西夏
此彌勒塑像施淺絳彩，保存完好，彌勒笑容滿面，盤腿，一手捧腹，一手置於腿上，雙目有神。此造像充分呈現西夏受中原文化影響的情況，是西夏時期泥塑藝術的佳作。

以及宗室諸王。在罷免仁多保忠後，崇宗封皇弟察哥為晉王，總掌兵權，封宗室仁忠為濮王，封仁禮為舒王。察哥驍勇善戰，足智多謀，濮王和舒王則通曉漢、蕃兩種文字，才華橫溢，都成了崇宗的得力助手。

崇宗十分熱衷漢文化，採納漢官御史中丞薛元禮的建議，在蕃學之外設立「國學」，選派皇親貴族子弟三百人學習，表明提倡儒學、推廣中原文化的決心。

興漢學，在當時遭到了部分西夏貴族的反對。党項人御史大夫謀寧克任上疏說：「我朝是在西陲立國，以射獵為務。如今國內養賢士，重文化，兵政日漸鬆弛。」提醒崇宗：要「既隆文治，尤修武備」，不要光圖禮賢下士的虛名，而忘了防邊禦塞的實務。但這些建議並沒有被採納。

⊙相時而動，拓展領土

最初，崇宗對遼國採取依附政策。西夏貞觀五年（一一〇五年），遼天祚帝將宗室之女南仙封為成安公主，嫁給崇宗為后，兩國關係因聯姻而更加緊密。

元德四年（一一二二年）初，金兵圍攻遼國西京（今山西大同市），崇宗派兵五千援遼。然而，當夏軍還在行軍途中，西京已經被金國攻破，天祚帝逃亡陰山。五月，崇宗派大將李良輔率兵三萬援助，在天德軍（位於今內蒙古）擊敗金軍。六月，李良輔兵敗。次年，崇宗再次發兵援遼，被金軍阻擊。不久，崇宗派使者邀天祚帝去西夏，天祚帝應允，並封崇宗為夏國皇帝。

金國聞訊，也遣使前往西夏，以割地作為條件，要求崇宗扣留天祚帝。在金國的誘惑下，西夏更改策略。元德六年（一一二四年）正月，崇宗向金國稱臣，金國將原屬遼國的下寨以北、陰山以南、吐祿泊以西的土地割讓給西夏。

西夏乘兩國交兵，漁翁得利，從此大肆擴張領土，貪心愈來愈大。同年，西夏出兵攻擊北宋豐、麟二州。元德七年（一一二五年），攻占天德、雲內（位於今內蒙古）兩軍及五州八館等地，一路勢如破竹。不久，又攻破麟州建寧寨和平夏城懷德軍。

西夏的壯大崛起，是金國不希望見到的。於是，趁西夏大肆掠奪北宋國土時，金兵突襲並占據了天德、雲內等地。崇宗不滿，派使者前去質詢，金國不願歸還，改將侵掠來的原屬北宋的陝西北部割給西夏作為補償。從此，西夏與金、宋常派使節互訪，又趁兩國交戰之際爭池掠地，納叛招降。

不久，宋朝環慶路統制慕洧投降西夏，西夏占據了樂州（今青海樂都）、西寧州（今青海西寧）。次年，金國按西夏的請求，割讓積石軍（今青海貴德）、廓州。大德五年（一一三九年）三月，西夏攻占金府州（今陝西府谷）。

六月，崇宗去世，子仁孝繼位，是為夏仁宗。

仁宗以儒治國

●時間：西元一一三九～一一九三年
●人物：夏仁宗

大德五年（一一三九年），崇宗去世。十六歲的仁宗繼位。仁宗親臨太學祭奠至聖先師孔子，並尊孔子為文宣帝，下令各州郡立廟祭祀。中國自漢代獨尊儒術，唐代以後，代有封謚，但將孔子抬高到帝的高位，西夏始開其端。

⊙初露鋒芒

夏仁宗（一一二四～一一九三年），名仁孝，崇宗長子，大德五年（一一三九年）六月繼位，次年改元大慶。仁宗執政之初，國內就遭遇了大變故——夏州都統蕭合達據城叛亂。

蕭合達是遼國人。西夏貞觀五年（一一〇五年），遼國天祚帝與西夏聯姻，將宗室成安公主嫁給夏崇宗為皇后，由蕭合達護送至西夏。蕭合達勇猛善射，深得崇宗喜愛，於是便留在西夏。西夏與宋、金交戰頻仍，蕭合達多次出征，立下纍纍戰功。崇宗賜其西夏國姓，並升為夏州都統，倍加器重。

木緣塔　西夏

天祚帝敗逃後，西夏向金稱臣。不久，成安公主去世。蕭合達派人遠赴西域，尋找遼國皇族耶律大石，但是沒有找到，便依據夏州，擁兵叛變。聯絡在陰山和河東的契丹部落，準備擁立遼國皇室後裔，再興遼國。

大慶元年（一一四〇年），蕭合達率領叛軍進攻西平府，攻下鹽州，直逼賀蘭山闕，整個興州府為之震驚。夏仁宗命靜州都統任得敬前往平叛，任得敬出師順利，於十月間迅速克復夏州，繼而進攻鹽州。蕭合達不敵，率部將逃奔至黃河邊，被西夏軍誅殺。

二年（一一四一年）六月，仁宗又誅殺了圖謀叛投金國的慕洧、慕濬兄弟。

黑水城出土水月觀音像（局部）　西夏

八月，西夏群臣為仁宗上尊號「制義去邪」。

⊙消彌天災人禍

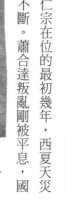

仁宗在位的最初幾年，西夏天災人禍不斷。蕭合達叛亂剛被平息，國內又發生了嚴重的饑荒，物價飛漲，一升米竟賣到百錢，百姓苦不堪言。

五男侍圖　西夏

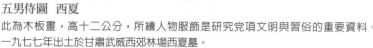

此為木板畫，高十二公分，所繪人物服飾是研究党項文明與習俗的重要資料。一九七七年出土於甘肅武威西郊林場西夏墓。

大慶四年（一一四三年）三月，西夏都城興慶府發生強烈的大地震，餘震一月不止，官舍、民房紛紛倒塌，數萬人畜死亡。興慶府餘震尚未止歇，夏州又發生地裂，數丈深的黑沙從地下湧出，周邊的林木、房舍全部塌陷，損失慘重。面對頻發的天災，百姓生活無以為繼，紛紛反抗朝廷。

七月，威州的大斌，靜州的埋慶，定州的竾浪、富兒等部族民眾，陸續揭竿而起，多者上萬，少者也有五六千人，他們攻劫州城縣，各地連連告急。

仁宗採納御史大夫蘇執義的建議，安撫遭受地震、地裂災害嚴重的興慶府、夏州地區的百姓：凡家中因災難死亡兩人者，免租稅三年，死一人則免租稅兩年，受傷者免租稅一年，房屋倒塌者，官府可以幫助修復。

八月，仁宗再採納樞密承旨蘇執禮的建議，實施賑災措施，對饑荒嚴重的地區，派諸州官吏前往視察，按災荒輕重程度，分發賑濟撫恤。

面對民眾的反抗舉動，仁宗派西平都統軍任得敬，分別用武力鎮壓和收買瓦解結合，多方平定，威州、靜州以及定州諸部落先後平息。

⊙仰慕漢族文化

仁宗在注意保持與金朝友好關係的同時，也努力發展與南宋的交往。

人慶元年（一一四四年），仁宗派

鏤空人物紋金耳墜　西夏

通長四．二公分。正面鏤空雕刻人物及花朵。每墜雕刻三人，居中者為坐像，左右均站立，乃一佛二菩薩造型。背部有彎鉤，用於懸佩。

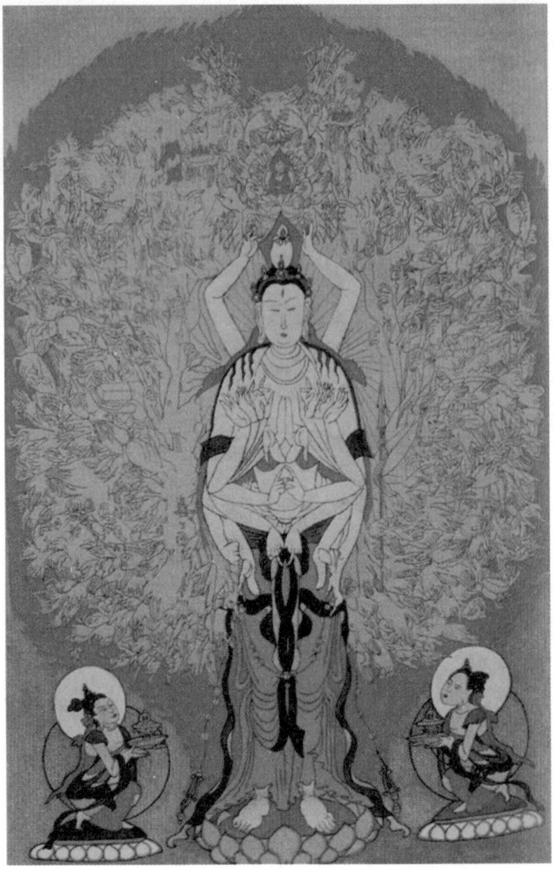

絹畫千手觀音像 西夏

遺使者赴南宋祝賀天中節，貢獻珠玉、金帶、綾羅、紗布、馬匹等物品，恢復同宋朝中斷了近二十年的往來。十二月，仁宗又向宋廷進獻了金酒器、綾羅、紗穀等物，逐步密切和南宋的關係。

宋朝的儒家文化對仁宗也有相當的吸引力。人慶元年（一一四四年）六月，仁宗在各州縣設立學校，入學的子弟多達三千人，比崇宗時設立的「國學」人數增加了十倍。又在皇宮中設立「小學」，讓宗室、貴族七至十五歲的子弟全部入學，接受先進的中原文化教育。並經常與皇后到學校察看，督促訓導。

二年（一一四五年），仁宗命樂官李元儒參照漢族樂書，結合西夏現行制度，重新修訂國家樂律。新樂律編修成後，仁宗賜名《新律》。

次年三月，仁宗尊孔子為文宣帝，命各州郡立孔廟，祭祀孔子。不久，仁宗又仿照宋朝科舉制度，正式策試取士，並設立「童子科」，逐步完善通過科舉選拔官吏的制度。

西夏的印刷術也有長足發展，大量的文化與學術著作隨之不斷問世，如詩歌集《月月娛詩》，諺語集《新集錦合辭》《聖立義海》，以及用西夏文和漢文對照雙解的辭典《蕃漢合時掌中珠》、韻書《文海寶韻》等，種類繁多。

在提倡以儒治國的同時，仁宗也注意加強法律制度的建設。天盛年間（一一四九～一一六九年），專門組織人員編纂法典，在舊有律典的基礎上，重新編修了二十卷的《天盛改舊新定律令》。這是一部參照唐、宋律令，結合西夏實情，包括民法、行政法、刑法、訴訟法、經濟法、軍事法在內的綜合性法典。新法典完成後，立即用西夏文刻印，頒布通行。

為適應經濟和文化的飛速發展，仁宗並進一步完善中央和地方的官制機構及吏治建設。

⊙附金和宋

仁宗執政期間，遼亡金興，宋室

南渡，西夏則處於金國的包圍之中。在這種情況下，仁宗採取了附金和宋之策，極力避免戰爭。

大慶二年（一一四一年），西夏慕潻、慕洧兄弟圖謀叛金，被仁宗處死。隨後，西夏上表金熙宗告知此事，金熙宗雖有不滿，也只能責怪夏仁宗太過專擅，仁宗例行告謝。

天盛元年（一一四九年），金國海陵王弒熙宗自立，遣使者前往西夏，仁宗不予接見，並責問金使：「聖德皇帝（即金熙宗）為何被廢？」

金國曾一度關閉同夏國的保安、蘭州、綏德等榷場，仁宗千方百計討好金國，不惜選派工匠織造「百頭帳」獻給金世宗，以期重開邊境貿易，發展經濟。

這一系列的作為，均昭示著這位西夏國君的高瞻遠矚。仁宗在位五十四年，西夏文化繁榮，國力蒸蒸日上，疆域也達到前所未有的遼闊。這些均應歸功於他的雄才大略——對內以儒治國，對外能屈能伸，營造了和平的發展氛圍。

明王像　西夏

歷史詞典

西夏繪畫

中國西夏是以党項羌人為主體的地方割據政權，前後延續將近兩百年，遺留下許多壁畫、彩繪木板畫、木刻畫、紙和布帛畫等繪畫作品。

西夏壁畫主要保存在敦煌莫高窟和安西榆林窟的八十多個西夏妝鑾洞窟中，在武威下西溝峴二號窟、永昌千佛閣遺址以及銀川西夏帝陵八號陵墓室和居延黑城子遺址等地也發現了少量的壁畫。

西夏石窟寺壁畫以佛教內容為主，除了描繪各種淨土變、説法圖、千佛和供養菩薩外，並出現了十六羅漢、儒童本生、熾盛光佛、水月觀音、曼荼羅五方佛等新的壁畫題材。

宣統元年（一九〇九年），在居延黑水城西的塔墓中，發現了繪畫作品約三百件，多是畫在亞麻布、絹帛和紙上的佛像。這些佛畫主要繼承晚唐、北宋以來的繪畫傳統，少量佛畫受到印度畫風的影響。

西夏繪畫遺存的作品甚多，晚期繪畫並形成了獨特的藝術風格，是中華民族繪畫的組成部分，在中國美術史上占著一定的地位。

任得敬擅權

●時間：西元一一四〇～一一七〇年
●人物：任得敬

任得敬，原是北宋西安州（今寧夏海原西）的通判。元德八年（一一二六年）九月，崇宗乾順進攻西安州時，任得敬獻城投降西夏。

⊙投誠獻女，平步青雲

大德三年（一一三七年），任得敬將十七歲的女兒送給崇宗為妃。任妃美貌端莊，通情達理，入宮後十分受寵。任得敬盼女兒早日成為皇后，便暗中賄賂朝中顯貴及宗室掌權者，並買通御史大夫芭里祖仁，伺機上表，請求皇帝立后。崇宗徵求朝臣意見，大家均推薦任妃。

次年八月，冊立任妃為皇后，任得敬隨即升為靜州都統軍。不久，任得敬鎮壓部落亂事有功，改授翔慶軍都統軍，封西平公。

大德五年（一一三九年），崇宗去世，仁宗仁孝繼位。

人慶四年（一一四七年），任得敬上表，請求入朝為官，卻遭到朝臣普遍反對。任得敬改用金銀珠寶賄賂重臣晉王察哥。兩年後，任得敬入朝，任尚書令。次年十月，又晉封為中書令。

天盛八年（一一五六年）四月，晉王察哥亡故。九月，任得敬升任國相。崇宗時期分封的諸王尚在朝時，任得敬篡權的野心還不敢過於暴露，晉王察哥一死，便無所顧忌，驕奢跋扈，變本加厲，舉朝側目。祕書監王舉忍無可忍，上表彈劾，並掛冠而去。群臣亦紛紛表示不滿。

⊙位高權重，野心表露

大權在握的任得敬專橫驕恣，在朝中肆意安插親信，排擠大臣。任得敬得勢後，家族亦隨之飛升：弟任得仁任南院宣徽使，任得聰任殿前太尉，任得恭任興慶府尹，姪兒任純忠則為樞密副都丞旨。任氏家族顯赫一時，隨意打擊陷害意見相左的朝臣，飛揚跋扈。

仁宗對任得敬一再姑息容忍，天盛十二年（一一六〇年），晉封為楚王。任得敬出入儀仗，與君王等同。漸漸地，位高權重的任得敬也不再把仁宗放在眼裡。

銅鎏金鏨花雙耳杯　西夏

任得敬對仁宗皇帝實施的儒學治國方針十分厭惡，上疏請求廢棄學校，疏中稱：「治理國家在於節儉，變俗為貴得有所斟酌。我國處於戎夷之間，地瘠民貧，收穫甚少。如今那麼多的士人，任由濫竽充數，浪費倉廩，如何負擔？」仁宗沒有採納。

十七年（一一六五年），任得敬篡權奪位的野心逐漸彰顯。以興州、靈州為據，徵發民夫十萬，修築靈州城，並在駐紮的翔慶軍司修建宮殿。動工之時正值盛夏酷暑，役夫勞累不堪，怨恨之聲不絕。

⊙倒行逆施，陰謀破敗

由於仁宗推廣儒學，重文輕武，而任得敬領兵二十餘年，漸漸掌握了一支強大的軍事力量，為其篡權裂國準備充分。

天盛十八年（一一六六年），任得敬首先試探金國統治者的態度。以舊屬西夏的吐蕃莊浪四族中的隴逋、龐拜二族作亂為由，知會金朝，將出兵討伐，金世宗不允。十月，任得敬襲擊已歸附金朝的莊浪族吹折、密臧二族，劫掠人畜、財物，金國未有反應。

十九年（一一六七年）十二月，任得敬患病，仁宗派使者到金朝為任得敬敦請名醫診治。病癒後，仁宗派謝恩使任得聰到金國答謝，任得敬也附表及禮物致謝。

金世宗明白任得敬附表之意，便回絕西夏使臣，並說：「任得敬自有身分，豈能紊越！」

任得敬心知金朝不可倚仗，便轉向南宋。次年五月，遣密使至四川，約南宋宣撫使虞允文發兵襲擊吐蕃，打算以進攻吐蕃為藉口，將靈、興州附近的兵力調離。七月，任得敬再派使者攜帛書去四川聯絡時，被西夏守軍截獲。仁宗心生疑竇，密報金國。至此，任得敬分裂西夏的野心昭然若揭。

乾祐元年（一一七〇年）四月，任太后去世。任得敬再無所顧忌，立即脅迫仁宗皇帝將西夏西南以及靈州周邊割讓給自己。仁宗無奈，只得答應，並遣左樞密使浪訛進忠、翰林學士焦景顏到金國，為任得敬請求封冊。

西夏使臣到金，說明來意後，金世宗意識到夏仁宗被佞臣逼迫，於是對使臣及朝中大臣說：「一國之主，怎麼會無故分割國土給人呢？一定是權臣脅迫，不是西夏國主本意。何況夏國立國已久，一旦被賊臣所迫，朕作為四海之主，怎能容忍？如果權臣不自動罷手，朕會發兵誅滅，不能讓他得逞。」

金國的干預，令任得敬心生畏懼，與兄弟任得仁、任得聰等加緊密謀應變。仁宗皇帝則決心在金國的幫助下，剷除任得敬。

八月，仁宗暗中聚兵，設計誅殺了任得敬及其黨羽。次年十一月，駐守外地的任得敬之姪任純忠，逃往金國北境，被當地部族殺死。任得敬的篡權陰謀終於失敗。

【西夏的滅亡】

●時間：西元一一九三～一二二七年
●人物：夏襄宗　夏神宗

夏仁宗去世後，西夏也開始步入了由盛轉衰的時期。內亂不斷，外患頻頻，國力衰弱，在強大的蒙古兵團不斷打擊下，西夏終於滅亡了。

夏仁宗於乾祐二十四年（一一九三年）去世，長子純祐即位，是為桓宗。桓宗即位後，大體遵循仁宗時期的大政方針，繼續推行附金和宋的政策。

⊙盟友兵戎

桓宗在位的最後一年，天慶十三年（一二〇六年），來自鐵木真統治的蒙古國的威脅迅速將西夏推上衰亡的歷史進程。

天慶三年（一一九六年），仁宗弟越王仁友亡故，仁友子安全上表，請求承襲越王的爵位。桓宗沒有同意，且將他降為鎮夷郡王。安全心懷不滿，萌動篡位奪權之心。

十三年（一二〇六年），安全與桓宗母親羅太后密謀，廢桓宗。三月，桓宗暴病而亡，安全繼位，是為襄宗。襄宗執掌政權後，日漸壯大的蒙古國軍屢次興兵，入境騷擾、挑釁。

阿彌陀佛坐像　西夏

應天四年（一二〇九年）春，蒙古鐵騎在大汗鐵木真的率領下，南征西夏。四月，攻陷兀剌海城。七月，進逼中興府，襄宗派兵五萬抵禦，相持兩個月，蒙古引水灌城。成吉思汗派使者入城談判，襄宗稱臣，並嫁宗室之女和親。

蒙古接連不斷用兵，促使西夏改變長期與金結盟友好的策略，轉而依附日漸強大的蒙古，與金國開始了長達十餘年的戰爭。多年的兵戎相向，夏、金雙方均損失慘重，深陷戰爭泥潭，使西夏國內的問題日益嚴重。

皇建二年（一二一一年），皇族齊

延伸知識

西夏重鎮——黑水城

黑水城，一座湮滅在歷史長河中的古城，位於內蒙古額濟納旗達賴庫布鎮東南二十五公里的荒漠中。是西夏王朝的北部重鎮，也是連接河套和中亞地區的交通要道。乾燥的氣候和乾燥的土壤，把黑水城的古代遺物都完好保存下來，其中有許多是極為珍貴的歷史文物。而令人遺憾的是，已有大量珍貴文物被外國的「探險家」盜掘。

最早來到黑水城挖掘寶物的是俄國的探險隊。光緒三十四年（一九〇八年），俄國人科茲洛夫大佐受俄國皇家學會派遣，率領探險隊到中國探險。曾三次來到黑水城，進行了大範圍的盜掘，獲得了大量西夏文書和元代紙鈔等珍貴文物。步科茲洛夫的後塵，美國、瑞典、法國、日本等國家的「探險隊」、「考察團」相繼來此考察、挖掘，致使黑水城遺址遭到更大的破壞，大量的珍貴文物都先後流散於世界各地。

近年黑水城遺址受到國家的高度重視和重點保護。從二十世紀六〇年代起，文物工作者曾多次到黑水城進行科學考察。八〇年代初，又對古城遺址進行了長達兩年的科學勘探和考古發掘工作。出土的遺物以古代文書為主，有漢文、西夏文、畏兀爾蒙文、八思巴文、藏文和古波斯文等各種不同文字的文書，共計三千餘件。其中，漢文文書最多，有二千二百餘件。

黑水城出土的大量文書，全面、真實反映了當時的社會狀況，和當地經濟、文化的發展水準。這些文書，不僅是極為珍貴的古代文物，也是黑水城歷史沿革的最好見證。

佛坐像　西夏

王李遵頊發動政變，廢襄宗，自立為帝，是為神宗。神宗當政後，全盤承襲了襄宗的政策——堅持依附蒙古抗金。隨著戰事不斷，西夏國內經濟凋零，危機重重。

聯蒙抗金並沒有解除西夏潛藏的危機，相反，蒙古對西夏依舊垂涎不止，多次藉機出兵圍攻西夏。大敵當前，夏神宗為了逃避責任，匆忙傳帝位給兒子德旺，自稱太上皇。德旺繼位，即獻宗，時四十三歲。

獻宗繼位的第二年，乾定二年（一二二四年）二月，趁蒙古征伐西域未還，獻宗派遣使者聯絡漠北各部落，打算結成抗蒙聯盟，抵禦蒙古入侵。

五月，蒙古西域戰事結束，成吉思汗獲悉西夏聯合漠北的活動，便親率軍隊進攻夏國沙州（甘肅敦煌東），不克。九月，又派大將木華黎之子索魯等從金國戰場轉攻西夏銀州，守將不敵，夏兵死傷數萬，數十萬牲畜遭掠奪。獻宗派使者向蒙古請降。

⊙聯金抗蒙

經歷了蒙古的沉重打擊，獻宗瞭解要使國家繼續生存和發展，必須改變國策，聯合盟友，共同抗蒙。

乾定二年（一二二四年）十月，獻宗採納右丞相高良惠的提議，派南院宣徽使羅世昌等赴金議和。次年八月，兩國停止了多年的征戰，達成和議：西夏以兄弟之禮事金，各用本國年號，遇戰事雙方互相支援。

此時的夏、金兩國，經歷多年的戰爭，都已兵虛財盡，國力大不如前，即使聯合抗蒙，也無法抵禦蒙古鐵騎的進攻。夏、金的滅亡只是時間問題。

⊙天命覆亡

與金國相比，西夏國力更弱，成了蒙古掠取的首要目標。乾定三年（一二二五年），成吉思汗從西域回到漠北，得知夏獻宗收納其仇敵赤臘喝翔昆，且不派宗室作人質，決定大舉

西夏黑城遺址

文殊菩薩騎獅像　西夏

九十六×六十公分，此像於二十世紀早期出土於今內蒙古自治區阿拉善盟額濟納旗境內的西夏黑水城遺址，係三幅一組的「華嚴三聖像」中的一幅。造像樣式以及眷屬組合無不借鑑自敦煌以及內地的同類作品，線描精湛，設色雅麗，代表了存世西夏時代道釋繪畫的一流水準。

討伐西夏。

四年（一二二六年）二月，成吉思汗率十萬大軍攻入西夏，占領西夏的軍事重鎮黑水、兀剌海等城。蒙古大將阿答赤與畏兀兒亦都護進攻沙州，中了西夏詐降之計，兵敗。蒙古軍稍作休整後，又全力強攻，沙州軍民在守將籍辣思義的率領下，頑強抵抗。蒙古軍於夜間挖地道攻城，西夏守軍識破並火攻，傷亡慘重。雙方膠著一個月，最終沙州城破。

五月，蒙軍攻占肅州城。不久，西夏太上皇李遵頊亡故。

六月，蒙軍乘勝進攻甘州，甘州城軍民奮力抵抗，最終不敵，守將戰死。七月，蒙軍攻占西涼府，守將敗投降。在蒙古軍的接連攻打下，西夏所屬的河西地區，幾乎全部喪失。

獻宗眼見蒙古軍大舉進犯，銳不可當，心憂成疾，不久病逝，末主李睍繼位。此時的西夏國，已然日薄西山、奄奄一息。

寶義元年（一二二六年）八月，成吉思汗攻至黃河九渡。十一月，進攻靈州。李睍派大將嵬名令公領兵十萬前去解圍，結果大敗，靈州淪陷。攻克靈州後，蒙古軍向中興府推進，準備一舉攻占都城，滅亡夏國。

寶義二年（一二二七年）正月，蒙古軍抵達中興府。成吉思汗留下攻城軍隊，自己率部南下，渡過黃河，攻打積石州，進入金國境內。

中興府被蒙軍圍困，外援阻斷，右丞相高良惠「內鎮百官，外勵將士」，與軍民日夜拒守。四月，高良惠積勞成疾而亡。不久，成吉思汗回師，派使者察罕至中興府勸降，被李睍回絕。經過半年的圍困對峙，中興府彈盡糧絕，軍民疲憊不堪。

六月間，西夏發生強烈地震，房屋紛紛倒塌，瘟疫流行蔓延，守軍無力抵抗。李睍遣使請降，並以「備貢物，遷民戶」為由，請求寬限一個月。

不久，西夏末主李睍率領文官李仲諤、武將嵬名令公等出城投降。

七月，成吉思汗病故。蒙古軍遵照遺囑，殺末主李睍及降臣，西夏滅亡。

中國社會科學院近代史研究所 ■ 韓志遠教授

金朝

西元一一一五～一二三四年

金國是中國歷史上以女真為主體建立的王朝，先建都會寧府（今黑龍江阿城南白城鎮），後遷都燕京（今北京），再遷都至汴京（今河南開封）。創建者是金太祖完顏阿骨打。

女真族的祖先很早就生活在長白山和黑龍江流域。五代時，女真之名始見於史籍，並受契丹所統治。女真完顏部為首的部落聯盟建立後，很快統一了女真各部。此後，女真族的發展進入一個新的時期。

遼天慶四年（一一一四年）九月，女真族領袖完顏阿骨打率部誓師於淶流河（今黑龍江與吉林省間拉林河）畔，向遼朝的契丹統治者宣戰。在取得寧江大捷和出河店之戰勝利後，於遼天慶五年（一一一五年）稱帝建國，國號大金，年號收國。

金朝建國後，在護步荅岡會戰中大敗遼軍，隨後展開以遼五京為戰略目標的滅遼之戰。攻取五京的前後步驟是東京（今遼寧遼陽）、上京（今內蒙古巴林左旗南）、中京（今內蒙古寧城西大名城）、西京（今山西大同）、南京（今北京）。五京一下，遼朝隨即滅亡。

金滅遼後，與北宋遂成敵國。金太宗完顏晟即位後，挾滅遼之威，很快席捲而南，於天會五年（一一二七年）滅亡北宋。以後，金與南宋多次交兵，南攻與北伐，均無力改變南北對峙的局面。

金在與南宋、西夏並立期間，迫使西夏臣附，南宋屈辱求和，始終維持其霸主地位。但是，隨著蒙古的興起，金的強國地位受到了威脅。金蒙世仇，結怨甚深，蒙古人對金「怨入骨髓」。金西北鄰蒙古，西鄰西夏，南鄰南宋，處於西、西北、南三戰之地，戰略地位有明顯的弱勢。

對待三國的戰略，金的正確選擇是結夏聯宋，對抗蒙古。團結西夏，可以從西面牽制蒙古南下。成吉思汗於建國後對金「乃定議致討，然未敢輕動」，其重要原因是擔心攻金時西夏可能構成的側面威脅。聯合南宋，可以免除後顧之

憂，避免兩面作戰，全力對付蒙古。

然而，金朝統治者卻錯誤選擇了絕夏、攻宋、抗蒙的戰略，結果三面樹敵，自我孤立，致使形勢急轉直下。蒙古攻西夏，西夏求援於金，金坐視不救，西夏投附於蒙古，與蒙古聯手攻金，金處於西、北兩面受敵窘境。

金為減輕壓力，從中都遷都汴京，採取棄北圖南的戰略，進攻南宋，於是「南開宋釁，西啟夏侮，兵力既分，功不補患」。結果，金北方盡失於蒙，南方受挫於宋，國土日蹙，國力日衰，在蒙宋夾擊之下，「遂至失國」。

金共歷九帝，前後一百二十年。疆域盛時北達今外興安嶺，南抵淮河，東臨於海，西至陝西，人口四千四百七十餘萬。

金國的政治、軍事及經濟制度前後有所變化。女真部落聯盟時採用國相制，國相與部落聯盟長都勃極烈分治諸部。

金朝建立之後，廢除國相制，建立勃極烈輔政制，初設四勃極烈（原意為官長）：諳班勃極烈、國論忽魯勃極烈、國論阿買勃極烈、國論昃勃極烈，以後又增設國論乙室勃極烈，組成皇帝以下的最高統治機構。

金太宗時，占領遼、宋之地後，開始採用許多遼、宋制度。金熙宗時，對各項制度作了改革。金海陵王遷都中都（今北京），統一制度，又作了進一步改革。金世宗時，各項制度大體確立。中央設尚書省綜理政務，下設吏、戶、禮、兵、刑、工六部分掌政務。地方設路、府、州、縣四級。

金朝的軍事制度是一種多成分的結合體，在原女真軍制的基礎上，廣泛吸收了契丹，渤海、奚、漢等民族的軍事制度，而有其自身的特點。金朝軍事機構較為簡化，重視騎兵的作用，也逐步建立和發展其他兵種，軍隊中民族成分複雜，實行簽軍（徵兵）和募兵兵役制度，軍事職官的地位較高。金朝的軍制對後世的軍制有一定的影響。

金朝的農業、手工業和商業是主要社會經濟部門，各地區的經濟發展存在很大差異。

金代文化雖然保留和吸收了女真族的某些文化傳統，但基本上是繼承遼、宋的漢族文化。

金國於天興三年（一二三四年）在蒙古軍與宋軍聯合進攻下滅亡。

崛起於白山黑水間

●時間：西元七世紀～十一世紀
●人物：完顏部

女真族是中國東北部少數民族中歷久悠久的一個民族。有「女真」名稱之初，又被稱為肅慎、挹婁、勿吉、靺鞨。很早就居住在黑龍江、松花江、烏蘇里江流域和長白山麓一帶，與中原地區的漢王朝保持著聯絡。

⊙粟末靺鞨與黑水靺鞨

西元七世紀初，中國東北逐漸興起一個民族——「靺鞨」，由幾十個互不統屬的部落組成。至唐代，以黑水靺鞨和粟末靺鞨兩部最為強盛。

黑水靺鞨活動於長白山和黑龍江下游兩岸，位於粟末靺鞨北部。唐貞觀五年（六三一年），黑水靺鞨向唐朝納貢，開始加強與中原漢族的友好往來。開元十四年（七二六年），唐政府在其所居地設立行政機構，陸續設置了勃利州（在黑龍江與烏蘇里江的匯合處）、黑水都督府，由黑水靺鞨首領擔任刺史和都督。

粟末靺鞨部落活動於粟末水（今松花江流域）以南地區。七世紀末，粟末靺鞨首領大祚榮統一了各部落。開元元年（七一三年），唐政府在此設立渤海都督府，封大祚榮為渤海郡王，掌管渤海地區政權。渤海地區成為唐朝藩屬，並與唐中央保持著密切的聯繫。

渤海地區幅員遼闊，北起黑水（今黑龍江），南達新羅，東到海濱，西臨契丹，轄區有人口十餘萬，居民種植稻、粟、豆、麥等。手工業也比較發達，能夠製陶、紡織、釀酒等。

渤海地區居住著大量的漢人，靺鞨人用特產貂皮、海豹皮、海東青（獵鷹）、麝香、人參、馬匹等與其交換。從長安傳入的漢文圖籍、典章制度也在這裡生根發芽，漸漸融合，潛移默化影響著靺鞨族。

⊙契丹的興起與女真

唐末五代時期，契丹族建立的遼國興起並走向壯大，逐漸覬覦、垂涎於周邊的鄰國。後唐天成元年（九二六年），唐建立的渤海地方政權被契丹吞併，黑水靺鞨也歸屬契丹統治。契丹稱其為「女真」，後來為避諱，改稱「女直」。

契丹貴族強迫部分毗鄰的女真人，南遷至遼東半島等地，編入契丹人的戶籍，和當地的漢人、契丹人聚居，在生活上受其經濟與文化的薰陶，逐漸融合，這一部分女真人稱作「熟女真」。另外大部分仍留在白山黑水之間的女真人，因未入契丹籍，稱作「生女真」，他們與外界接觸較少，經濟文化發展相對緩慢。

十一世紀初，契丹統治下的女真族崛起了一個強大的部落——完顏

延伸知識

金人的始祖——函普

據《金史》記載，金人的始祖函普，六十歲時從高麗來到「白山黑水」之間，居住在完顏部僕幹水的岸邊。

函普在完顏部住了很久。完顏部裡曾有人殺了別族的人，因此兩個部族之間仇殺不斷。完顏部的人便對函普說：「如果你能夠為部族解決相互仇殺的問題，使大家和睦相處，我們便把部中已經六十歲的尚未婚嫁的賢女嫁給你，並把你視為我們的族人。」

函普答應了，便到另一個部族談判，函普說：「殺害一個人而不能解決仇殺，損傷不斷增加，不如只殺掉為首作亂的那個人，部族拿財物賠償，這樣便不用仇殺而能獲得利益了。」

對方答應了，並且定下盟誓：「凡有殺傷人的，便從他家徵取一口人、二十匹馬、十頭母牛、六兩黃金給受害人家，兩家的問題便解除了，不準進行私下仇殺。」

兩個部族和解以後，部族很信服他，並用一頭青牛答謝他。函普用青牛作為聘禮娶了那位六十歲的女子，後來生下了兩個男孩和一個女孩。而函普所定下的盟誓也就成為了後來金人殺人必須用三十隻牛馬賠償的風俗。

氏。完顏部在首領綏可的領導下努力發展，雖然仍舊以捕魚狩獵為主，但已部分開始從事農業活動，能夠種植粟、麥等一些作物。隨著農耕技術不斷進步，完顏部並發展畜牧業，用麻和豬毛織成布，外出工作時圍在腰間。

習慣狩獵、游牧生活的女真人開始逐漸定居，集中居住在按出虎水東南的阿什河流域沿岸，依山傍水，有森林峽谷和肥沃的土地。天氣暖和時，就用樹皮、樹枝搭建房屋，天氣轉冷時，依山挖坑，上面覆蓋樹枝和泥土禦寒。除了種植作物、建造房屋，女真人並學會了冶鐵。

完顏部漸漸脫穎而出，鄰近部落紛紛歸附，於是一個以完顏部為核心，嶄新龐大的部落聯盟出現了雛形。

十一世紀中葉，完顏部都勃烈極（即部落聯盟首領）烏古迺開始發展武力，製造鐵犁，打造兵器。既用產品和鄰近部落交換，又用武力掠奪更多的財富，掠奪來的人丁悉數充作奴隸。完顏部的強大，促使貴族和奴隸有了明顯的等級區分，私有財產開始悄然出現。

女真的崛起，讓契丹漸感不安。隨著問題的日漸嚴重，之間的決裂與分崩離析已在所難免。

金代貴族服飾復原圖

「頭魚宴」上的阿骨打

●時間：西元一一一二年
●人物：完顏阿骨打

十一世紀末，女真族中的完顏部落逐漸強大。完顏家族憑藉部族武裝，發起了統一各部落的戰爭。從首領烏古迺、劾里鉢到頗剌叔、盈歌，經過兩世幾代首領的共同努力，終於建立以完顏氏為核心的女真軍事部落聯盟。

由於客觀條件限制，生女真自身經濟文化處於落後局面，社會發展緩慢。居地與遼國轄境相鄰，遼國長期欺壓、役使女真族，引起了女真族人極大的憤恨。女真臣服遼國後，積極鞏固、壯大自身的發展規模，又不斷和遼國進行種種斡旋與反抗。

鏨花金盤　金

金代窖藏出土，盤中有壽桃紋飾，立體感極強。

⊙部落聯盟的新首領

遼天慶三年（一一一三年），完顏阿骨打（一〇六八～一一二三年）接替其兄烏雅束，成為女真部落聯盟的新都勃烈極。

完顏阿骨打出生於遼咸雍四年（一〇六八年）七月初一，小時候的他比同齡孩子力氣大，且舉止端莊穩重，深得父親疼愛。

阿骨打親歷了族人長期在遼國統治下所遭受的奴役之苦，所以在執掌女真部落聯盟最高權力後，不斷鞏固和加強聯盟的實力，與部族內部的敵對勢力對抗，並利用女真人民的反遼情緒，積極調整部族的力量，暗中籌備反遼軍事行動。只待時機成熟，與遼分庭抗禮。

此時的遼國，無論政治、經濟均已大不如前，「上下窮困，府庫無餘財」，統治集團內部更是傾軋角逐，爭權奪利，如火如荼。遼的統治已經到了崩潰的邊緣，危機四伏。

然而，雖已日薄西山，但對女真

金太祖阿骨打陵址

的迫害卻絲毫沒有減弱。並且，對於新即位的阿骨打，也沒有產生多大的戒心。

⊙頭魚宴嶄露頭角

天慶二年（一一一二年）春，遼國天祚帝耶律延禧到東北春州（即長春州，今黑龍江肇源縣西）巡游，在混同江（今松花江）捕魚，命當地的女真各部酋長都到春州朝見。按照當地風俗，每年春季最早捕到的魚，要先上供給死去的先祖，並且擺酒宴慶祝。因此，天祚帝在春州舉辦了頭魚宴，請酋長喝酒。

宴席中，天祚帝興致很高，帶著幾分醉意，讓在座的酋長跳舞助興。酋長都是女真人，無不對遼心懷痛恨。然而，即使再不情願，也不敢違抗命令，眾人陸續離坐跳舞。契丹、女真均是能歌善舞的民族，酋長更是其中的佼佼者，然而當時跳舞的心境可想而知。

在一片熱鬧喧囂的氛圍中，唯獨一個年輕人沒有起身與大家一同載歌載舞。他神情冷漠，一動不動，此人便是完顏阿骨打。天祚帝認出他就是部落聯盟大酋長烏雅束的弟弟，見他沒有和大家一起跳舞，很不高興，一再催促。其他酋長擔心阿骨打得罪了遼國，也從旁勸說。可是無論怎麼勸，阿骨打只是「辭以不能」，仍舊巋然不動。頭魚宴最終因阿骨打，不歡而散。

宴會結束後，天祚帝對大臣蕭奉先提出除去阿骨打，以絕後患。蕭奉先卻認為，殺阿骨打會引起女真部族眾酋長的不滿。天祚帝權衡利弊後作罷。

從頭魚宴上回部落後不久，阿骨打即著手加強軍事力量，為對抗遼國、自立門戶做著最後的準備。

歷史詞典

勃極烈制度

金太祖收國元年（一一一五年）元月，阿骨打建國稱帝，標誌著生女真社會奴隸制的正式確立。為適應奴隸制國家的需要，於是年七月將存在於生女真大軍事聯盟下的都孛堇、國相、孛堇議事會，改組為參主朝政、共議國事的最高權力機構——勃極烈制度。保有古老聯盟議事會制度的痕跡，以合議制形式決定國家的大政方針，雖是一種輔佐皇帝的政治制度，但皇帝的權力受到諸勃極烈的牽制。這一制度施行凡二十年，中經太宗，至熙宗時才被廢除。

勃極烈議事會的成員，前後有增減變化。初，阿骨打以弟吳乞買為諳班勃極烈，國相撒改為國論勃極烈，辭不失為阿買勃極烈，弟斜也（杲）為國論吳（一作昃）勃極烈。由於都勃極烈改稱皇帝後不復再用，故勃極烈成員初為四人。兩個月後，改國論勃極烈撒改為國論忽魯勃極烈，增阿离合懣為國論乙室勃極烈。次年五月，又有斡魯為迭勃極烈之事。

鏨寶相花紋金杯 金

杯敞口，深腹，腹下漸斂，高足中空，足外撇。口沿下及足脛處鏨刻纏枝忍冬紋，器腹開光鏨刻寶相紋。造型精巧，圖案簡潔。

阿骨打稱帝

●時間：西元一一一五年
●人物：完顏阿骨打

天慶三年（一一一三年），女真部落聯盟首領烏雅束亡故。完顏阿骨打繼任都勃極烈，成為了女真新的統帥。阿骨打是一位戰鬥中成長的軍事家，在女真抗擊遼國的征戰中立下了汗馬功勞。對於契丹遼國的統治，他一直充滿著怨恨與仇視。

⊙突破牢籠，謀求自立

女真族已經被遼國統治了上百年，長期的奴役與壓迫，使擺脫異族成了女真族人的共同目標。阿骨打繼承女真部落聯盟的都勃烈極後，展示了對遼國的強硬態度。不僅如此，並率領日漸強大的女真族向外進行大規模的擄掠和擴張，逐漸突破藩籬，謀求更大的利益。

阿骨打加強了女真部落中名為猛安謀克的政治、軍事組織，以強化女真的軍事力量。這種制度最初出於部落之間戰爭的需要，是一種軍事組織，後來演變成地方行政組織。「猛安」意為千夫長，「謀克」指百夫長。阿骨打規定，三百戶為一謀克，十謀克為一猛安。猛安職位為從四品，既負責軍務管理、操練隊伍，也管理收繳農業租稅等事務。謀克之職為從五品，負責組織，訓練隊伍。

女真的崛起，令遼國上層有所警覺，遼國統治者一方面以名利、官職進行收撫，一方面加強對女真內部事務的干涉。天慶四年（一一一四年）六月，天祚帝封阿骨打為節度使。為掩護開展反遼戰爭，使反遼籌劃工作能順利進行，阿骨打欣然接受遼朝封授的官職。

為了抑制、阻撓女真聯盟的繼續擴張，遼國收留了不服從阿骨打約束而逃亡的女真部落首領阿踈。阿骨打多次派使者到遼國索要未果，遂與遼國產生了紛爭。

遼國從阿踈口中獲悉完顏氏正在密謀伐遼，立即派人前去責問。阿骨打態度強硬，對遼使道：「我們是附屬小國，遵從大國，不敢缺少禮節，而大國不但不施加恩惠，反而包庇罪人。用這樣的方式來安撫小國，小國能不心懷不滿嗎？如果交還阿踈，我們便入遼朝貢；如若不然，我們也不會束手就擒！」阿骨打的回答，既維護了女真族的尊嚴，又藉機窺測了遼朝的虛實——「遼主驕肆廢弛」。

女真對遼國的強硬態度，已經昭示：女真部族的尊嚴不容踐踏，如果遼國橫加干預，那麼即使與其決裂也在所不惜。對遼國的挑戰已見端倪。

⊙建立金國

隨著女真族反遼自立的情緒日益高漲，遼國對女真的殘酷掠奪依舊進行，且變本加厲：捕捉海東青，納貢珍珠，敲詐勒索，百姓不堪重負。阿骨打準備正式起兵。

在正式起事之前，表面上阿骨打仍舊與遼國進行交涉，暗地則緊鑼密鼓統一各部落首領的想法。阿骨打親自上門，徵詢石土門、迪古迺兄弟的意見，並將起兵的計畫告之於女真部族中資深的「官僚耆舊」，以取得支持。

遼國對阿骨打的異常動向有所察覺，開始著手調動軍隊。

天慶四年（一一一四年）九月，阿骨打集合女真各部落兵馬兩千五百人，在來流水畔誓師起兵：「我們世代侍奉遼國，誠心誠意貢獻，安守本分，幫助遼國平定了烏春、窩謀罕的叛亂，打破了蕭海里。但遼國並不尊重我們，反而變本加厲對我們壓迫和侮辱。我們屢次委求交還罪人阿踈，而遼國不肯遣返。現在我們要向遼興師問罪，蒼天在上，願見我們的誠心而加以護佑。」

為了鼓舞士氣，阿骨打與眾將發誓：「你們要同心盡力，有功勞的奴隸可以轉為平民身分，庶人可以得到官爵，已經有地位官爵的可以得到進一步地提升，一切按照功勞的大小為標準。如果違背誓言，身死於刀槍之下，家屬連坐。」誓畢，率眾向遼寧江州城進發。

寧江州城外，女真軍隊首先與遼將耶律謝十遭遇。阿骨打沉著指揮，身先士卒，適時出擊，親自射殺了主將耶律謝十，士氣大振。遼軍不敵，棄城而逃，被女真軍追擊殲滅。

十月，寧州城破，阿骨打獲得了起兵反遼後的第一場重大勝利。

寧江州的失守，並未引起遼天祚帝的重視，仍舊在慶州射鹿取樂。不久，遼國大將再次戰敗的消息傳來，天祚帝才惶惶然聚集群臣商討對策，並決定派軍隊前去鎮壓。這個並不高明的決策註定了遼軍將一敗塗地。

十月，遼國以蕭嗣先為都統，領軍十萬迎戰，企圖一舉殲滅女真部族。阿骨打聞訊，主動出擊，搶渡遼軍即將屯軍的鴨子河，迎敵於出河店（今吉林前郭旗八郎鄉塔虎城）。

正值十一月，天氣寒冷，狂風大作，阿骨打趁遼軍尚未列成陣勢，從三面包抄發起進攻。遼軍大亂，未戰自潰。阿骨打掠得車馬輜重不計其數，取得了出河店戰役的全面勝利。至此，女真軍隊已從最初的兩千五百人發展到一萬餘人，士氣高漲，軍威大振。

遼天慶五年（一一一五年）正月，阿骨打正式稱帝，建國號金，改元收國，定都會寧。

三彩陶龜形壺　金

建金滅遼

●時間：西元一一一五～一一二五年
●人物：完顏阿骨打

金國建立後，阿骨打清醒認識到苟延殘喘的遼國仍然是勁敵。若想新建立的政權能夠生存，必須乘勝追擊，將遼引向戰爭的深淵，直至將其推翻。

⊙護步荅岡之役

寧江州、出河店戰役後，遼軍又屢屢戰敗，遼國的東方重鎮達魯古城、黃龍府相繼失守。黃龍府被占，讓遼國驚恐萬分。在對阿骨打誘降和遣使議和都未能達到目的的情況下，遼天祚帝準備御駕親征。在黃龍府失守當日，下詔發兵十萬，號稱七十萬，以蕭奉先為御營都統，耶律張奴為副，由駱駝口、寧江州分道而進。

面對遼國傾巢出動，阿骨打並不懼怕。為了激勵將士奮勇殺敵，他執刀仰天痛哭，說：「當初和你們起兵反遼，只是因為無法忍受契丹的殘酷迫害，想要建國獨立。現在遼主親自前來征討，怎麼辦呢？除了殊死一戰，你們只有殺我一族，投降遼國，或許可以轉禍為福。」眾兵士皆摩拳擦掌道：「事已至此，惟命是從。」

金國將領認為遼軍有七十萬，鋒芒勢不可擋，要避免正面迎戰，應築深溝高壘，嚴加防守。阿骨打同意，在關隘交剌依地勢部署防禦。

然而，八天之後仍沒有遼軍的動靜。偵察得知，遼國內部發生了耶律張奴政變，天祚帝匆忙西去平定叛亂。阿骨打當機立斷，改防禦戰略為主動出擊，派輕騎兵追趕，終於在護步荅岡（今黑龍江省五常西）追上天祚帝。

金軍騎兵只有兩萬人，與遼相

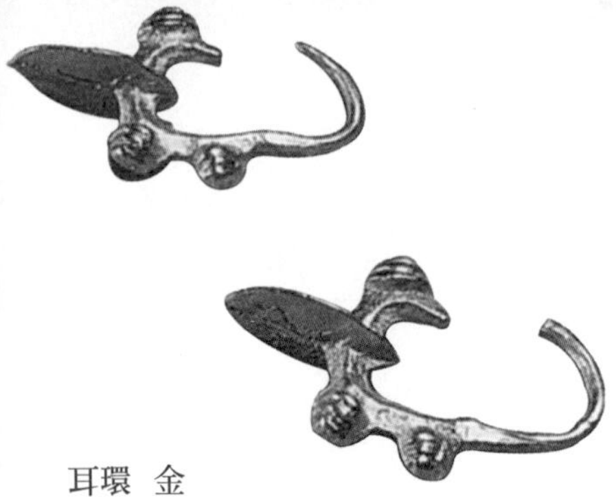

耳環　金

這種耳環是用金澆鑄而成，在開有缺口的圓環上鑄有兩枚橡子形的裝飾，下有葉狀飾物襯托。這種耳環多出土於黑龍江流域的金代遺址。

耀州窯荷蓮印盒　金

直徑九．一公分，盒呈橢圓形，子母口，蓋、盒大小相若，上下結合緊密。通體施青釉，釉色青白光潤，蓋面刻劃兩朵碩大荷花，枝葉纏繞，以篦劃紋刻畫紋飾細部，線條流暢，形象逼真。

比，處於劣勢，此時如全線出擊，勢必被遼軍分割包圍。阿骨打決定集中兵力，圍殲中軍，對將士說：「敵軍人多勢眾，而我方兵少，不能分兵作戰。看遼人的中軍最為雄壯，遼國皇帝肯定在其中，如果打敗了中軍，就可以取勝了。」金軍先出動右翼，再出左翼，合擊遼國中軍，遼兵大敗。

護步荅岡之役是阿骨打指揮對遼戰爭以來最關鍵的一次戰役，金遼之戰的轉折點，具有重要的戰略意義。此前，遼軍在兵力上占有絕對優勢，但是因內部的政變加深了遼朝統治集團的分裂，遼朝政局陷入混亂，優勢不復存在，無法建立對阿骨打的有效防禦，損兵折將，丟城失地。而金軍則越戰越勇。護步荅岡取勝後，金國已從根本上扭轉了己弱敵強的局勢。

延伸知識

金代貴族服飾

金代服飾頗有講究，男子的常服通常由四個部分組成，即頭裹皂羅巾，身穿盤領衣，腰繫吐骼帶，腳著烏皮鞋。它們的形制（包括樣式、色彩、紋樣），都有一些特點。

金代服飾有一重要特徵，是多用環境色，即穿著與周圍環境相同顏色的服裝。這與女真族的生活習慣有關，因女真族屬於游牧民族，以狩獵為生，服裝顏色與環境接近，具有保護的作用，冬天多喜用白色，春天則在上衣上繡以「鶻捕鵝」「雜花卉」及熊鹿山林等動物紋樣，同樣有麻痺獵物、保護自己的作用。

⊙攻心為上，土崩瓦解

護步荅岡之役後，金國的領土更加遼闊，遼北、遼南全部劃歸轄下。為了加速滅亡遼國，阿骨打利用遼國統治集團內部問題嚴重和民族間衝突的形勢，從政治上分化，瓦解遼國。

白釉蓋缽　金

直口，口沿下有鋸齒狀裝飾，直腹漸斂，圈足。蓋作斗笠狀，上有鈕。胎質細白，釉色呈乳白色，器型規整。

官印　金

渤海地方政權本是粟末靺鞨所建，其經濟、文化發展程度較高，被遼滅亡後，居民被迫遷徙或流散逃亡，統稱為渤海遺民。渤海遺民中大部分是女真人，向來足智多謀，驍勇善戰，戰亂中被遼徵用，與金為敵。阿骨打在寧江州戰役結束後，就開始招撫渤海人，派軍中的渤海將士招諭同鄉：「女真、渤海本來是一家，我興師伐遼，不會濫及無辜。」

阿骨打的這一政策取得了很大的成效，渤海人先後投入阿骨打陣營。他也從這些人中物色良將奇才，留為己用。阿骨打曾培養了一名渤海戰將，派其潛回渤海高永昌軍中。

高永昌之祖為渤海國貴族，利用渤海民眾反遼情緒，於遼天慶六年（一一一六年）起兵反遼，自稱大渤海皇帝。高永昌逐漸控制了遼東五十餘州，勢力龐大，客觀上為金國起了牽制遼國、動搖其統治的作用，同時也成了阿骨打潛在的威脅。

遼國發兵圍剿高永昌，高永昌初戰失利，向阿骨打求援，並提出「願併力以取遼」的合作方式。阿骨打未置可否——更希望借遼國之力鎮壓高永昌，令其兩敗俱傷。於是，阿骨打擁兵作壁上觀，對高永昌的請求置之不理。當高永昌轉敗為勝後，阿骨打乘其休整之機，發動突襲，大獲全勝。安插在高永昌軍中的內應殺死高永昌家小，捕獲高永昌，在遼陽處死。

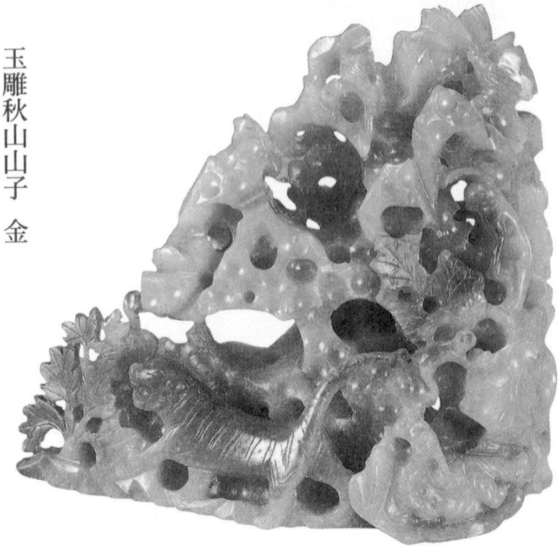

玉雕秋山山子　金

高十二．八公分。青黃玉質，局部有褐色玉皮，玉工巧妙運用玉色琢成老虎和楓葉，形象自然，風格樸實。

為了徹底孤立和打擊遼國統治者，阿骨打對於主動投降金國或作戰中被俘的契丹將領，均採取「服者安撫之」的策略，只要肯為金國效力，悉數委以官職。

隨著兩國戰事的持續，遼國統治集團內部問題重重，分歧也越來越大。

金天輔四年（一一二〇年）三月，

金代彩繪磚雕武士圖

遼國派遣使者向金求和。阿骨打認為是遼國的緩兵之計，沒有回應。

五月，阿骨打親率大軍，攻占了遼國的上京臨潢府，取得了繼攻占黃龍府之後的又一次重大勝利。遼國朝野震驚，軍中不斷生變，厭戰和叛亂事件時時發生。

此時，天祚帝又做出了令遼國前途堪憂的舉措：聽信奸佞之言，收回部分主將的兵權。不久，遼國大將耶律余覩率部投降金國。

耶律余覩出身遼國皇族，頗有才能，在同金軍作戰中，屢立戰功。所部軍隊有很強的戰鬥力，對金軍頗具威脅。阿骨打在占領臨潢府後，曾親自寫信招降耶律余覩，遭到拒絕。

六年（一一二二年）正月，遼國北樞密使蕭奉先誣告耶律余覩謀反。耶律余覩聽到，擔心枉自被誅，立即率領家人及千餘親兵投奔金國。

阿骨打對耶律余覩的歸降相當重視，盡其所能進行妥善安置。親自接見耶律余覩和部將，以宰相的禮遇為其接風洗塵。同時，阿骨打對耶律余覩不計前嫌，封其官職，委以重任。

阿骨打的高瞻遠矚和博大襟懷，進一步提高了威望，吸引更多人投到金國的大旗之下，參加反遼戰爭。相反，遼國的統治在金國的旁敲側擊下，已搖搖欲墜。隨著統治愈加腐朽和沒落，金國的大舉攻勢也拉開了帷幕。

六月，阿骨打在耶律余覩的引導下，攻克了遼國中京，不久又攻下了遼國西京大同府。十二月，阿骨打親自帶兵攻下遼國首府燕京，天祚帝逃亡。

天輔七年（一一二三年），就在遼國滅亡前夕，阿骨打去世，弟完顏晟繼位，繼續對遼作戰。

天會三年（一一二五年），遼主天祚帝被俘，遼國滅亡。

白地黑花牡丹紋吐魯瓶　金

高二十三公分，瓶形為半個梅瓶，又稱「吐魯瓶」，瓶口為圓錐形，底露灰胎，上有殘留化妝土及透明釉。瓶身以流暢的手法描繪牡丹紋，黑白對比明顯，予人強烈的印象，效果極佳，此種風格在當時極為流行，為磁州窯的典型作品。

鈞窯天青釉紫斑雙繫罐　金

直徑十四公分，敞口，直頸，豐肩，鼓腹，圈足略外撇。肩頸部對稱置橋形繫各一，通體施天青釉，足無釉露胎，口沿至腹部有一不規則玫瑰紫釉，十分醒目。此罐以釉彩的對比變化，彌補了造型的單一。

【金滅北宋】

●時間：西元一一二六年
●人物：金太宗完顏晟

金國建立後，周圍先後並立著宋、遼、西夏等政權。多民族政權的盤根錯節讓局勢錯綜複雜。天會三年（一一二五年），遼國滅亡。女真族長期遭受的奴役壓制從此結束。金國在長城以北的廣大地區也重新確立了統治地位。然而，對於金的統治者來說一切才剛剛開始，為了謀求更多的財富，贏得更為廣闊的發展空間，於是把鐵騎衝向了中原地區。

⊙曾經的盟友

當全力攻打遼國的時候，金國也密切留意著中原宋廷的一舉一動。為了盡快消滅遼國，金準備與北宋結盟，以消除南顧之憂。為此，金國積極籌劃與宋訂立「海上之盟」。

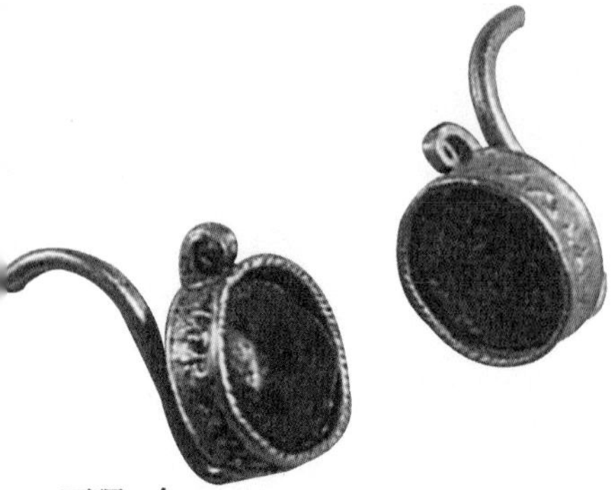

耳環　金

耳環以金絲編成圓形托底，內鑲寶石，底托外圍附一捲曲形金突。另有穿耳的金絲柄綴連，顯示了金代高超的工藝技術。

北宋與遼向有宿怨，主要問題便是「燕雲十六州」的歸屬問題。「燕雲十六州」地勢險要，易守難攻，素來是中原王朝抵禦北方民族南侵的屏障。五代時，後晉石敬瑭將其獻給遼國，使得中原政權的北大門洞開，無險可守。北宋王朝一直想收復該地區，以解除來自遼國的威脅。然而，多次武力征討都未能如願。

隨著金國的崛起，遼國遭遇了前所未有的困境，而北宋似乎看到了收復「燕雲十六州」的希望。宋徽宗採納了遼國降官馬植的建議，與金共同抗擊遼國，以期奪回「燕雲十六州」。

金太祖天輔二年（一一一八年），徽宗派使者出使金國。金國已經攻占遼國東京道五十多個州，國勢蒸蒸日上。但遼畢竟是大國，經過與遼國數年的角逐，阿骨打知道僅憑金的力量在短時間內難以達到滅遼的目的，因此他欣然接受了北宋締結盟約的提議。阿骨打親自接見宋使，熱情款待，並明確表達了願與宋朝聯手滅遼的願望。

天輔四年（一一二〇年），北宋派使者馬植再次出使金國。此次提議：雙方聯合滅遼後，宋朝收復「燕雲十六州」。當時，金國已經取得了對遼的全面勝利，戰事告捷，令其對宋的態度也發生了轉變。面對宋朝的提議，阿骨打提出了更為苛刻的條件回應，其中包括要給金國大批歲幣。宋徽宗收復燕雲失地心切，全盤接受。這一盟約的簽訂，為北宋贏得了短暫的和平，金國也從中受益，掃除了南顧之憂。

⊙打響汴京之役

金太宗天會三年（一一二五年）二月，金軍俘獲遼天祚帝，遼國滅亡。滅遼後，金國馬上將進攻矛頭指向中原，拉開宋金之戰的序幕。

這年冬天，金國兵分兩路南下：西路軍由完顏宗翰統帥，從西京（今山西大同）直攻太原，東路由完顏宗望統領，自平州（今河北盧龍）進攻燕京。在南下過程中，西路軍遭到太原軍民的頑強抵抗，一時無法前進。東路軍則勢如破竹，一路上攻掠了邢州、相州、濬州等地。黃河北岸的宋軍聞風而逃，不戰自潰，守河的士兵甚至燒毀橋樑，棄甲奔逃。金軍從容用小船渡過黃河，南岸的宋朝守軍也不敢抵抗，金軍揚長入境，汴京告急！

北宋統治者得知金軍渡河後，立即陷入空前的恐慌之中，宋徽宗急忙聚集群臣商議對策。部分主張放棄汴京，向金屈膝求和，以李綱為首的主戰派則堅持抗金，保護都城。

金軍很快包圍了汴京，城內軍民紛紛自行組織，準備抗敵。面對情緒高漲的軍民，一心只想求和的北宋朝廷，也不得不順從民意，部署抗金。主戰派大臣李綱受命，主持汴京防務。

金軍首先向汴京西側的西水門攻擊，採取火攻方式，點燃幾十隻火船，順流而下。宋兵頑強抵禦，擊退了金軍接連幾次攻城。在宋軍弓弩、砲石的回擊下，金軍傷亡慘重。一路長驅直下的金軍，遭遇了開戰以來

歷史詞典

海上之盟

中國宋、金聯合攻打遼的盟約，因為雙方使節都由海上往返談判，故名。

宋徽宗政和五年（一一一五年），女真首領阿骨打建立金，隨後屢敗遼兵。宋徽宗等認為遼有必亡之勢，決定聯金攻遼，乘機收復燕雲。

重和元年（一一一八年），徽宗派馬政自山東登州（今山東蓬萊）渡海與金談判攻遼。此後雙方來往頻繁。

宣和二年（一一二〇年），北宋派馬植赴金約盟，雙方商定：宋金各按商定的進軍路線攻打遼朝，金軍攻取遼的中京大定府（今內蒙古寧城境），宋軍攻取遼的南京析津府（今北京）和西京大同府（今山西大同）。宋答應滅遼後將原來輸給遼的歲幣轉輸給金。金則答應將燕雲還宋。雙方均不得單獨與遼講和。

結果宋攻遼失敗，遂要求金軍攻遼南京，金軍取勝。雙方幾經交涉，宋允三十萬匹絹、二十萬兩銀給金，並納燕京租稅一百萬貫，金才答應交還燕雲六州（薊、景、涿、順、檀、易）及燕京。金軍將燕京城內財物和人口擄掠一空而去，宋接收的只是一座殘破不堪的空城，改燕京為燕山府。

介休窯白釉畫花瓷枕　金

文姬歸漢圖　金　張瑀

該卷描寫蔡文姬在漢、匈侍從的護衛下返回漢朝途中風塵僕僕的情狀，作者著意於刻畫人物的內心世界。

的首度失利。不久，北宋各地的近二十萬援軍陸續趕到汴京，金軍立刻陷入了進退兩難的窘境。

這時腐朽的北宋王朝卻派出使者前去求和。金國向北宋提出了苛刻的條件：割讓太原、中山、河間三鎮地方給金國；每年向金國進貢黃金五百萬兩，白銀五千萬兩，帛絹一百萬匹，牛馬一萬頭；派親王和宰相到金國做人質，護送金兵安全渡河北還。為了休戰，北宋全部接納金國提出的條件，並派康王趙構、少宰張邦昌前往金營。

北宋政府的舉措，立即激起了一片聲勢浩大的討伐聲浪。汴京軍民群

番騎圖卷　金　佚名

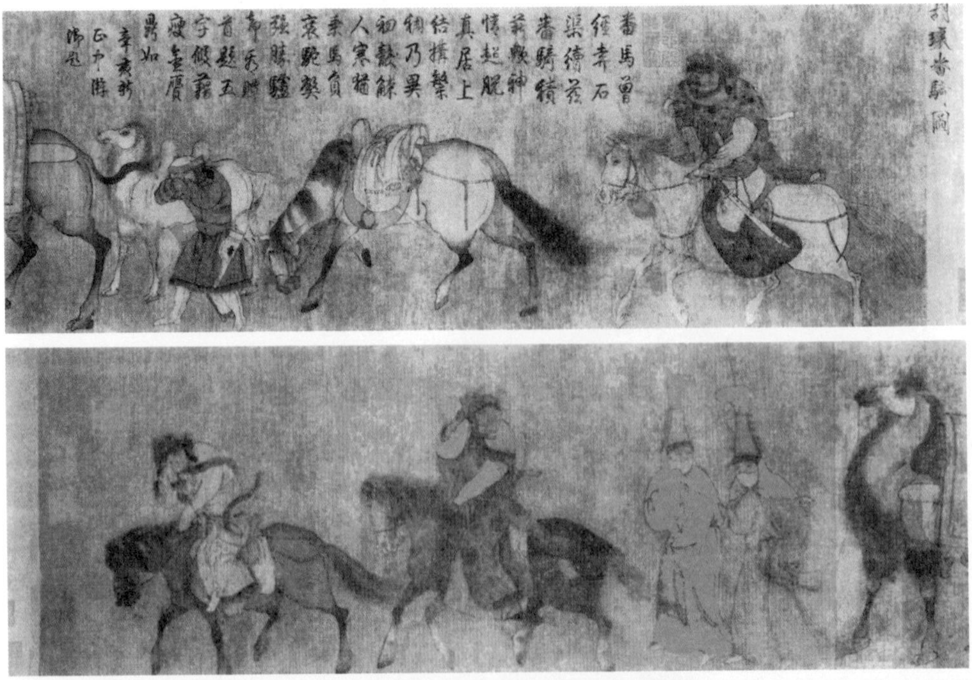

起響應，紛紛要求抗金，反對求和。

天會四年（一一二六年）初，北宋政府迫於形勢，重新部署都城的防禦力量。未能順利撤離的金軍，也開始了新一輪的攻勢，多次集中兵力攻打西城門，均被擊退。

汴京之戰，宋、金相持了近一個月。北宋軍民在李綱的帶領下，越戰越勇，隨著援軍從四面八方陸續趕來，金兵被迫撤軍，北宋獲得了重大的勝利。

⊙靖康恥

經過半年休整，金天會四年（一一二六年）八月，金兵再次兵分兩路南下：西路由完顏宗翰領兵，攻取太原，東路由完顏宗望率領，從保州（今河北保定）出兵，直逼真定（今河北正定）。

九月，完顏宗翰攻破太原，宋朝守將王稟戰死。真定也很快陷落，知府李邈被俘，不屈而死。金兵順利攻占了慶源府（今河北趙縣）、經恩州（今河北清河）、大名府，並在李固渡過黃河，抵達河陽（今河南孟縣）。黃河南岸的十二萬宋軍，攝於金兵之勢，連夜潰逃。金兵再次順利渡過黃河，直撲汴京。

十一月，完顏宗望抵達汴京城東北的陳橋驛，完顏宗翰也抵達汴京，兩路成功會師。汴京再次告急。

得知金軍二次進攻汴京後，北宋君臣竟將禍事歸咎於李綱等人，竭力打擊主戰派，企圖再次屈膝求和。面對當權者的軟弱行為，北宋京城百姓義憤填膺，汴京城內軍民再次自發組織抗擊金軍。

經過近一個月的激戰，閏十一月初，金軍乘大雪攻破汴京。欽宗皇帝到金營投降。

天會五年（一一二七年）四月，金軍俘虜了宋徽宗、欽宗以及宋廷嬪妃、宗室等三千人，在將宋廷庫藏金銀、絹帛、圖籍、珍寶古玩等劫掠一空後，撤出汴京，班師北還。北宋滅亡。

「大齊皇帝」劉豫

●時間：西元一〇七三～一一四六年
●人物：劉豫

劉豫（一〇七三～一一四六年），字彥游，景州阜城（今屬河北）人，北宋徽宗元符年間進士，曾任殿中侍御史一職。後因多次參奏有關禮制局的事務，引起徽宗不滿，於宣和六年（一一二四年）降為河北西路提刑。金軍大舉南侵時，劉豫畏敵，棄官逃跑。宋高宗即位後，他出任濟南知府。由於戰事頻繁，山東局勢不穩，他要求改到江南任職，被拒，無奈上任。

⊙叛變投敵，劉豫建齊

天會六年（一一二八年），金將完顏撻懶率兵攻打濟南。濟南守將關勝，驍勇善戰，金軍屢次進犯，都被擊退。完顏撻懶設餌誘降濟南知府劉豫，劉豫設計殺害關勝，獻城投降。金軍封為京東、西、淮南安撫使、知東平府兼諸路馬步軍都總管等要職，子劉麟也封為濟南知府。

金國滅北宋之初，由於領土迅速擴張，自身沒有能力全權掌控，加上北宋百姓的反抗此起彼伏，金人曾立張邦昌為楚國皇帝，統治北宋遺民，減少金國的壓力，待時機成熟，再直接統治。然而，張邦昌不久即將玉璽交還康王趙構，趙構繼位後將其貶官、賜死，傀儡政權倒塌。

此時，金國仍不具備統治全部華北地區的能力。因此，仍然需要一個代理皇帝代為統治。天會八年（一一三〇年）三月，完顏宗弼在完成對南宋小朝廷的追擊、回師後，金廷立即商議確立傀儡政權。有兩個人選，一個是劉豫，一個是折可求，都是降金的宋人。折可求於天會七年（一一二九年），以麟、府、豐三州及九堡寨之地投降金軍。

劉豫對做皇帝非常熱衷，加上完顏撻懶為之保奏，九月，劉豫被冊立為大齊皇帝，定都大名府（今河北大名）。劉豫封張孝純、鄭億年等為宰相，弟劉益為大名留守，兒子劉麟為尚書左丞相兼諸路兵馬大總管，正式開始了對「齊國」的統治。劉豫稱金太宗為父，齊與金以父子之禮相待。齊國成了宋、金相持的軍事緩衝地帶。

天會十年（一一三二年），劉豫從大名遷都至汴京。不久，金國又把剛剛占領的陝西地區交給了劉豫。這樣，劉氏父子掌管了金國攻克的黃河以南所有地域。

⊙無德無能，得過且過

由於齊國與金國的特殊關係，宋廷對齊又恨又怕，雖然視為敵國，但是遞國書還必稱為「大齊皇帝」。劉豫的宰相張孝純、鄭億年等人的家眷都在宋境，宋朝卻也優待有加。

金國則將齊國當作一顆棋子，經常作為攻宋的橋頭堡。齊國從此開始了與宋長達八年的戰爭。

天會十一年（一一三三年）正月，宋襄陽鎮撫使李橫率軍北攻齊國，攻占潁昌府，直逼汴京。劉豫急忙向金求救，完顏宗弼親自率軍支援。金、齊聯軍反擊，李橫不敵，連連敗退。齊國乘勢「收復」了舊地，並一路攻占了襄陽六郡等戰略要地。齊國的

歷史詞典

金代書法

在北宋滅亡後，取而代替政權的是金朝，金人入主中原逐漸吸收漢族文化，同時也占領宋朝一半的土地，由於金代政治經濟較穩定，於是繼承宋代之文風，書法亦效法蘇、黃為主，或追求晉唐書風，而無所謂開創性的特色產生。

但值得一提的是金代統治者之一金章宗（完顏璟）對藝術極為喜愛，以擅書畫著名，書法學的是宋徽宗瘦金體，但成就卻無法超越宋徽宗，不過也象徵他重視漢族文化的地位。

金代書法家除章宗較突出外，遵循宋代書風，著名人物有蔡松年、党懷英、吳激、趙秉文、王庭筠、任詢等人，尤其党懷英，以擅長篆書在金代被稱為第一高手。行書方面以王庭筠最有名氣，他是米芾的外甥，書法學自米芾，可以說是金代書壇繼承米芾書風的代表人物。

六駿圖　趙霖　金

此圖有金趙秉文書寫太宗贊辭並跋，稱製圖者為趙霖，然趙氏生卒里籍畫史均無記載，據此一跋，得以傳名。所謂「昭陵六駿」是指唐太宗李世民的六匹戰馬，在唐開國戰爭中，先後為主人乘騎出戰，陷陣摧敵立下了功勞。名字分別是：颯露紫、拳毛騧、白蹄烏、特勒、青騅和什伐赤。李世民登基後，為自己修建陵園，於貞觀十年（六三六年）下詔，將六駿的英姿琢刻於石屏之上，鑲嵌在昭陵北闕，同時親製贊辭，記載馬名、膚色、乘用時間、所負箭瘡和氣格秉賦，以示對六駿的表彰和懷念。此圖從摹畫刻石而來。六馬形象有的巍然屹立，有的延脯緩步，有的奮蹄疾馳，都畫得凝重有力，頗具石刻風味。

勢力達到了頂峰，隨時可以西攻巴蜀，順流直取吳越，對南宋朝廷構成了極大的威脅。

齊國雖然倚仗金國，國勢如日中天，但其內部的治理狀況卻不盡如人意。劉豫嚴刑峻法，橫征暴斂，百姓積怨頗深。為配合金國向華北各地遷徙屯田軍，劉豫強徵各地民夫十餘萬人，組成「皇子府十三軍」。為了壓榨更多的民脂民膏，又下令徵收什一稅。

由於賦稅繁多、沉重，民間怨聲此起彼伏。大臣紛紛上諫，要求停止什一稅，以寬民力。劉豫不以為然，並將進言的侍郎范巽貶官。後終因反對者太多，什一稅制度才不得不取消。在劉豫的統治下，齊國百姓負擔十分沉重，這種狀況直到偽齊政權被廢，金另設立行臺省事才有所減緩。

雙鯉鏡　金

天會十二年（一一三四年）九月，劉豫發兵南侵宋境。金國派完顏宗弼及訛里朵、撻懶等大將率軍五萬支援，結果在大儀鎮遭遇韓世忠埋伏，損兵折將。金兵轉向淮西，又遇岳飛大敗。不久，金太宗病危，金軍無功而返，孤掌難鳴的齊軍也只得退卻。

齊國的存在是為了對抗南宋，為金國的發展、壯大作為緩衝和保障。這一點，劉豫非常清楚。因此，天會

套馬圖　金　佚名

十四年（一一三六年）十月，劉豫再次徵發大軍南下攻宋。但這一次，他沒有得到金國支持。剛剛繼位的金熙宗僅派完顏宗弼屯兵黎陽（今河南浚縣），作為聲援。

劉豫發兵三十萬，號稱七十萬，分三路南下：姪兒劉猊統領東路軍，出渦口，渡淮河攻定遠。子劉麟統領中路軍，由壽春攻廬州。下屬孔彥舟率西路軍，由光州攻六安。

十月初四，劉麟率領的中路軍，在霍丘、正陽與宋軍遭遇，受宋軍牽制。初八，劉猊的東路軍在越家坊被宋將楊沂中擊退。次日，在轉向藕塘鎮打算與劉麟合兵時，再次遭遇楊沂中軍。經過激戰，僅有數人逃脫，數萬人投降，丟棄的舟船、車輛不計其數。齊軍其餘二部聽說東路軍潰敗，紛紛撤退北去。

劉豫在齊國的統治，遭到日益激烈的反抗，加之對南宋作戰頻頻失利，所統治的地區不但沒有緩衝、屏障的作用，反而成了金國的累贅。金國對劉豫已基本喪失了信心，劉豫也因連番失利而忐忑不安，上書金熙宗，藉口請求立兒子劉麟為儲嗣，以試探金國的態度。不出所料，金熙宗淡然回道：「若與我伐宋有功則立之。」

為了能夠維持統治，此後劉豫連年派劉麟出征南伐，但每次都無功而還。已經預感到未來命運的劉豫，試圖向南宋示好，然而想到曾經權傾一時的太師張邦昌，也未能逃脫賜死的命運，只好作罷，從此聽天由命。

天會十五年（一一三七年）十一月，金熙宗派完顏宗弼、撻懶來到汴京，下詔廢劉豫為蜀王，並囚禁在金明池。劉豫的家屬悉數安置到臨潢府，直到劉麟再次起用。前後僅維持了八年的偽齊政權消亡。隨後，金國在汴京設立行臺尚書省，直接管理。原偽齊宰相張孝純權任行臺左丞相輔弼。

白玉透雕鷺鷥穿蓮爐頂　金

白玉質地，有褐色沁。造型為一蓮蓬，下琢兩隻鷺鷥，悠閒自得。刻琢細膩，頗具時代特徵。

【金熙宗改制】

●時間：西元一一一九～一一四九年
●人物：金熙宗

金太宗完顏晟晚年時，一改兄弟繼承制的慣例，立太祖孫完顏亶為皇位繼承人。天會十三年（一一三五年），太宗去世，完顏亶嗣位，即為金熙宗。

金國滅遼與北宋後，占領的區域不斷擴大，這些廣大的土地上混居著契丹、渤海以及大批的漢人。為了鞏固金國的統治，金熙宗順應形勢的發展，不斷改革統治制度。

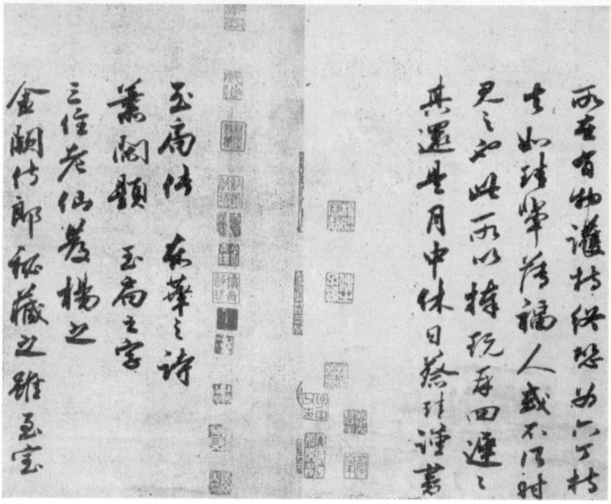

跋蘇軾李白仙詩卷　金　王庭筠

⊙採用新官制

金熙宗首先廢除了女真舊制——勃極烈制度，由三省制度取代，建立起一整套專制的中央集權制度。

金國建立初期，朝廷中樞機構是由出身宗室近親、地位顯赫並具有終身職務的幾名勃極烈組成的會議，是帶有殘餘氏族制特點的貴族議事機構，皇帝倚靠以裁決國家事務。

由於勃極烈貴族會議的職能十分有限，而且擔任勃極烈的宗室大臣職責也沒有明確的分工，因此，很容易造成國家機器的低效和無序運轉。同時，在勃極烈制度之下，國家大事更多取決於參加勃極烈會議的宗室貴族的共同意見，而皇帝有時反而沒有決定的權力。

金熙宗決定改變這一局面。事實上，在金太宗在位的最後一年，就已頒布了「初改定制度」的詔書，準備廢除原有的勃極烈制度。

天會十三年（一一三五年），金熙宗參照唐、宋及遼的模式，首先在中央實行了三省六部制，皇帝之下設三師——太師、太傅、太保，三師位高而無實權，用來安置位尊權重的大臣。在尚書、門下、中書三省之上，又設置領三省事一職，也無實權。通過這一改革，金熙宗分離了軍權和行政權，於是軍政大權悉數收歸中央，舊貴族的勢力被最大限度削弱。

在三省制度中，尚書省是行政中樞機構，中書、門下省的長官均由尚書省官員兼任。尚書省的最高長官稱尚書令，其下設左、右丞相及平章政事。

白玉大雁春水紋帶飾　金

天眷元年（一一三八年）八月，朝廷正式頒行新官制，原有的女真和遼、宋舊官職，均按照新規定統一換授。

這一系列的改革，大大加強了最高統治者的權威，也提高了行政機構的運作效率。它分工明確，直接對皇帝負責，完全成為了皇帝實行君主專制統治的工具。

⊙制定禮儀

新的官制頒布後，金熙宗又著手對朝廷的禮儀制度進行改革。

金國初年，朝野上下都保留著一種淳樸的風尚，君臣之間不是很注重禮儀，尊卑也沒有十分嚴格的界限。

天眷二年（一一三九年）三月，金熙宗命百官制定詳盡周密的禮制。經過近十年的時間，在宗廟、社稷、祭祀、尊號、朝參、車服、儀衛及宮禁等各個方面，都進行了大量的建設。如：宮廷禁地，親王以下者不能佩刀入內。新的朝參禮儀啟用後，每月朔望日為朝參日，餘下為常朝。不論朝參還是常朝，大臣都必須身著漢式朝服，依照複雜的儀式行禮，然後才能奏事等。

新的禮儀制度維護了皇帝至高無上的尊嚴，皇權的威嚴得到了充分的發揮。

⊙繼承方式的轉變

帝位繼承方式的改革，也是金熙宗改制的重要內容。

女真傳統的繼承方式是兄終弟及，從金景祖烏谷迺到金太祖阿骨打，全部都是以這一方式傳承統治權力的。金太宗完顏晟在世時，仍然立弟弟完顏杲為儲嗣。後因完顏杲病逝早夭，作為嫡長孫的金熙宗才得以繼承皇位。

皇統二年（一一四二年）三月，金熙宗立兒子濟安為皇太子，正式確立了父子相傳的皇位世襲制。這一革新，對皇權的加強有極重要的意義。

金熙宗時期的一系列政治改革，對金國的發展產生了巨大的影響。金熙宗以後，直至金國滅亡，這套制度基本上沒有變更，成為金代的定制。

行書七絕詩碑　金　王庭筠

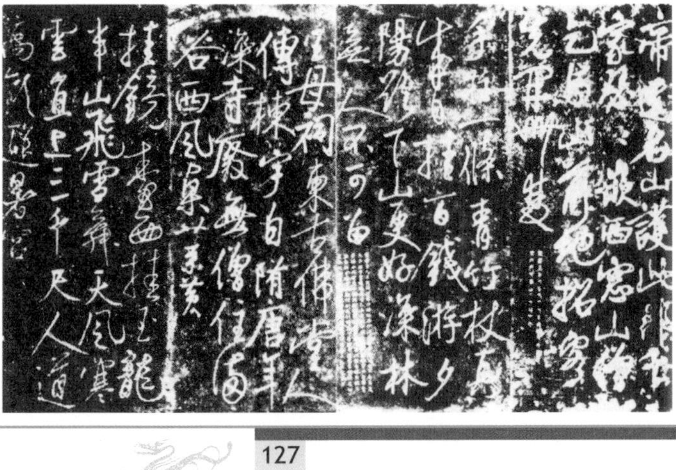

為官為民張中彥

●時間：？～西元一一六六年
●人物：張中彥

所謂寧當太平犬，不為離亂人，在禍亂紛起的年代，個人在大局的裹挾下，往往身不由己。張中彥雖然官至節度使，也難以有堅定的立場，反而受局勢所左右，既受南宋俸祿，又為金朝效忠。但他一生勤政愛民，在亂世中給治下百姓以一隅樂土，雖於大事無補，卻也不失「父母官」的本色。

⊙一生動盪

張中彥（？～一一六六年），字才甫，原籍安定州（今甘肅寧縣），後遷至旅義堡（今寧夏固原西南）。年輕時在宋朝為官，歷任涇原副將、知德順軍事。金睿宗進軍陝西時，張中彥降金，任為招撫使。後跟隨金睿宗攻下宋熙、河、階、成等州，升任彰武軍承宣使兼本路兵馬鈐轄，後又升任本路兵馬都總管。

宋將關師古圍攻鞏州時，張中彥與駐守秦鳳的李彥琦部聯合進攻宋軍。金兵攻破饒風關，取得金、洋等州。金廷任張中彥為興元（今陝西漢中一帶）尹，安撫新歸附的各州。金兵撤回北方後，張中彥代李彥琦任秦鳳經略使，駐軍秦州（今甘肅天水）。

磚雕擊鼓舞蹈童俑　金

秦州地處交通要衝，但城池易攻難守。張中彥將治所遷移至北山，於地勢險要處建築城堡，大大增強了秦州的防禦力。又修建了臘家等城，扼守入川通道。張中彥統帥秦鳳部隊十年，後調任涇原路經略使、知平涼府。

不久，金朝將河南、陝西歸還宋朝，張中彥與兄張中孚一起也回歸宋朝。此前，熙河經略使慕洧謀反，準備叛逃西夏，並伺機侵犯關中、陝西，張中彥與懷慶的趙彬部會合，共同討伐，慕洧兵敗逃入西夏。

到達臨安後，張中彥任龍神衛四廂都指揮使、靖遠軍承宣使、佑神觀提舉、靖海軍節度使。

皇統初年，金兵再次占領河南，

詞人張中孚

張中孚（生卒年不詳）字信甫，號長谷老人。世居安定（今甘肅寧縣），後徙張義堡（今寧夏固原西南）。父張達仕宋至太師，封慶國公。宋徽宗朝，以父蔭補承節郎。弟為張中彥。天會九年（一一三一年）入金，為鎮洮軍節度使兼涇原路經略安撫使，改陝西諸路節制使。天德二年（一一五〇年），拜參知政事。貞元初，遷尚書左丞，封南陽郡王。三年（一一五一年）以疾告老。移南京留守，進封崇王。年五十九卒。

《金史》卷七九有傳。詞存〈驀山溪〉一首：

山河百二，自古關中好。壯歲喜功名，擁征鞍、雕裘繡帽。時移事改，萍梗落江湖，聽楚語，厭蠻歌，往事知多少。蒼顏白髮，故里欣重到。老馬省曾行，也頻嘶、冷煙殘照。終南山色，不改舊時青，長安道，一回來，須信一回老。

況周頤謂：「以清遒之筆，寫慷慨之懷，冷煙殘照，老馬頻嘶，何其情之一往而深也。昔人評詩有云：『剛健含婀娜。』余於此詞亦云。」（《蕙風詞話》卷三）

金朝下詔命張中彥兄弟北歸，任命張中彥為靖難軍節度使，後改任彰化軍節度使、鳳翔尹。後又調任慶陽尹，兼任慶原路兵馬都總管、寧州刺史。

不久，張中彥調任平陽。當時，海陵王準備攻宋，便派使者急召張中彥進京，授予他西蜀道行營副都統制官職，令其先攻取散關。

金世宗完顏雍即位，大赦天下。張中彥受命入朝覲見世宗，世宗將其佩戴的通犀帶賜給他，並進封為宗國公。不久，又任命張中彥為吏部尚書。此後，張中彥又歷任南京（今開封）留守、臨洮尹兼熙秦路兵馬都總管等職。

⊙通曉物理的能吏

據《金史》記載，張中彥多智慧，在船舶、運輸、橋樑等方面都有建樹，甚至堪稱專家。金海陵王正隆年間（一一五六～一一六一年），汴京營建新宮，張中彥負責採運關中

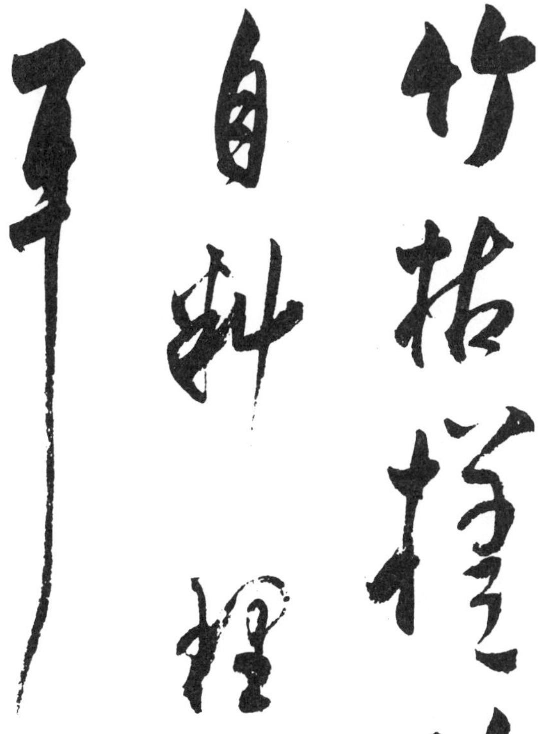

幽竹枯槎圖卷跋　金　王庭筠

磚雕孝子故事　金

木材。巨大的木材以青峰山為上佳，但山高壑深，道路阻絕，一直以來都無法採運。張中彥命人在崖邊鑿出道路，於深谷上架設橋樑，建造了十幾里長的道路直通深山，用車運送木材，如同在平地一般安全、迅速。

又開闢六盤山航道，由水路通往洛陽，使西北山區的航運貫通汴京。

隨後，張中彥又主持在黃河上建設浮橋的工程。初時工匠無法掌握製造橋船的辦法，張中彥親手製作船舶模型。其模型非常精巧，只有幾寸大小，不用膠漆而使用「鼓子卯」黏連，構件頭尾自相連接，其聰明智巧令工匠驚駭歎服。

架設浮橋用的大船建造完成後，需要拖船下水。張中彥又安排就地勢整修河岸，成為斜坡，直達水面，然後用新秫禾密密地鋪在地面上，再用大木在旁邊壓住，建起實用的滑道。督率眾工匠，乘凌晨霜滑，拖船滑行，費力不多，便使船舶順利下水了。

⊙剛正不阿的清官

張中彥任寧州刺史時，金朝的宗室宗淵打死了部屬梁郁。梁郁出身窮苦，無人為他上告，張中彥秉公力爭，終於將宗淵定罪，依法懲處。

其後，在彰德軍節度使任上，他實施有利於平均賦調的徵收制度，使土豪劣紳無法逃避賦稅，其公正廉明深得民眾敬服。

在任金朝吏部尚書時，張中彥

北京房山金代陵墓欄杆雕刻

曾上書：「以前關市只查察而不收稅，現在卻讓掌管關市的人徵稅而不查察。這些人對過往行旅、客商都苛求刁難，甚至打開行囊箱篋，任意搜刮。如此有傷國體，破壞法度，請聖上明令禁止。」這一請求得到了金世宗批准。

一年後，金廷派張中彥出任南京（今開封）留守。當時淮楚地區正在籌備軍事行動，平民與戍守的兵卒混雜居住，各處送上來的訴訟狀紙頭緒紛繁，主管的官員都不知如何應對。張中彥查得戍兵中有偷盜者，一概依法判處。當地的地區指揮官怪他專斷，上奏彈劾，金廷留中不發，不予追問。

張中彥在臨洮尹兼熙秦路兵馬都總管任上時，鞏州劉海作亂失敗，民眾從亂拘留的達數千人之多，他僅殺了幾個為首者。

張中彥在處理民族事務上，向來比較公允，因此具有較高的威信。西羌的吹折、密藏、隴逋、龐拜四族依仗當地地勢奇險，不服金朝的管轄，金廷命侍御史沙醇之與張中彥討論處置方略，張中彥道：「這些羌人服叛無常，我須得親自前去，否則難以妥善處理。」隨即，張中彥前往積石達南寺，會見四族酋長。張中彥與他們約定歸附條件，很快平定了此事。

大定年間（一一六一～一一八九年），張中彥病故於熙秦路兵馬都總管任上，享年七十五歲。去世後，當地百姓罷市哀悼，並立像祭祀。

張中彥一生，在宋朝和金朝皆擔任高官，任上往往竭忠盡智，不乏救民於倒懸之舉，也算是盡忠職守。而且他創製架空道路運輸巨木，開通關洛水道，建浮橋，創「鼓子卯」結構製作船模，創製簡易船舶下水滑道等，都呈現出他高超的智慧，在我國科技史上具有一定的地位。

磚雕孝子故事　金

海陵王完顏亮

●時間：西元一一五〇～一一六一年
●人物：完顏亮

海陵王完顏亮是金太祖的庶長子完顏宗幹的兒子。為人縝密，極有城府。與之同為皇族的完顏亶是完顏宗幹收養的義子，後來繼承皇位。對此，完顏亮一直心懷不滿。

⊙弒君奪位

金熙宗當政之初，銳意進取，勇於改革，對宗室貴族也比較重用。完顏亮是宗幹之子，又自幼一起長大，因此格外受到重視。

皇統七年（一一四七年）五月，金熙宗封完顏亮為同判大宗正事，加特進。十一月，升任尚書左丞相。次年六月，改任平章政事，十一月，晉升為右丞相。

左副元帥印　金

金朝重臣宗翰（粘罕）、宗弼（兀朮）等重臣相繼去世後，皇后裴滿氏干預朝政，操控一切。完顏亮順勢依附了皇后。由於深受皇后賞識，不久即升任都元帥，掌握了金國兵權。金熙宗對完顏亮的趨炎附勢心存不滿，但礙於皇后，也無可奈何。皇統九年（一一四九年）三月，完顏亮再次擢升為太保，領三省事。

由於皇后擅政、大權旁落，加上太子夭折，金熙宗變得日益暴虐，猜忌多疑。心情抑鬱時便借酒消愁，醉後常濫殺無辜。與執政初期判若兩人。皇統八年（一一四八年）冬，熙宗先後殺死了親王、大臣、嬪妃等十餘人，皇后裴滿氏亦未能倖免。

金熙宗的舉動令朝野震驚、駭然，一時間人人自危。熙宗人心盡失，逐漸孤立。朝政也愈發混亂。

九年（一一四九年）四月，翰林學士張鈞在起草詔書時因用詞不當，被熙宗處死。完顏亮由於依附皇后，攀結權貴，在朝中頗不得人心，左丞相宗賢藉機參奏張鈞所為乃完顏亮主使。熙宗一怒之下，將其貶為領行臺尚書省事。

完顏亮出京赴任，早有謀劃的他在路過中京時，即與中京留守蕭裕約定，當他在河南起兵舉事，蕭裕則結納猛安軍接應。

完顏亮行至燕京南良鄉時，金熙宗一紙詔書召還上京。完顏亮驚懼不已，以為事情敗露。回京後，熙宗授其平章政事之職，繼續留京。

處於惶恐中的完顏亮，不久即召集了曾被熙宗杖打過的右丞相秉德、

延伸知識

金代的后妃制度

金制基本沿用唐制：元妃、貴妃、淑妃、德妃、賢妃，正一品。昭儀、昭容、昭媛、修儀、修容、修媛、充儀、充容、充媛曰九嬪，正二品。婕妤，正三品；美人，正四品；才人，正五品；各九員，曰二十七世婦。寶林，正六品；御女，正七品；采女，正八品；各二十七員，曰八十一御妻。

按《金格》，貞祐后之制，貴妃下有真妃，淑妃下有麗妃、柔妃，而無德妃、賢妃。九嬪同。婕妤下有麗人、才人為正三品。順儀、淑華、淑儀為正四品。尚宮夫人，尚宮左夫人、尚宮右夫人、宮正夫人、寶華夫人、尚儀夫人、尚服夫人、尚寢夫人、欽聖夫人、資明夫人為正五品。尚儀御侍、尚服御侍、尚寢御侍、尚正御侍、寶符宸侍、奉恩令人、奉光令人、奉徽令人、奉美令人為正六品，司正御侍、寶符御侍、司儀御侍、司符御侍、司寢御侍、司飾御侍、司設御侍、司衣御侍、司膳御侍、司藥御侍、仙韶使、光訓良侍、明訓良侍、遵訓良侍、從訓良侍為正七品。典儀御侍、典膳御侍、典寢御侍、典飾御侍、典設御侍、典衣御侍、典藥御侍、仙韶副使、承和良侍、承惠良侍、承宜良侍為正八品。

尚書左丞相唐括辯、大理卿烏帶等人，密謀廢除金熙宗。

十二月初九晚，三人串通好給事寢殿小底大興國、近侍護衛十人長僕散忽土等人，於寢殿中刺殺了金熙宗。

完顏亮自立為帝，改元天德，降封金熙宗為東昏王。

大同華嚴寺壁畫　金

⊙初承大統，血腥殺戮

由於完顏亮是通過宮廷政變取得的帝位，因此一直心有顧慮，擔心有人也會效仿弒君行徑。因此，繼位後便大肆殺戮，把所有認為會威脅帝位的人悉數趕盡殺絕。一起發動政變的右丞相秉德、左丞相唐括辯等首先被殺。

早在完顏亮準備密謀篡位之前，秉德及唐括辯便已密謀造反。由於完顏亮即皇帝位主要受護衛十人長僕散忽土等人的擁戴，而非秉德等人之意。因此，完顏亮一旦登基執政，必先除之而後快。

天德二年（一一五〇年）四月，烏帶密告秉德等人有謀反之意。完顏亮遂將秉德貶為領行臺尚書省事。不久，又將其殺害，秉德之弟特里、颱里也全部誅殺。隨後，大臣蕭裕等又告發太傅宗本、唐括辯等人參與謀反，準備改立宗本。完顏亮得知，藉

雙魚紋銅鏡　金

銅鏡直徑十八公分，背面鑄有海水雙魚，繞鏡鈕游泳。女真人的發祥地河流眾多，雙魚銅鏡是深受女真人喜愛而具有地方特色的用品。金朝宮廷內的「鏡舞」就是由舞者執魚紋銅鏡起舞。

口召宗本打球，將其處死，隨即又殺死唐括辯。

為了斬草除根，完顏亮大興殺戮，打擊皇室宗親，殺完顏宗翰子孫三十餘人，殺太宗子孫七十餘人，以及宗室五十餘人。

掌控大權的將士及眾多女真貴族，同樣讓完顏亮心有餘悸。於是，先將大權在握的左副元帥撒離喝調任行臺左丞相，駐軍在外；命撻不野為右副元帥前往汴京，分奪軍權。撒離喝父子隨後被誣告謀反，完顏亮藉機清除。

在除去諸多手握實權者後，完顏亮開始鎮壓大批不服從的女真貴族，進一步鞏固地位。

海陵王完顏亮的殘暴嗜殺，令朝野談之色變。這種極端的做法，雖然為他掃清了即位後進行大刀闊斧改革的障礙，也令曾經繁盛一時的金室宗族，凋零殆盡。

⊙滿腹經綸，革新政治

完顏亮自幼博覽經史，滿腹才學。由於深受漢學影響，在施政方針上，和熙宗一脈相承。

在用人方面，大膽起用漢人、契丹人及渤海人，即使如三師、宰執、尚書令等重要職位也不例外。完顏亮在大力殺戮女真貴族的同時，大量吸收了其他民族的優秀人才加入其統治行列。這一做法，打破了自阿骨打建國以來，朝廷大權皆為女真宗室貴族所壟斷的局面，也積極促進了女真族的漢化。

完顏亮繼位的第二年，即著手廢除了熙宗時設立的行臺尚書省，把原來汴京行臺尚書省所管轄的河南、山東地區劃歸中央直轄，使政令統一於朝廷。同年，又廢除了都元帥府，改置樞密院主管軍事。由於樞密院受制於尚書省，樞密使不直接統兵，因此，其權力被大大削減。

與此同時，完顏亮並對軍制進行了整改。熙宗在位時曾把猛安謀克分成上中下三等，以宗室貴族為上等。完顏亮執政後，取消了原先規定，以降低宗族在猛安謀克中的地位。隨後，下詔罷廢女真貴族的世襲萬戶之職，進一步限制宗親顯貴的權勢。

⊙棄女真故地，遷都燕京

完顏亮在位期間最重要的改革措施是遷都燕京。

金國都城原在上京會寧府，是女真族帝業肇始之地。完顏亮認為金國日漸強大，已是一個有著橫跨長城南北，擁有北方無數地區的大王朝，仍舊蜷縮在祖業舊地非常不合時宜。

因此，在控制了女真舊勢力之後，完顏亮頒布了求言詔書，命內外公卿、庶民百姓上書建策。於是，多人上書提議，上京遠處一隅，作為王朝的統治中心多有不便，應遷都燕京（今北京）為宜。

得知皇帝有遷都意向後，朝中許多大臣，尤其女真舊貴族紛紛表示反對。在他們看來，上京有旺盛的「帝氣」，支撐著國家長盛不衰，況且上京是祖宗的根基所在，故土難離，不能輕言放棄。對於異議，完顏亮沒有理會。

天德三年（一一五一年）四月，完顏亮下詔遷都，並選派尚書右丞相張浩主持新都城燕京的修建工作。張浩仿照漢人的都城宮室修建新都：宮殿九重，內外三十六殿，樓閣規模宏大，皇帝居中，皇后居後，內省在東，妃嬪在西。

新都城的修建工程花費了三年時間，貞元元年（一一五三年）三月二十六日，金正式遷都燕京。

由於「燕」曾是先秦諸侯國之名，因此新都城改名為中都。同時，將遼中京大定府改為北京，汴京改為南京。加上遼陽府的東京和大同府的西京，五京之制齊備。

都城南遷後，金國的政治中心從女真族故地轉移到了中原漢人居住的地區，不僅有利於加強對中原地區的控制，更重要的是由於中原地區的文化水準較高，對於金的發展，尤其是女真族的漢化有著重要意義。

為了徹底斷絕女真貴族的故土之戀，完顏亮遷都後即在中都營建陵墓，把太祖、太宗的靈柩從上京遷至中都安葬，並於十月間將上京的舊宮殿、女真貴族的舊宅邸、寺院等夷為平地。

這些舉措既沉重打擊了守舊的女真貴族，同時也表明了完顏亮誓同女真舊制決裂的決心。遷都後的完顏亮，在熙宗改制的基礎上，繼續加強改革的步伐，對中央官制、科舉制度等陸續進行了相應的調整。

完顏亮的改革，為金國的持續發展建立了良好的基礎。從此，金國進入了極盛時期。

白瓷小口黑花罐　金

罐高三十一公分，口徑五公分，底徑十一公分。器形優美，釉色瑩潤，在白瓷地上以黑點點綴花草，圖案多樣，極富情趣，為金代瓷器中的佳品。

海陵王之死

●時間：西元一一六一年
●人物：完顏亮

海陵王完顏亮自登基之初，就打算有朝一日南下江南，進而統一海內，建立強大的王朝。正隆四年（一一五九年）冬，完顏亮派遣翰林侍講學士施宜生出使宋朝，隨派一名畫工跟隨前往。回朝後，畫工將所繪的臨安圖獻上。面對風光如畫的江南美景，完顏亮無限嚮往，並題詩云：「萬里車書一混同，江南豈有別疆封。提兵百萬西湖側，立馬吳山第一峰。」充分顯示了完顏亮統一中原的夙願。

⊙南下伐宋，勞民傷財

海陵王統治時期的金國，尚不具備統一中國的條件。因此，完顏亮南侵宋朝的主張一經提及，便立即招來朝廷內外的一片反對之聲。

尚書令耨碗溫都思忠再三勸諫，完顏亮十分惱怒，本想殺他，但念其是四朝元老，德高望重，勉強作罷。左丞相張浩婉言進諫規勸，完顏亮施以杖刑。太醫使祁宰也上疏諫奏，並詳細分析了當時的南北形勢以及金國的內部狀況，說明宋不可伐，若伐必敗。完顏亮看後大怒，下令在鬧市斬首，並沒收全部家產。

太后徒單氏也不贊成南伐，認為連年開戰，國力受損，需要休養生息。暴怒的完顏亮竟殺死太后，並焚燒屍骨，棄之於水。此舉令朝野震動，從此再也無人敢上疏勸諫。

當時，金國現有的兵力尚不能滿足南下伐宋的需要，完顏亮下令在全國調集：諸路猛安謀克軍，凡二十歲以上、五十歲以下者，悉數編充入伍。有的兵士兄弟幾天都在軍中，家中雙親年邁體衰，請求留下一人照顧，也未獲許。

各地猛安謀克共徵發了二十四萬人，主要為女真、契丹人，按照體力強弱分為二：壯者為正軍，弱者為隨從士卒。一名正軍配備一名士卒。此外，並徵集了大量漢軍。

徵兵的同時，完顏亮又下令收編騾馬。此令一出，民間蓄養的牲畜幾乎搜刮一空。由於徵收來的騾馬過多，沒有充足的飼料，完顏亮就命放養在民間尚未收割的田地中，完全不顧百姓的生計。

為了進一步充盈軍資，為南侵準備，完顏亮下令預徵五年的租賦，百姓一片怨聲載道，社會危機日益嚴重。

完顏亮為南侵所做的另一項重要準備，是營建新都南京（汴京）。為了便於南侵，完顏亮預訂把都城從中都遷至南京，為此，早在正隆三年（一一五八年）冬，就命左丞相張浩和參知政事敬嗣暉營建南京宮室。張浩認為，中都剛剛建完，民力尚未恢復，不宜再大興土木。完顏亮不以為然，張浩和敬嗣暉只得從命，並按照完顏亮之意，將南京尚存的原宋室宮殿全部拆除，再行動工。

六年（一一六一年）初，南京營建完畢，新建的宮室殿堂極其華麗，耗費民力無法計數。

當為南侵所作的各種準備基本就緒後，完顏亮動身前往南京。為了不引起宋朝懷疑，他特別告訴宋使徐度，準備於近期巡幸南京，此行別無他意。

六年（一一六一年）二月，完顏亮將尚書省、樞密院等中央主要機構遷往南京，只剩下少數官員留守中都。

⊙揮師南下，萬劫不復

正隆六年（一一六一年）九月，金軍分四路南下，一路從海上直取臨安，一路從亳州、宿州取淮泗，另外兩路則分別取荊襄和四川。水陸並進，企圖一舉滅宋。

十月，完顏亮率金軍進攻壽春（今安徽壽縣），逼近淮河北岸。

宋高宗起用老將劉錡為淮浙西制置使，領兵抵禦。劉錡已經年邁，身患重病。副帥王權則怯懦畏敵，不敢迎擊。

十月初九，完顏亮率大軍強渡淮河，王權連夜逃往昭關避難。由於守將不戰自退，金軍如入無人之境，不到半月，先後攻占了真、廬、揚、和

善化寺

歷史詞典

金界壕

金界壕由東北向西南貫穿興安盟全境，是一項規模宏大的古代軍事防禦工程，又稱金長城或兀朮長城，是金朝為防禦逐漸強盛的蒙古族部落而修築的防禦工事體系。

始建於金太宗天會年間（一一二三～一一三五年），章宗承安年間（一一九六～一二〇〇年）完成。起於呼倫貝爾盟莫力達瓦達斡爾族自治旗的嫩江右岸，止於巴彥淖爾盟河套平原，全長數千公里。

其構築別具一格，壕牆相輔，就地取材，挖取土方翻於內側，夯實築牆，牆高五～六公尺。界壕由外壕、主牆、內壕、副牆組成，寬三十～六十公尺，主牆每六十～八十公尺築有馬面，每五～十公里築一邊堡。現殘牆一般高一．五～二．五公尺，壕牆和與之相輔的邊堡舊址清晰可見。

長城又分舊長城和新長城，舊長城建於太宗天會年間，全長七百公里，新長城動工於世宗大定年間，竣工於承安三年，全長近五千公里。興安盟境內有內、外線與支線等四條。

等州，直達長江北岸，與淮東的劉錡軍隔岸相持。受淮西金軍的牽制，加上宋高宗退守大江的詔令，劉錡不得不一退再退，先後退出淮陰、揚州，撤守長江南岸的鎮江。

宋廷為了挽救危局，解除王權的副帥職務，改任李顯忠為都統制，並派中書舍人虞允文為隨軍參謀，前往長江采石犒慰駐軍。

到達采石後，虞允文立即和眾將研究長江的軍事部署，根據雙方兵力的差異，進行了調整：命步兵和騎兵列陣隱蔽在岸邊灘頭高地的後面，命江面水軍分成五隊，一隊作為主力停泊在大江中流，兩隊分作東西兩翼配合主力，另外兩隊隱蔽在附近的港灣內，作襲擊和援助之用。

十一月初八，完顏亮親自指揮大軍強渡長江。先派部分水軍做試探性進攻，見宋軍沒有動靜，以為可以如渡淮一般長驅直入，便親自揮旗，頂著江風，率幾百艘戰船從楊林渡口出發。

善化寺

善化寺俗稱南寺，是全國重點文物保護單位，位於山西大同城內西南隅。始建於唐，玄宗時稱開元寺。五代後晉初，改名大普恩寺。遼末保大二年（一一二二年）大部毀於兵火。金初，該寺上首圓滿大師主持重修，自天會六年（一一二八年）至皇統三年（一一四三年）凡十五年始成。元代仍名普恩寺，並頗具規模。《元史》記載，曾有四萬僧人奉元世祖忽必烈之命在此寺集會，作佛事活動。明代又予修繕，正統十年（一四四五年）始更稱今名善化寺。寺亦為官吏習儀之所。全寺占地面積約兩萬平方公尺，整個佈局唐風猶存。主要建築沿中軸線坐北朝南，漸次展開，層層疊高。前為山門，中為三聖殿，均為金時所建。

戰船快到岸邊時，金軍意外發現岸邊高地之後竟隱藏著宋軍陣勢整齊的隊伍，驚訝不已。前七十餘艘戰船勉強靠岸，部分金兵登陸，後面大部分戰船由於行動不便，又不熟悉水道，一直在江中飄搖。登陸的金兵全部被宋軍消滅，停泊於江中的其他戰船被宋軍水師截斷，金軍大敗，退回楊林渡口。

次日，金軍捲土重來。虞允文搶先封鎖了渡口，引弓箭手放箭，射殺金兵無數。隨後，宋兵在渡口放火，燒毀金軍戰船三百餘艘。金軍受重創，被迫向淮東轉移，打算與揚州、瓜州的軍隊會合。宋軍早有防備，先於金軍在長江佈控。金軍無隙可乘，準備撤軍北還。

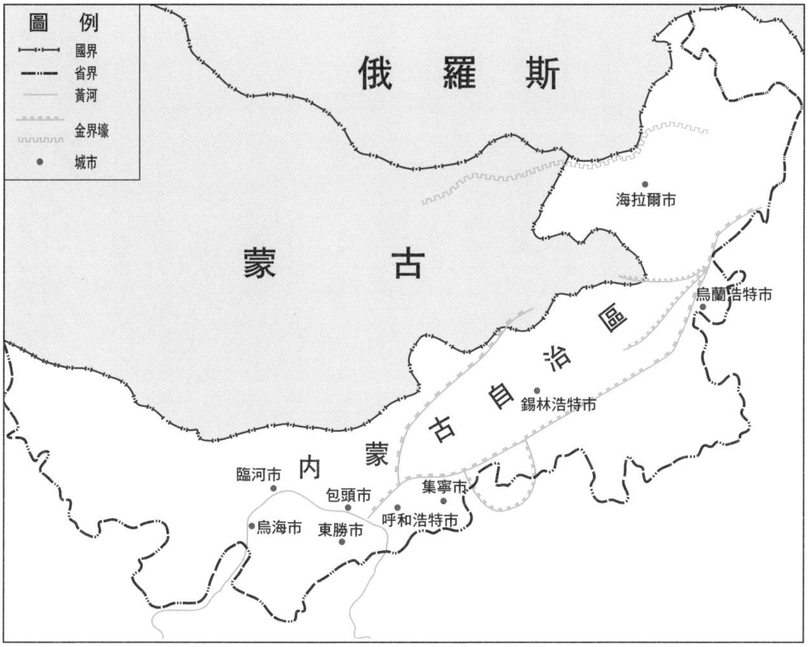

金界壕分佈圖

此時，留守東京的完顏雍早已被兵變的將士擁立為帝。完顏雍繼位後，立即發布檄文，公告完顏亮的種種罪行，並廢為海陵庶人，同時派兵阻斷其歸路。完顏亮無路可退，只得繼續出兵，準備破釜沉舟，孤注一擲。

十一月二十六日，完顏亮集中兵力，勒令將士第二天從瓜州強渡長江，並嚴令後退者斬。對岸宋軍士氣高漲，佈防嚴密，強渡希望渺茫，金軍進退兩難。

得知完顏雍已在遼陽稱帝，完顏亮廢為庶人，軍中人心思變，士兵成群逃亡。兵部尚書兼浙西道兵馬都統制完顏元宜等乘機發動兵變。二十七日清晨，完顏元宜率領將士攻擊完顏亮的營帳，混亂中，完顏亮被亂箭射死。

完顏亮死後，金世宗完顏雍下旨賜其諡號為「煬」，準備葬於大房山鹿門谷諸王墓地間。由於完顏亮生前不得人心，朝臣都反對葬於諸王墓地，於是改遷至離墓地西南四十里處的平民墳塋下葬。

【金宋之戰】

●時間：西元一一二八～一一二九年
●人物：完顏宗弼

金國建立後，頻頻向外發動戰爭。繼遼國滅亡後，又發起了對宋的攻擊。金太宗天會五年（一一二七年），北宋滅亡。隨後，金為進一步掠取中原，先後數次南下，向宋發起大舉進攻。

天會六年（一一二八年），金軍發兵進逼揚州，宋高宗逃往江南，金軍占領建康府。

八年（一一三〇年），金軍撤兵，遭遇宋將韓世忠堵截，在黃天蕩被圍困四十餘天，才得以解圍，南宋隨即收復建康。同年，宋金發生川陝之爭，宋軍不敵，在富平慘敗。金的作戰方針自此也發生了轉變，由全面進攻改為東守西攻，集中力量進攻川陝，控制長江上游，計畫從西北進軍，迂迴包圍南宋。

⊙兵敗仙人關

金軍在攻克陝西後，準備進兵四川。宋軍失利，退守和尚原等地，憑險設防，阻止金軍入川。

天會八年（一一三〇年）冬，宋川陝宣撫司都統制吳玠鑑於和尚原與後方距離遙遠，擔心軍糧不繼，難以持久，便率守軍主力退屯仙人關，控制入川的隘口。吳玠依山據險，在仙人關右修築了堡壘「殺金坪」，與仙人關互為依託。

次年冬，金軍元帥左都監完顏宗弼（兀朮）攻占和尚原，守將吳玠之弟吳璘率軍退屯階州。吳玠又在仙人關險峻之處設置第二道防線。

十二年（一一三四年）二月，完顏宗弼與陝西經略使完顏杲（撒離喝）、偽齊四川招撫使劉夔在鳳翔府（今陝西鳳翔）、寶雞等地，集結十萬大軍，進攻仙人關，準備以此為突破口進軍四川。

金軍在仙人關北的鐵山鑿崖開道，順嶺東下，直奔「殺金坪」。金軍在「殺金坪」紮營四十餘座，與宋軍對壘。退守階州的吳玠聞訊，立即率部趕來增援。二月二十七日，金軍進攻仙人關，被吳玠軍擊退。隨後，金軍架砲數十座攻擊宋軍防線，並架

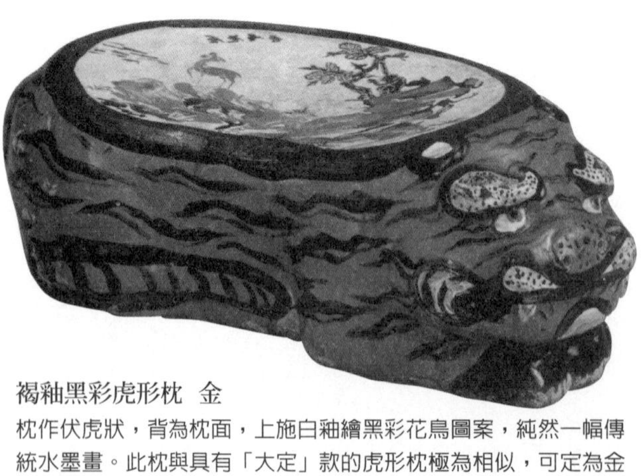

褐釉黑彩虎形枕　金

枕作伏虎狀，背為枕面，上施白釉繪黑彩花鳥圖案，純然一幅傳統水墨畫。此枕與具有「大定」款的虎形枕極為相似，可定為金代產品。

延伸知識

金代交鈔

金貞元二年（一一五四年），朝廷接受蔡松年的建議，恢復鈔引法，開始發行交鈔（紙幣）。

早期的交鈔與銅無不可以自由兌換，既可以「納錢換鈔」，又可以「納鈔換錢」，故其幣值比較穩定，「商賈利其齎遠」常常前來換領到遠方行使用權。先是七年為限，到期換領新鈔，舊的作廢。後來取消期限，長期使用，破爛以後即可換領新的。這在紙幣史上是一大進步。

到金代晚期，由於政治、軍事及經濟等各方面原因，對發票子失去了控制，通貨膨脹，民不聊生，變成「專經交鈔愚百姓」。到金朝快滅亡時，落到「百金唯易一餅」的地步，鈔票形同廢紙，「市肆晝閉，商旅不行」，不數月而國亡。

吹笛童俑

起三百座雲梯強攻「殺金坪」營壘。宋軍在吳玠的率領下，用砲石、長槍、撞桿對抗。雙方展開激烈對抗。

完顏宗弼久攻不下，於是將軍隊一分為二，親率精兵進攻東側，驍將韓常則率另一路人馬襲擊西側，輪番與宋軍廝殺。宋軍退守至第二道防線，金軍接踵而至，金兵身披重甲，鐵鉤相連，魚貫而上。宋軍以強弓勁弩還擊，將其擊退。

三月，完顏杲集結兵力攻打營壘西北樓，縱火焚燒樓柱。宋軍持長刀、大斧左右衝殺，再次將其擊退。當晚，吳玠乘金軍疲憊，在四面山頭燃起火把，鼓聲震天，率精銳部隊分兵兩路衝入金營。激戰中，韓常受傷，金軍死傷數萬。

次日，金軍準備改道七方關、白水關入川。宋軍識破，吳玠暗派精兵迂迴敵後偷襲，金軍潰敗，傷亡慘重。

完顏宗弼在仙人關接連受挫後，被迫撤軍，吳玠乘勝追擊，收回了鳳州、隴州以及秦州等失地。

五月，宋朝大將岳飛反擊，成功收復襄陽府等地。

九月，完顏宗弼與偽齊政權合兵進犯西淮，遭遇岳飛、韓世忠軍抗擊。不久，金太宗病危，金軍再次撤退。

⊙順昌失利

天眷二年（一一三九年）秋，完顏宗弼發動政變。撕毀剛剛訂立的宋金和約，殺死主持和議的大臣，總攬軍政大權，並於次年五月向南宋發動全面進攻。完顏杲率軍進陝西，孔彥州取開封，王伯龍進軍陳州，李成下洛陽，完顏宗弼親率主力直奔亳州、順昌府。

此時，南宋新任東京副留守劉錡率領八字軍和殿軍三萬餘人，正在赴任途中。經水路到達順昌（今安徽阜陽）時，劉錡得知金軍已經攻占東京開封，且前鋒距順昌只有三百里。他與知順昌府陳規商議，決定在順昌府就地堅守。宋軍情緒高漲，「男子備戰守，婦人礪劍」，企盼與金軍決一死戰。

五月二十五日，金軍大將韓常和翟將軍的兵馬首先到達順昌城外，在城北三十里外的白沙龍渦安營紮寨。韓常派出數十名騎兵涉過潁河，潛至順昌城下探聽消息。劉錡設下埋伏，活捉了兩名騎兵，探聽到金軍的情況。當晚，劉錡派遣千餘名士兵偷襲敵營，金軍不防，傷亡數百人。

二十九日，金軍包圍順昌城。劉錡大開城門，四面出擊，城上的守軍與衝鋒陷陣的將士配合作戰，先以弓箭射退金軍，再乘勝追擊。金軍大敗，士兵多半掉入河中溺死。當晚，天降大雨，宋軍五百人趁雨勢再次偷襲金營。金軍亂作一團，士氣大傷。

六月，完顏宗弼大軍到達順昌城下，再次團團圍住。宋軍在潁河上游和城外草叢中撒播毒藥，金軍人馬紛紛中毒，戰鬥力大大削弱。宋軍趁勢分派部隊輪番出城擾陣，金軍不敵，死傷近兩萬人，被迫退至城西紮營休整。由於一直天降大雨，宋軍又不斷襲擾，金軍人心惶惶，不得安寧，完顏宗弼無奈，六天後引兵撤離順昌城。

⊙郾城潁昌之敗

順昌之戰後，金軍退回東京，宋將岳飛乘勝北征，準備收復中原。

天眷三年（一一四〇年）閏六月，岳飛先後收復潁昌、陳州、鄭州、洛陽等重鎮。金軍的東西聯繫被切斷，形勢緊張。完顏宗弼為了扭轉戰局，利用岳家軍一路北上、孤軍深入之際，親率一萬五千騎兵，奔襲岳飛駐地郾城，企圖一舉摧毀岳家軍的統帥機構，粉碎其北征計畫。

七月，金軍進至郾城，紮營列陣。岳飛探明金軍情況，命岳雲率部與金軍接戰，再令驍將楊再興出擊。雙方激戰之際，岳飛親自披掛上陣，射殺金兵無數，宋軍士氣大振。

完顏宗弼見久戰不決，派出身披重甲的「鐵浮圖」、「拐子馬」精騎師參戰。岳飛早有準備，派步兵持提刀、大斧入陣，砍斫馬足。金軍再次陷入被動，從午後戰至天黑，傷亡慘重，完顏宗弼整合殘部倉皇撤離。

郾城失利後，完顏宗弼耿耿於懷。不久，又率軍攻打與郾城、潁昌相鄰的臨潁城。然而，金軍再次遭到岳家軍的猛烈進攻，只得退守東京。

南宋朝廷並沒有乘勝追擊，而是於皇統元年（一一四一年）與金達成和議。此後，雙方在力量相當的情況下，維持了一段較長時期的穩定局面。

⊙短暫的宋室北伐

泰和六年（一二〇六年），南宋寧宗當政，主戰派的伐金論調甚囂塵上。總攬軍政大權的韓侂胄在沒有做好充分準備的情況下，貿然發起北伐。雖然聲勢浩大，但由於諸將不諧，很快便敗退，金軍乘勢南下。宋廷迫不得已，殺了韓侂胄，再一次求和。

⊙女真的沒落之役

隨著北方蒙古的崛起，金與蒙古的衝突不斷升溫，金國國力衰退，已大不如前。

為了彌補戰爭中的損失，金廷於興定元年（一二一七年）分兵攻打南宋的川陝、荊湖地區，均被宋軍擊退。

興定三年（一二一九年）正月，金國以僕散安貞為統帥，分兵三路，傾全力在西自川陝東至江淮的廣大地域，向南宋發起全面進攻。但沒過多久，金軍在大安軍（今陝西寧強西北）、棗陽（今屬湖北）、濠州（今安徽鳳陽）等地相繼失利，全線進攻南宋的計畫徹底破滅。

宋金戰爭前後持續了百年之久。最初，金國處於上風，意氣風發，戰事連連告捷，直至滅亡了北宋。後期，由於戰線的拉長、拓寬，諸多問題逐漸暴露。隨著金國鼎盛時期的衰逝，輕取偏安一隅的南宋，占領南北江山，最後成了一個永遠都無法實現的夢想。

陶版四件　金

建築構件。泥質灰陶，正方形，版面分別刻有武士與夔鳳紋。人手持兵器，雙目圓睜，神態十分生動，此器對研究金代陶器具有很重要的參考價值。

完顏宗弼

●時間：?～西元一一四八年
●人物：完顏宗弼

完顏宗弼（?～一一四八年），女真名為斡啜，又作兀朮、斡出、晃斡出。金太祖完顏旻第四子。曾多次參與滅遼、滅北宋的戰爭。皇統八年（一一四八年）病逝。是宋金對峙時期傑出的軍事家和政治家。

⊙出身皇族，恰逢亂世

完顏宗弼是金太祖第四子，自幼便跟隨阿骨打起兵反遼。生長於亂世的完顏宗弼，從小深受異母兄宗峻、宗幹、宗望、宗輔等的影響。他們均是金軍的重要將領，驍勇善戰，在這些人的薰陶下，完顏宗弼逐漸成長為一位傑出的將領。

天輔五年（一一二一年）十二月，金太祖發動第二次大規模對遼戰爭，完顏宗弼初次披甲，隨從叔父完顏杲出征。

六年（一一二二年）正月，金軍攻打遼中京（今內蒙古赤峰寧城）。在一次偷襲遼天祚帝的行動中，完顏宗望帶領宗弼率少數兵馬，在青嶺遭遇遼兵。激戰中，宗弼弓箭用盡，便奪過遼兵的槍，刺殺八人，生擒五人，顯示其過人的本領。

⊙搜山檢海，一戰成名

金滅北宋後，趙構逃往南方，建立了南宋。

天會六年（一一二八年）七月，金太宗派遣完顏宗輔南下，追擊逃往揚州的宋高宗。宗輔從河北出發，完顏宗弼為先鋒，先後攻占濮州（今河南濮陽附近）、開德（今河南濮陽）、大名等地。

隨後，宗弼進軍歸德（今河南商丘），在城壕上架起火砲，城中守軍不戰而降。金軍一路過關斬將，沿途宋軍非敗即降。在長江北岸重鎮和州（今安徽和縣），宗弼又大敗宋將酈瓊萬餘守軍。

在采石磯渡口，金軍遭到宋知太平州郭偉的阻擊，一連三日均不得渡。宗弼調轉兵鋒，轉向馬家渡，大敗守軍，斬殺宋統制陳淬。

十一月，宗弼率軍渡江，進至江寧以西二十里處，擊敗宋將杜充率領的步兵、騎兵六萬人，宋將陳邦光率江寧府投降。

接著，宗弼分派諸將攻打附近的城池，自己則統率大軍直奔臨安府（今浙江杭州）。宋高宗驚聞臨安不守，便直奔明州（今浙江寧波）。宗弼派阿里、蒲盧渾為先鋒，領精兵四千追襲宋高宗，又派訛魯補、朮列速取越州，擊敗宋將周汪部。阿里連破宋軍，渡過曹娥江，逼近明州，宋高宗急忙登船逃往海上。

宗弼隨後率軍趕到，輕取明州城。阿里、蒲盧渾渡海至昌國縣（今浙江舟山島），俘虜了宋明州太守趙伯諤，得知宋高宗已取道溫州逃往福州，又入海追擊。金軍南下不久，不慣水戰，又受到宋海上水軍的阻擊，被迫退兵。

八年（一一三〇年）二月，宗弼搜山檢海已畢，帶著從江南各地掠奪的大量金銀財物沿運河北還。臨行前，還將臨安古城付之一炬。

在不到兩年的時間裡，完顏宗弼領兵追擊趙構，攻城略地，多次大敗宋軍，直把趙構逼往海上遁逃，在金軍中建立了較高的威信。

⊙屢敗屢戰，名將本色

在對宋作戰的十餘年中，完顏宗弼與宋軍名將韓世忠、吳玠、岳飛等多次交鋒，各有勝負。即使在困頓的戰況中，往往百折不撓，展現了一個統帥的魅力。

天會八年（一一三〇年），完顏宗弼離開臨安北還，在鎮江焦山、金山之間被韓世忠的水師攔截。完顏宗弼乘夜色潛至金山龍王廟偵察，險被韓世忠伏兵所俘。此後，雙方在長江上展開激戰，金軍多次受宋軍重挫。

金軍溯江而上，韓世忠沿江追擊，且戰且行，將金軍逼進死港黃天蕩。金軍十萬人馬進退無路，受困長達四十日。後來鄉人指點，一夜之間鑿通老鸛河故道三十里，方才逃出。撤退至建康（今南京），又遭岳飛阻擊，又折返黃天蕩。

金軍再次遭遇韓世忠水軍，宋軍憑藉艦船優勢，再一次獲勝。完顏宗弼出榜招賢，尋求破敵之計。

四月二十五日，天氣晴朗，江上無風，金軍趁時出擊，採用火攻，大敗宋軍，得以渡江北歸。

黃天蕩之戰，金軍既不熟悉環境，又不習水戰，一直處於劣勢，完顏宗弼及時收集情報，聽取當地人的

歷史詞典

名醫劉完素

劉完素，約生於宋大觀四年（一一一〇年），卒於金大安元年（一二〇九年），字守真，自號通元處士。金河間（今河北省河間縣）人。因而，後人有以出生地稱呼為劉河間者。

劉氏很重視《內經》理論，特別對五運六氣很有研究。一生著有很多書，以《素問玄機原病式》《宣明論方》為代表作。後人尊稱為金元四大家之一。

劉氏對熱性病和其他雜病的治療，有很豐富的經驗。在學術上，倡導「六氣皆從火化」的學說。在治療上，主張降心火，益腎水，善於用清涼解毒的方藥。故後世稱他為「寒涼派」的創始人。

由於劉氏醫術高明，在人民群眾中有較高的威望，金朝統治者也施用了籠絡手段，前後三次以高官厚祿想要收買，都遭到了他的拒絕。

劉氏活了九十歲，始終都勤奮工作，晚年並著有《素問病機氣宜保命集》一書。一生共著有近十部醫書，影響後世醫學發展甚巨。

劉完素像

意見，最終反敗為勝。但宋軍水師的威力也讓他心有餘悸，從此主張不再南下攻宋。

天會八年（一一三〇年）秋，自江浙回軍不久的宗弼，又和宗輔一起轉戰陝西。在「富平之戰」中，宗弼以少勝多，擊敗張浚、吳玠，占領了陝西五路大部分地區。

次年冬，宗弼率部入川，再次與吳玠、吳璘兄弟相遇，大戰於和尚原（今陝西寶雞西南）。此役，金軍大敗，損失兵將過千，宗弼也受了箭傷。

十二年（一一三四年）冬，宗弼率部突襲，一舉拿下和尚原。此後，宗弼進取仙人關，半路又遭吳氏兄弟重創，無奈退往秦中。

宗弼見力戰吳氏兄弟無法取勝，遂以智取。利用宋高宗軟弱畏戰的心理，於皇統元年（一一四一年）致書宋高宗，要求宋廷召還吳氏兄弟，並許諾「所有淮上大軍，使至日諸道班還」。高宗大喜過望，詔令吳氏兄弟不可再與宗弼作戰，宗弼不戰而勝。

自天會八年（一一三〇年），宗弼從臨安北返遭岳飛阻擊開始，兩人接連在藕塘、潁昌等地多次交鋒。郾城之戰中，完顏宗弼賴以成名的「拐子馬」被岳家軍以麻札長刀打敗，主力受挫。在朱仙鎮又大敗於岳軍，完顏宗弼不禁長歎：「撼山易，撼岳家軍難！」

面對幾乎從未戰勝過的岳家軍，完顏宗弼利用南宋朝廷對岳飛的猜忌，再施反間計。宋高宗自毀長城，殺掉岳飛。完顏宗弼得以長驅直入，渡淮河，破泗州、濠州等地。

皇統二年（一一四二年）二月，金逼南宋朝廷簽訂不平等的「皇統和議」，南宋向金稱臣，輸納歲幣銀、絹。

⊙出將入相，安邦治國

完顏宗弼不但是一員難得的軍事統帥，也是一位有遠見卓識的政治家。

天眷二年（一一三九年），完顏宗磐和完顏宗固先後被殺。皇統元年（一一四一年），完顏宗弼升為左丞相兼侍中，仍任都元帥，領行臺尚書省事。宗弼總攬軍政大權，積極支持金熙宗改革。

金朝奪回河南、陝西後，行臺尚書省從燕京遷至汴京，主要掌管原偽

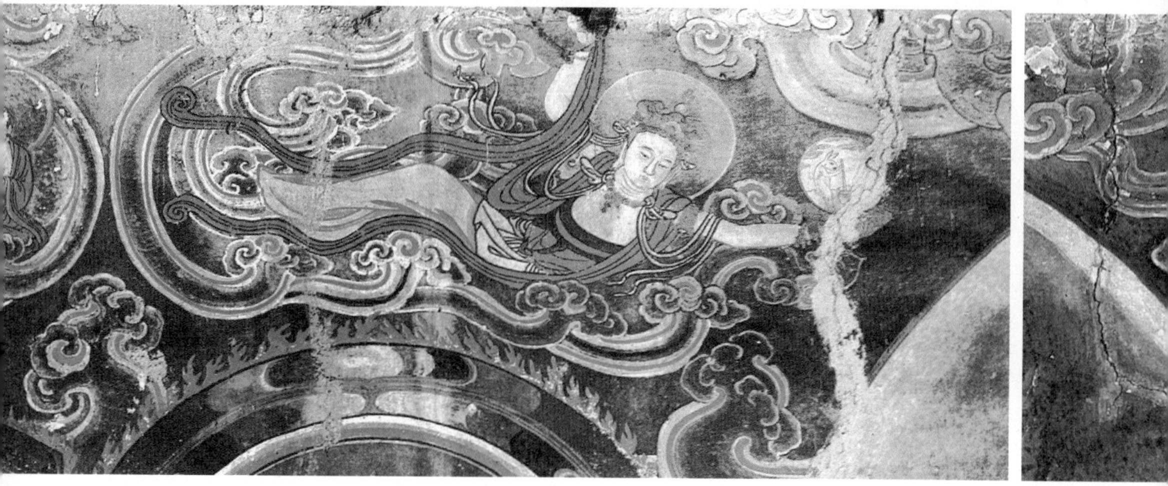

華嚴寺飛天壁畫　金

齊統治地區。宗弼革除偽齊弊政，採納范拱建議，減舊稅三分之一，百姓得以休養生息。又令原偽齊諸軍將士解甲歸田，人心大悅。

在選任官吏方面，宗弼亦有過人之處，先後選拔任用了蔡松年、曹望之、許霖、張之周等人，這些人後來都成為理財名臣。

這些積極措施的施行，使北方社會經濟得以恢復。

宗弼扶植的漢官，大多數是原宋朝舊臣，與金初重用的原遼朝漢官韓企先、孟浩、田瑴等人不諧。皇統元年（一一四一年），宗弼返京師，任蔡松年為刑部員外郎，開始在朝廷扶植新漢官集團。

皇統六年（一一四六年），右丞相韓企先病卒，田瑴被宗弼排擠出朝。次年六月，又藉故殺田瑴、奚毅等多人，孟浩等三十四人亦被指為同黨，遷徙海上。宗弼扶植的新漢官集團取代了舊漢官集團，也進一步推進了熙宗改革。

《金史．宗弼傳》這樣讚道：「宗弼蹙宋主於海島，卒定畫淮之約。熙宗舉河南、陝西以與宋人，矯而正之者，宗弼也。宗翰死，宗磐、宗雋、撻懶湛溺富貴，人人有自為之心，宗幹獨立，不能如之何。時無宗弼，金之國勢亦曰殆哉。世宗嘗有言曰：『宗翰之後，惟宗弼一人。』非虛言也。」

可見，完顏宗弼確實功勳卓著，尤其是在開國元老或死或叛、政局不穩之時，獨撐危局，使金朝順利度過難關。

後人評論往往從宋朝的角度出發，認為他是使南宋人民陷於戰火的主凶，尤其是設計害死民族英雄岳飛，更是罪大惡極。

其實，從金國的角度來說，完顏宗弼的所有勝利和計謀都是為國分憂，是金國史上的民族英雄。我們站在省視歷史的角度上，應該摒棄狹隘的歷史觀，正確給予一個客觀的評價。

明君金世宗

●時間：西元一一六一～一一八九年
●人物：金世宗

金世宗完顏雍（一一二三～一一八九年），女真名為烏祿，是金太祖完顏阿骨打的孫子。完顏雍自幼生長在上京，十三歲時父親完顏宗輔去世，由母親撫養長大。完顏雍性情沉靜平和，自小受母親教誨，飽讀詩書，具有很高的漢學修養。另外並擅於騎射，富於謀略，倍受國人愛戴。

⊙海陵王南下，世宗登基

海陵王完顏亮當政時期，對宗室異常顧忌，從不委以重任，並暗中監視。完顏雍為了保全自身，將大量的奇珍異寶獻給了海陵王，以此打消疑忌。但是完顏亮仍不放心，命心腹高存福任東京副留守，偵察他的動向。

羅地繡花鞋 金

正隆六年（一一六一年）九月，完顏亮揮師大舉南下侵宋，國內反戰情緒空前高漲。西北、東北均陸續爆發了契丹農牧民的叛亂，並很快攻陷韓州（今遼寧鐵嶺）、占據咸平（今遼寧開原附近），繼而將矛頭直指東京。

完顏雍於是打造兵甲，以作戰備。高存福見完顏雍有所舉動，立即上奏完顏亮，言其圖謀不軌。完顏雍得到消息，想到完顏亮殺太后等貴族的種種殘忍之舉，十分緊張。心腹謀士李石建議，先殺東京副留守高存福，然後起兵。

十月，完顏亮部下完顏福壽由於不願攻宋，途中譁變，率部二萬折回東京，並殺了高存福，擁戴完顏雍繼位。

完顏雍登基後，改元大定，是為金世宗。即位之初，時局極不穩定，西北的契丹叛亂如火如荼，與南宋的戰爭也在進行中。想要建立一個穩固的統治局面，必須採取一系列新的措施。

⊙統治初期

金世宗根據當時的形勢，決定首先結集重兵鎮壓契丹農牧民叛亂。

大定元年（一一六一年）十二月，契丹亂軍首領窩斡稱帝，建年號天正，率眾轉戰於臨潢府與泰州（今吉林洮南一帶）之間，聲勢浩大，屢創金軍。

二年（一一六二年），金世宗任僕散忠義為平章政事兼右副元帥、紇石烈志寧為元帥右監軍，統率諸軍，傾其精銳鎮壓窩斡。

六月，雙方在花道、裊嶺一帶決戰，金軍大獲全勝。八月，金軍再次取勝。金世宗在鎮壓的同時，不斷派使者招撫誘降。契丹亂軍中的大將軍斡里裊、猛安七斤、蒲速越等人先後降金。

鎮壓契丹叛亂後，金世宗下詔廢除契丹猛安謀克，編入女真猛安謀克中。參加的契丹人陸續遷徙至女真內地，與女真人雜處，接受女真官員統治。不久，河北、山東、河東等路北方各族的叛亂亦相繼平定，統治秩序很快恢復。

雖然國內的形勢穩定了，但對外戰爭尚未停止。金世宗吸取海陵王窮兵黷武的教訓，撤編遣散為南侵而強徵的兵士，僅在邊界屯兵十萬。為了能盡快與宋休戰，世宗再派使者與宋和談。

當時值南宋孝宗當政，南宋朝野急於收復失地，金世宗期盼和談的理想破滅。

大定三年（一一六三年），南宋發兵北伐。金調派左丞相僕散忠義、左副元帥紇石烈志寧率兵反擊，宋軍連敗。五月，大戰於符離（今安徽宿縣），宋軍慘敗，宋孝宗被迫遣使求和。十一月，

延伸知識

全真教

全真教又稱全真道或全真派，金代興起的北方三個新道派中最大和最重要的派別，因創始人王重陽在山東寧海自題所居庵為全真堂，入道者稱全真道士而得名。

全真教創建於金大定年間（一一六一～一一八九年）。全真教是後期道教最大的派別之一，元代以來與正一派一起延續至今。全真教三教合一的思想非常鮮明，這是其重要的特徵之一。

全真教仿效佛教禪宗，不立文字，在修行方法上注重內丹修煉，反對符與黃白之術，以修真養性為正道，以識心見性、除情去慾、忍恥含垢、苦己利人為宗。

全真教規定道士必須出家住道觀，不得蓄妻室，並制定了嚴格的清規戒律，這一點和正一道很不相同。

得醫圖壁畫　金

坐龍　金

阿城縣會寧府遺址，為金上京，這件銅龍即出土于該遺址。龍呈後肢伏地的躬身蹲坐姿態，這種靜坐姿態的龍，通常只出現在建築物等的飾件中。龍的造型較粗放，尖吻，張口露齒，鬃毛向後飄揚，左前足直立踏地，右前足上抬，以足爪扶按雲朵，姿態呆滯，具有地方造型特色。

和議基本達成。

大定五年（一一六五年），雙方正式議定：宋向金稱姪，每年給付歲幣二十萬兩，帛絹二十萬匹。此後三十年間，雙方沒有再發生大的戰爭。

⊙大定治世

局勢陸續穩定後，金世宗開始在國內進行大刀闊斧的革新。

首先在用人上，金世宗採取了兼容並包的方針，不論曾受過海陵王重用還是曾經反對後又降附者，也不論是女真貴族、漢人還是渤海人，只要有才能，均一視同仁，予以任用。如海陵王當政時的尚書令張浩，仍封為太師、尚書令。紇石烈志寧、白彥敬等人在鎮壓契丹叛亂時，曾謀劃攻擊完顏雍，降服後，世宗愛其將才，不計前嫌，仍令統兵，委以重任。

耀州窯鴨蓮水丞　金

高五．二公分，敞口，弧壁，鼓腹，圈足。器外體滿施青黃色釉，腹部採用刻花之技法，繪水波游鴨，其圖案紋樣與宋代相比已趨於簡化。

金世宗在位三十年，重用宗室貴族七人，非宗室女真人十五人，漢族十四人，契丹、渤海二人，切實做到了唯賢是舉，人盡其才。

在政治制度上，金世宗基本沿襲了海陵王時的成制，只是在施政方針上作些相應的變更。海陵王崇尚吏治，剛愎自用，金世宗則施行寬政，虛心納諫。多次下詔，命內外大小官員上書直言，為其選拔人才出謀獻計。

金世宗在前朝的職官、禮儀制度基礎上，做了進一步修訂。海陵王時尚書省宰執為七人，世宗增設為九人，並恢復海陵王廢除的平章政事一職。

在文化上，金世宗摒棄前人某些做法，兼容並蓄，既不拋棄女真文化，又利用吸收漢文化，以提高女真民族的文化水準。

在經濟方面，金世宗也做了一定程度的改革。為促進農業生產發展，在平定契丹叛亂、結束對宋戰爭後，大量撤編裁軍，令其歸農。由於海陵王時期苛捐雜稅多如牛毛，民生艱難，世宗實行輕傜薄賦與民休息的政策。遇到災年，則免除租稅，減免勞役。

與宋議和後，金陸續恢復並增設了與南宋、西夏的榷場，確保了國內經濟、貿易的穩定發展。

這些政策的頒行，深得人心，統治集團內部的關係很快理順，混亂的局面逐漸結束。世宗統治期間，政局穩定，經濟也得到了較快的發展，倉廩充實，人民生活安定，文化開始走向繁榮。

大定二十九年（一一八九年）正月，金世宗病故於中都福安殿，終年六十七歲。章宗時謚為聖明仁孝皇帝，葬於興陵。

明昌之治

●時間：西元一一八九～一二〇八年
●人物：金章宗

金章宗完顏璟（一一六八～一二〇八年），女真名麻達葛，是金世宗的嫡孫。十一歲的時候，即封為金源郡王。師從太子侍讀進士完顏匡、徐孝美學習女真語言文字及漢學經書。

大定二十五年（一一八五年），金世宗皇太子完顏允恭病逝，完顏璟以嫡孫的身分被確定為皇位繼承人。其後，陸續擔任判中都大興府事、尚書右丞相等職，參與朝政。次年，立為皇太孫。

大定二十九年（一一八九年）正月，金世宗去世，完顏璟即位，是為章宗。章宗在位二十年，為金國的發展和繁榮努力不懈。

⊙謹守祖治，宇內小康

金章宗生長在金國的盛世時期，自幼對祖父的文韜武略耳濡目染，加之對儒家文化的融會貫通，即位後，在繼承祖父治國方略的同時，極力效仿北魏孝文帝的漢化改革方式，不再因循祖父的兼融並蓄的做法。

大定二十九年（一一八九年）二月，剛即位的章宗便著手解決歷史遺留的奴隸問題。金國的奴隸地位極其低下，不僅要向國家納稅，又要向寺院納租。隨著社會經濟的發展，奴隸制的存在已成為制約生產發展的嚴重障礙。章宗經過一系列努力，使絕大多數的奴隸變成了平民。不久，金章宗又下令減少民間地稅的十分之一，有的地方甚至減少十分之二。

除了解決民生問題，金章宗又根據現狀，對金國猛安謀克進行整改。猛安謀克是女真人獨具特點、重要的軍事制度，在金國開疆拓土、滅遼伐宋的過程中不可忽視。然而，隨著昇平日久，猛安謀克不務正業和自由散漫等問題逐漸暴露。章宗吸收世宗的一些措施，削奪猛安謀克的世襲制特權，並淘汰了一批庸碌無能者。

隨著金國的國力蒸蒸日上，部分官制也不再適應形勢的發展。章宗陸續設立許多新的機構，如學校處、提刑司等，又一進步完善法制建設。這些措施有效安定社會、鞏固政權、發展經濟，以及維護統治集團的利益。

金章宗的德政，繼承於世宗並發揚光大，取得了卓越的成就。明昌二年（一一九一年），金國庫存金、銀數量大幅度增加，財政收入亦不斷提高。

隨著經濟的高速發展，人口數量亦達到了巔峰：明昌六年（一一九五年），金國境內的女真、契丹、漢戶比世宗大定二十七年（一一八七年）增加了一百萬餘戶，近千萬人。

「治平日久，宇內小康」，金國迎來了鼎盛時期。

⊙不可避免的衰落

金章宗是一位較有作為的皇帝，然而，主要作為都呈現在文治上。他大力扶持漢學，倡導儒家思想，重視教育、科舉。這種以仁治國的理念，將祖父金世宗所開創的大定盛世延續了幾十年，並贏得了「宇內小康」的讚譽。

然而，國內的權力之爭仍然沒有消除，邊患也持續不斷。

十三世紀初，北方的蒙古族崛起，不斷和金發生戰事，南宋也不斷發動對金戰爭，金軍一次次遭受重創。

在戰爭頻仍的同時，國內天災人禍亦接踵而至。自大定二十九年（一一八九年）到明昌五年（一一九四年），金國境內黃河三次決口，氾濫成災，百姓屢被水患，或死難，或逃亡，無數人背井離鄉。

由於戰爭不斷，軍費開支日巨，朝廷的賦稅收入不堪重負，便大量發行紙鈔和鑄造貨幣，幣制陷入極度混亂之中，給社會經濟造成了巨大的損害。百姓貧困交加，蒙古鐵騎不斷滋擾，金朝由極盛不可避免地走向衰亡。

歷史詞典

泰和律議

《泰和律議》是金朝法制建設中最具成就的一部法典，金章宗時期制定，以《唐律疏議》為藍本，並取《宋刑統》的疏議加以詮釋，篇目與唐律相同，共十二篇三十卷，但內容有所不同。

內容共計五百六十三條，包括：祠令四十八條，户令六十六條，學令十一條，選舉令八十三條，封爵令九條，封贈令十條，宮衛令十條，軍防令二十五條，儀制令二十三條，衣服令十條，公式令五十八條，祿令十七條，倉庫令七條，廄牧令十二條，田令十七條，賦役令二十三條，關市令十三條，捕亡令二十條，賞令二十五條，醫疾令五條，假寧令十四條，獄官令一百零六條，等等。

《泰和律議》是金代常行的法典，但由於金代戰事頻繁，法律在實際生活中並未正常貫徹執行。

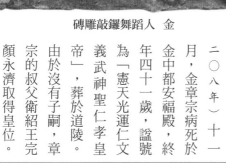

磚雕敲鑼舞蹈人　金

泰和八年（一二〇八年）十一月，金章宗病死於金中都安福殿，終年四十一歲，謚號為「憲天光運仁文義武神聖仁孝皇帝」，葬於道陵。由於沒有子嗣，章宗的叔父衛紹王完顏永濟取得皇位。

【宣宗南遷】

●時間：西元一二一三～一二三四年
●人物：金宣宗

金代宣宗遷都汴京的歷史事件，史稱貞祐南遷。金朝經過章宗短暫的盛世之後，經衛紹王，至宣宗，國勢日趨衰弱，統治階層內部衝突不斷。成吉思汗統率蒙古軍發動對金國的戰爭，為苟延殘喘，宣宗遣使向蒙古軍求和，並不顧群臣反對，南遷汴京，使金國向滅亡的深淵又邁進了一步。

⊙權奸篡權，宣宗繼位

金宣宗完顏珣（一一六三～一二二四年），女真名吾睹補，金世宗之孫，宣孝太子完顏允恭庶長子。完顏珣自幼受漢族傳統教育，讀儒家經史，喜作詩文，性格「寬仁大度」，好學又善談論，經常和文學之士交遊，賦詩飲酒。十八歲時，封溫國公，加特進。大定二十九年（一一八九年），進封豐王，加開府儀同三司，累判兵部、吏部，判彰德軍（後升爲府，今河南安陽）等職。章宗時進封翼王、邢王、昇王，賜名從嘉。

至寧元年（一二一三年）八月，權右副元帥紇石烈執中（胡沙虎）和黨羽發動政變，弒衛紹王。丞相徒單鎰等人以完顏珣為世宗長孫，勸執中立他為帝。

九月，完顏珣至中都即帝位，改元貞祐，是為金宣宗。金宣宗的性格和南唐後主李煜頗多相似之處，都是「合格的文人」，而非稱職的君主。因其受儒家學說影響較深，往往成為後世「金因推行儒道而滅亡」的註腳。

⊙懦弱闇昧，消極議和

金宣宗生性懦弱，無力整頓朝綱，朝中權臣柄政。他對弒殺衛紹王的紇石烈執中，不但不予以處置，反而信任有加，拜為太師、尚書令兼都元帥，封為澤王，朝政完全操縱在這位權臣手中。

貞祐元年（一二一三年）十月，蒙古軍兵臨中都城下，元帥右監軍朮虎高琪率軍迎戰，兩次戰敗。出戰前，紇石烈執中曾警告朮虎高琪，如若戰敗將拿他問罪。朮虎高琪擔心被罪，於是鋌而走險，自率亂軍入中都，包圍紇石烈執中宅第，將其殺死。

事發後，金宣宗不但赦免朮虎高琪的罪責，更任命為左副元帥，拜平章政事，後來甚至官至尚書右丞相。朮虎高琪為相後，把持朝政，作威作福，任人唯親。如此擅權，卻深得宣宗信任。宣宗屢稱要繼世宗之志，結果恰好相反，金朝陷入更深的衰亂之中。

面對蒙古軍隊的強大攻勢，金宣宗放棄抵抗，執行投降、議和路線，即位後立即遣使向蒙古厚賄求和。

貞祐二年（一二一四年）三月，金

宣宗與蒙古達成和議，條件是：金向蒙古獻納童男女各五百名，繡衣、御馬三千件、匹，大批金銀珠玉，並以完顏永濟之女岐國公主送歸蒙古汗。

和議達成後，感到金國尚有較強防禦能力的蒙古軍暫時退兵，中都解圍。

⊙避戰南遷，金國中衰

中都雖然解圍，金宣宗認為離蒙古軍太近，隨時可能遭受攻擊，於是以國都破舊，資金和資源缺乏，中都無法長期駐守為由，決定遷都南京開封府（今屬河南）。

朝中官員和太學生都力陳不可遷都，認為中都是金國的根本，棄而南遷，北方諸城必將缺乏援助，兵力不足，同時士氣大跌，屆時無法抵禦蒙古軍的進攻。即使定要遷都，遼東和關中都比開封理想，可以憑藉險要的

延伸知識

金代耀州窯

從考古發掘出的金代耀瓷標準看，釉色以薑黃色青釉為主，也有黑釉、醬色釉和白釉黑花。瓷器的燒造相當多採用了砂圈疊燒工藝。金代耀瓷紋飾多為各種折枝花卉，其次還有水波、嬰戲牡丹、摩年望月等。

總體說來，耀州窯在金代是北方青瓷製作中心，而此時的南宋龍泉窯，由於在製作工藝上進行了改革，將北宋龍泉青瓷的石灰釉改進為石灰鹼釉，並利用釉在高溫燒造過程中黏度大，不易流動等特點，採用多次施釉和素燒的工藝，燒製出有青玉般光澤和翡翠般美麗的粉青、梅子青釉。龍泉粉青、梅子青釉的燒製成功，標誌著中國青瓷的生產至此時已達到爐火純青的地步，成為除官窯瓷器之外民窯青瓷之冠。

金代耀州窯青瓷的生產與南宋龍泉窯相比雖無新的成就，但耀州窯在此時卻創燒了一種中國陶瓷史上絕無僅有的釉層肥厚瑩潤、釉色淡青泛白的月白釉瓷器，從釉的外觀看，月白釉與龍泉的粉青、梅子青釉一樣都屬於石灰鹼釉，釉中鉀、鈉等鹼性元素的含量增加，鈣含量減少，只是鐵含量比龍泉青瓷低，因而呈現白色，故有月白釉之稱。

金中都水關遺址

平林霽色圖　金　佚名

形勢，充分做好防禦工作，然後徐圖進取。

然而，金宣宗一意孤行，五月十一日，下詔南遷。十八日，宣宗與六宮倉促離開中都，南經涿州、易州，到達南京，留尚書左丞相兼都元帥完顏福興、尚書左丞抹撚盡忠輔太子完顏守忠駐守中都。

這一南遷，大大動搖了民心，也增強了蒙古的戒心。七月，成吉思汗以金遷都違約，再度發兵南犯。貞祐三年（一二一五年）五月，蒙古軍攻克中都，進兵南京。

⊙國失重心，禍亂紛起

南遷後，金宣宗以重兵屯駐河南，鞏固汴京的防禦，不顧北方州縣的安危，大失人心。駐守在東北的金朝將領和漢族貴族為了保存自己，降附蒙古。

貞祐二年（一二一四年），錦州（今屬遼寧）張鯨、張致兄弟聚眾十餘萬叛金，殺節度使自稱為王，木華黎率蒙古軍攻入東北後，投降蒙古。

契丹人耶律留哥叛金，與蒙古軍聯結，自稱遼王，成為蒙古軍攻占東北地區的先鋒軍。

貞祐三年（一二一五年），女真人遼東宣撫蒲鮮萬奴叛金獨立，建立大真國，改元天泰，稱天王。金朝在東北的統治隨之分崩離析。

南遷後的金宣宗在避蒙古軍的同時，又盲目向南方擴張，連續發兵攻宋，企圖剽掠南宋以彌補蒙古軍入侵造成的損失。這一緣木求魚式的軍事行動，不但分散了北面抵抗蒙古的兵力，而且進一步帶給南宋人民無法彌補的傷害，完全失去了金宋攜手抗蒙的可能性。哀宗時，宋拒絕金的和議，最終聯蒙滅金即證明了此點。

宣宗南遷也加重了山東、河北等地百姓的負擔，進一步激化了衝突，高舉抗蒙抗金大旗的紅襖軍風起雲湧，聲勢浩大。紅襖軍以山東楊安兒、李全等為中心，很快席捲河北、河南、山西等地。雖然在宣宗的鎮壓下，紅襖軍屢遭重創，但各地勢力前仆後繼，連綿不斷，使金朝僅存的一點兵力也消耗殆盡，再也難以有力抗擊蒙古軍。

元光二年（一二二四年），金宣宗去世，金朝北方防線全面崩潰，蒙古鐵騎轟然南下，國內統治階層分裂不斷加劇，人民反抗又不斷削弱金朝的統治基礎，內外交困之下，金朝迅速走向衰亡。

《金史》這樣評論宣宗南遷：「再遷遂至失國，豈不重可歎哉！」這次南遷徹底關閉了金朝中興的大門，開啟了走向滅亡的道路。

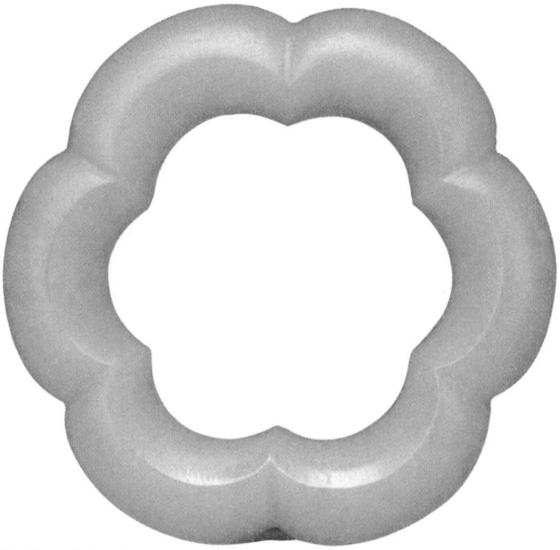

花瓣形玉環　金

玉環白玉質，外徑四．九公分，內徑三．七公分。環作六瓣狀，正面外緣為圓雕微凸起脊，脊內的緣向裡凹，邊緣有銳感，背面平光。此玉環於一九八〇年出土於北京丰台區王佐金代烏倫古墓。

《趙城金藏》

《趙城金藏》以中國第一部木刻版漢文大藏經《開寶藏》和少部分《契丹藏》為底本，歷時二三十年完成。因刻於金代，後供養在趙城縣（今屬洪洞縣）廣勝寺，每卷卷首又加刻廣勝寺刊刻的《釋迦說法圖》，該經書被稱為《趙城金藏》。全世界保存下來的金代全藏刻書極少，全藏約七千卷左右，六千多萬字，其他流傳下來的金代藏經僅有十幾卷，而這部《趙城金藏》約留存四千五百餘卷，較為完整，又是傳世孤本，因而被視為稀世瑰寶。

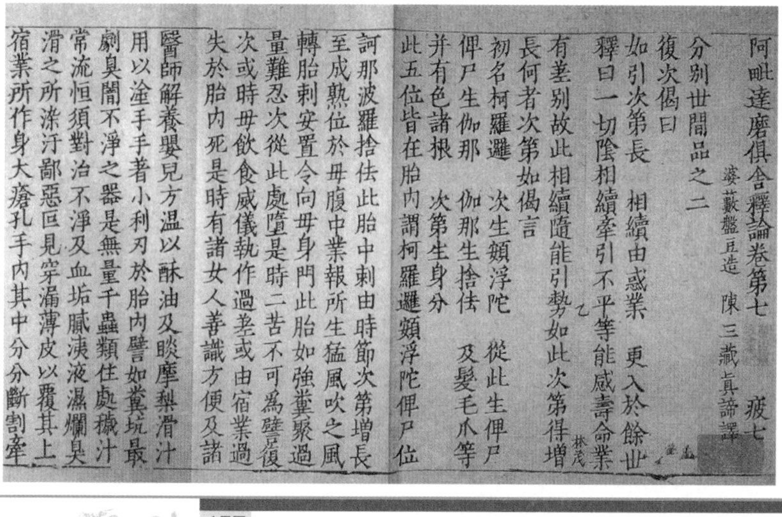

阿毗達磨俱舍釋論卷第七　疲七
婆藪盤豆造　陳三藏眞諦譯
分別世間品之二
復次偈曰
如引次第長　相續由惑業　更入於餘世
釋曰一切陰相續牽引不平等能感壽命業
有差別故此相續隨能引勢如此次第得增
長何者次第如偈言
初名柯羅邏　次生頞浮陀　從此生俾尸
俾尸生伽那　伽那生捨佉　及髮毛爪等
并有色諸根　次第生身分
此五位皆在胎內謂柯羅邏頞浮陀俾尸伽
訶那波羅捨佉此胎中剌由時節次第增長
至成熟位於母腹中業報所生猛風吹之風
轉胎剌安置令向母身門此胎如強糞聚過
量難忍次從此處墮是時二苦不可爲譬復
次或時母飲食威儀執作過差或由宿業過
失於胎內死是時有諸女人善識方便及諸
醫師解養嬰兒方溫以酥油及睒摩梨滑汁
用以塗手手著小利刃於胎內譬如糞坑最
劇臭闇不淨之器是無量千蟲類住處穢汁
常流恒須對治不淨及血垢膩洟液濕爛臭
滑之所涂汙鄙惡叵見穿漏薄皮以覆其上
宿業所作身大瘡孔手內其中分分斷割牽

紅襖軍事件

●時間：西元一二一一～一二二五年
●人物：楊安兒　李全　彭義斌　劉二祖

金朝後期，外有蒙古軍南侵，內部則孕育著大分裂，內外交困，處於分崩離析的邊緣。而金朝廷在山東、河北等地長期向漢人搜刮土地，腴田沃壤盡入權要勢家，黑暗的統治激起人民憤怒和反抗，終於引發了較大規模的紅襖軍事件。紅襖軍不是一個統一的武裝集團，而是多部獨立作戰且時有配合的民眾武裝。因成員主要來自自耕農、佃戶、驅丁（金章宗爲適應女眞族改革而釋放奴隸，但仍保留處於農奴地位的驅丁，金末良民被掠爲驅丁是比較普遍的現象）和下層商販，又都以身穿紅衲襖為標誌，故統稱作「紅襖軍」。

紅襖軍各部中，以益都楊安兒、濰州李全、泰安劉二祖、密州方郭三、真定周元兒、膠西李旺、兗州郝定等部實力較強，最多時達數十萬人，影響很大。紅襖軍除少部分投宋或降蒙古，大部分最終被金軍殘酷鎮壓。

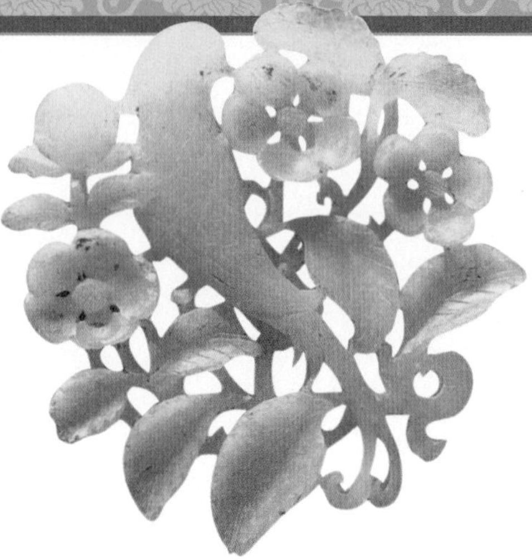

白玉花鳥佩　金

⊙益都楊安兒等舉事

楊安兒，益都（今山東青州）人，本名楊安國，原為販賣鞍材的商人，人稱楊鞍兒，遂自名楊安兒。

金章宗泰和年間（一二〇一～一二〇八年），楊安兒聚眾起事，後降金，曾任刺史、防禦使等職。大安三年（一二一一年），蒙古軍包圍中都，楊安兒受命領兵戍邊，行至雞鳴山時逃回山東，再次起兵抗金，攻打莒州、密州等地。

貞祐和議之後，金宣宗集中兵力，以精銳部隊「花帽軍」鎮壓山東各地的民軍。在益都城東，楊安兒被金宣招使僕散安貞擊敗，轉而進攻萊陽，金萊陽守將徐汝賢以城投降。繼而，登州刺史耿格開城迎降紅襖軍。

楊安兒聲勢大振，便稱帝設官，建號天順，進而攻下寧海，進兵濰州。部分女真貴族的家奴也參加了楊安兒軍。

不久，楊安兒部在僕散安貞與沂州防禦使僕散留家、安化軍節度使完顏訛論等合兵攻擊下，損失慘重，重鎮萊州被攻陷，主要將領徐汝賢等被殺，耿格、史潑等降金。楊安兒與部下汲政等乘舟入海，準備退至岠嵎山（今山東棲霞東北）。船夫曲成受金軍財誘，引導金軍襲擊楊安兒，楊安兒墜水身亡。部眾轉由其妹楊妙真統率。

延伸知識

《大金國志》

記述金代史事的紀傳體史籍，四十卷，題宋宇文懋昭撰。全書紀二十六卷，開國功臣一卷，文學翰苑二卷，楚國張邦昌錄和齊國劉豫錄各一卷，冊文等一卷，天文、地理、制度、風俗等七卷，許奉使行程錄一卷。

據書中所涉及的內容分析，該書應是偽託宇文懋昭之名，雜採諸書，排比而成。進書表稱宋端平元年（一二三四年）正月十五日上該書，而本月十日金亡國，五天時間當然不能草成進獻。

撰者既為宋臣，而對宋事毫無避諱，也是明顯的問題。書中對宋、金兩國直書其號，而稱元朝為「大朝」，元使為「天使」，元兵作「大軍」，頗似元人著述。其間〈文學翰苑傳〉二卷，顯然脫胎於元好問所著《中州集》小傳。卷四十〈許奉使行程錄〉又取自宋徐夢莘的《三朝北盟會編》。

總之，該書是綴集諸書而成，編者當係元中葉書鋪中人。在編纂體例上有冗雜失次，輕信偽書的缺陷。儘管如此，該書將金太祖完顏旻至哀宗共一百一十七年金國事蹟裒集彙次，保存了不少史料。所載制度、服色等或為他書所不載。可與《金史》相參考，是研究金史的重要著作。有掃葉山房、國學基本叢書等印本。

楊妙真號四娘子，生性勇悍，善於騎射，有「梨花槍天下無敵手」之稱，與劉福等收集殘部數萬人，於馬鬐山安營紮寨，構築城池，建立抗金根據地，成為金人進攻南宋的障礙之一。後與李全軍會合。

今莒南縣東北方與莒縣交界處尚有馬鬐山（又名磨旗山）紅襖軍舊址。馬鬐山海拔六百多公尺，綿亙數十里，狀如奔馬。

⊙濰州李全等事件

李全，濰州（今山東濰坊）農民，善使鐵槍，人稱李鐵槍。

貞祐元年（一二一三年），李全母、兄被殺，與兄李福等率眾舉事，響應楊安兒，攻打臨朐，進取益都。劉慶福、國安用、鄭衍德、田四、于洋、于潭等率領的民軍陸續加入，隊伍不斷壯大。楊安兒失敗後，劉福、楊妙真等聚集餘部萬餘人，與李全軍會合。

李全與楊妙真結為夫婦，合力攻打金將完顏霆。李全戰敗，率部眾退保東海。紅襖軍繼續作戰的條件越來越艱苦，金廷不斷加強軍事鎮壓和政治招誘，山東數經戰火，赤地千里，人煙杳然，民軍面臨嚴重的糧荒，導致內部分化，互相火併，張汝楫、孫邦佐等部分力量相繼降金。

李全、石珪、夏全、裴淵等在興定二年（一二一八年）降宋，宋朝授予李全京東路總管之職。

李全歸宋之初，積極抗金，曾分

磁州窯白地彩繪牡丹紋碗　金

直徑十四．六公分，敞口，弧壁，圈足。碗裡外滿施白色釉，外壁光素無紋，內壁在三道弦紋內繪牡丹花紋，紋飾風格粗獷，線條簡單豪放。宋金時期磁州窯的裝飾品種多樣，以白地黑花為典型代表。

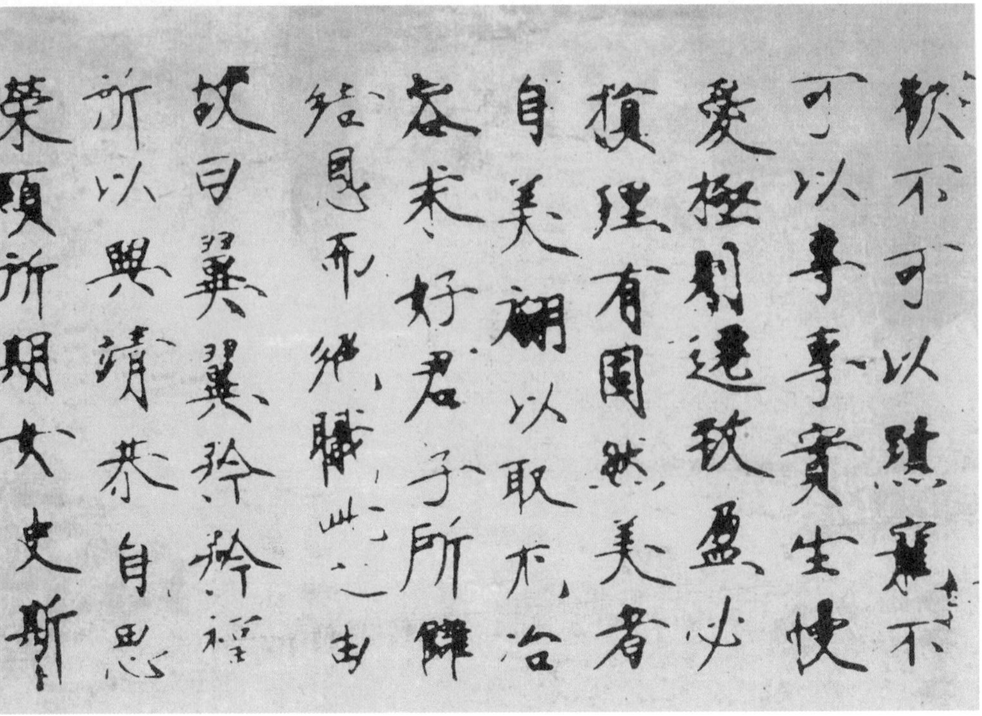

告諸姬帖 金 完顏璟

兵襲密州，擒金將黃摑阿魯答、夾谷寺家奴。次年又說服張林以青（今屬山東）、莒、密、登、萊、濰、淄、濱（今山東濱州西北）、棣（今山東惠民）、寧海、濟南（今屬山東）等十二州、府歸宋。同時拒絕金宣宗招降，表示：「寧作江淮之鬼，不為金國之臣。」

隨著勢力不斷擴大，李全的野心也不斷膨脹，與宋廷的關係逐漸惡化，最後發展成為一股地方割據勢力，與宋廷開戰。

開戰初期，李全連獲勝仗，自宋紹定四年（一二三一年）正月始，李全敗績連連，因宋廷削去其官職，斷其錢糧，李全陷入進退兩難的境地。

正月十五，李全被宋將趙苑、趙葵和趙必勝等殺死。李全死後，妻楊妙真與養子返回山東老家，數年後病卒於家。

⊙泰安劉二祖、彭義斌等

泰安人劉二祖領導的民軍是楊安兒、李全以外的又一支紅襖軍的重要力量。劉二祖率部主要轉戰在淄州、沂州一帶。

貞祐二年（一二一四年），僕散安貞在萊州鎮壓楊安兒後，向劉二祖等招降受拒。

次年二月，僕散安貞派提控紇石烈牙吾塔等攻破巨蒙等四堌及馬耳山，劉二祖部四千餘人被殺，八千餘人被俘，程寬、程福等將領被俘。

僕散安貞又派兵與宿州提控夾谷

黑釉線紋罐　金

石里哥合攻劉二祖軍的據點大沫堌，紅襖軍五千餘人戰死，劉二祖負傷，與參謀官崔天祐及楊安兒部太師李思溫等一起被俘，被金軍處死。紅襖軍餘部退保大小峻角子山，在金軍追擊下，紅襖軍萬餘人戰死。

劉二祖死後，餘部在霍儀領導下繼續抗金，霍儀戰死後，彭義斌等率餘部繼續高舉反金抗蒙的旗幟。

當時，紅襖軍日益勢衰。降宋後的李全不斷兼併紅襖軍，擴展個人勢力，使彭義斌在反金抗蒙的同時，還要開展對抗李全的戰爭。

正大二年（一二二五年）五月，彭義斌致書沿江制置使趙善湘，聲稱：「不誅逆全，恢復不成。」

七月，彭義斌與蒙古軍在內黃五馬山（今河南內黃西）展開一場關鍵性的戰役，不幸兵敗被俘。蒙古統治者看重他在紅襖軍中的號召力，打算誘降以招撫紅襖軍餘部，彭義斌嚴辭拒絕：「我是大宋的臣民，而且河北、山東一帶都是宋朝子民，我彭義斌決不會貪生怕死，屈膝侍賊。」最終赴死。

由楊安兒、李全、劉二祖領導的民軍是紅襖軍的三大主力，另外如密州方郭三、石州馮天羽、兗州郝定等部，都曾發展至數萬人。《金史·僕散安貞傳》稱：「自楊安兒、劉二祖敗後，河北殘破，干戈相尋。」可見，紅襖軍大大動搖了金王朝的統治基礎，加速了金的滅亡。

磁州窯白地褐彩蝴蝶紋缽　金

高十八公分，斂口，鼓腹，高圈足。外施白色釉至腹下，足無釉素胎，肩、腹部以褐彩繪飛舞的蝴蝶。缽體造型圓渾古樸，裝飾紋樣簡單明瞭，繪畫線條流暢。

【金士巨擘趙秉文】

●時間：西元一一五九～一二三二年
●人物：趙秉文

金朝的文學承上啟下，大家輩出，而趙秉文最為知名，執掌文壇三十餘年。而且他擁有中國文人的傳統美德，主張學以致用，力行直言進諫，人品、文風皆為一代楷模。但是早年的一次言行不謹，卻令後人常常為他感到遺憾。

⊙少年才子

趙秉文，字周臣，磁州滏陽人，從小聰明過人，讀書過目不忘。大定二十六年（一一八六年），進士及第，後調任安塞簿，表現優秀，升遷邯鄲令，隨後轉任唐山。父親去世後，趙秉文辭官，不久又受保薦，起用為南京路轉運司都勾判官。

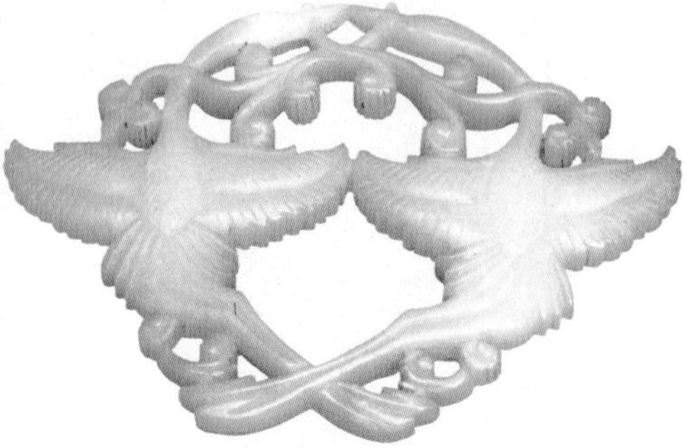

透雕雙鶴玉飾　金

明昌六年（一一九五年），趙秉文被召入京，擔任應奉翰林文字，同知制誥。有一次，他上書彈劾宰相胥持國，並舉薦宗室完顏守貞。

金章宗認為趙秉文受人指使，便詳加詢問。趙秉文起初不肯招認，遂訊問他的僕人，僕人供出了常和他交遊的人。趙秉文才道出：「上書之前，曾經和修撰王庭筠、御史周昂、省令史潘豹、鄭贊道、高坦等人私下議論。」

大臣認為趙秉文上書狂妄，按律應當罷職。金章宗擔心因為進言失當便予以定罪，會導致言路阻塞，於是破例免除處罰。而王庭筠等人則均受到一定的懲處。

趙秉文的言辭不當，並因此連累他人一事，士大夫引以為恥。當時流傳著這樣的話：「古有朱雲，今有秉文。朱雲攀檻，秉文攀人。」從此以後，趙秉文長時間賦閒在家，後來起用為同知岢嵐軍州事，轉北京路轉運司支度判官。

承安五年（一二〇〇年）十月，天氣連日陰晦。宰相張萬公與皇帝談及此事，金章宗看著張萬公說：「你說天氣晦冥，就好像為人君者用人正邪不分，很有道理。如趙秉文，曾因言論不當而降職，聽說這個人很有才華，字寫得很好，文章也不錯，而且敢於進言，我並不是棄置不用，如今北邊有軍事行動，希望能借此試一試他的能力。」

泰和二年（一二〇二年），金章宗

王庭筠

王庭筠（一一五一～一二〇二年），字子端，號黃山主，蓋州熊岳（今遼寧蓋州）人。大定十六年（一一七六年）進士，初授承事郎，調恩州軍事判官，再調館陶主簿。二十年（一一八〇年），以贓罪去官。卜居彰德，買田隆慮，讀書黃華山寺，因以自號。居前後十年，得悉力經史，旁及釋老，以學識精博名重當時。

明昌三年（一一九二年），召為應奉翰林文字。與祕書郎張汝方品第法書名畫，分入品者為五百五十卷。

五年（一一九四年），遷翰林修撰。當時金章宗曾對執政大臣說：「應舉王庭筠，朕欲詔誥委之，其人才亦豈易得。近党懷英作《長白山冊文》殊不工。聞文士多護庭筠者，不論其文顧以行止為訾。大抵讀書人多口頰，或相黨。昔東漢之士與宦官分朋，故無足怪。」

承安元年（一一九六年）正月，坐趙秉文上書事，削官下獄。二年（一一九七年），降授鄭州防禦判官。四年（一一九九年），起為應奉翰林文字。泰和元年（一二〇一年），復為修撰。二年（一二〇二年）卒，年五十二。

嘗薦趙秉文、馮璧、李純甫等，皆一時名士，世以知人許之。詩文書畫，俱稱名家。書師二王、米芾，能得於氣韻之間，尤工山水墨竹。詩律深嚴，七言長篇，以造語奇險見稱。嘗著《叢辨》十卷，文集四十卷，俱散佚。近人金毓黻輯得《黃華集》八卷。

召回趙秉文，任命為戶部主事，隨即改任翰林修撰，十月，任為寧邊州刺史，次年改任平定州。

平定州的前任長官用刑苛刻，每次聽說國家準備大赦，總是先把抓獲的盜賊打死，然後再宣布皇帝的赦令，趙秉文則一切從寬，僅僅幾個月，盜賊便已絕跡。每逢荒年，他便把俸祿捐出，並號召當地富戶響應，用以賑災，救活了許多人。

⊙文人知兵

大安初年（一二〇九年），蒙古軍入侵，金衛紹王召集秉文和待制趙資道商議邊防策略。趙秉文說：「現在我軍聚於宣德，宣德城小，軍隊只能在城外紮營，夏天多雨，器械受損，許多士兵也生病了。秋天敵人一旦進犯，形勢對我軍就會很不利。我建議先派遣一支臨潢軍，進攻蒙古軍薄弱之處，那山西的圍就可以解了。這便是兵法上說的『出其不意，攻其必救』。」然而，建議沒有被採用。等

趙霖昭陵六駿圖跋　金　趙秉文

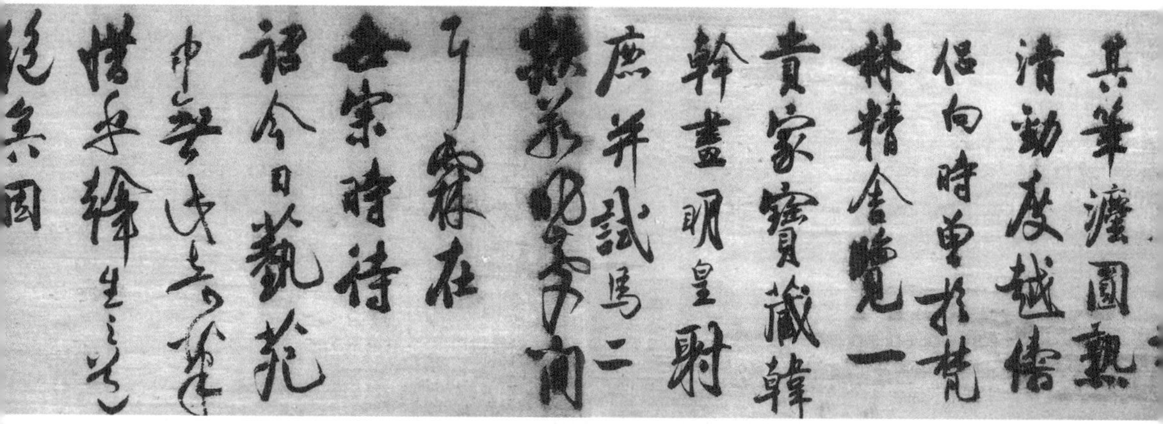

諸天王　壁畫　金

到秋天，金軍果然大敗。

不久，趙秉文升任兵部郎中兼翰林修撰，很快又轉任翰林直學士。

至寧初年（一二一三年），趙秉文向衛紹王進言，稱當時可行之事有三：一是遷都，二是開河，三是論功定職。金廷基本採納了。

第二年，他上書皇帝，表示願意為國家堅守殘破一州，以表達朝廷體恤民眾之意。他說：「陛下不要認為書生不懂帶兵，顏真卿、張巡、許遠這些人以身許國，都是書生啊！」又說：「假如我死而有益於國家，勝過現在浪費俸祿，做無用的人。」

皇帝回答道：「你的志向很可貴，但是現在翰苑更缺不了你，你應當在朕左右。」

貞祐四年（一二一六年），趙秉文升任為翰林侍講學士。

⊙文壇元老

興定元年（一二一七年），趙秉文轉任禮部尚書，兼侍讀學士，同修國史，知集賢院事。第二年，負責貢舉。由於工作失誤，連降兩級，於是請求辭官。

金朝自章宗、衛紹王以來，科舉考試暴露出愈來愈多的問題。由於主考官恪守成法，錄取者的文章內容陳腐，僅僅格式符合要求而已，文章格式稍有不符，立即被判落第。文風極大衰落。

貞祐初年，趙秉文負責省試。他發現考生李獻能善於寫賦，雖然格律稍顯生疏，但是詞藻華麗，便提拔為第一。舉人於是大肆喧噪，向臺省控訴趙秉文破壞文章格式，有的還作詩毀謗，此事過了很久才算平息。後來，李獻能中宏詞科，進入翰林院，秉文卻因此獲罪。

興定五年（一二二一年），趙秉文又起復為禮部尚書。他向皇帝表示謝意，皇帝道：「你雖年歲大了，但是文章最好，還是要用到你啊！」

趙秉文覺得身受厚恩，無以回報，於是積極開拓忠言進諫之路，拓寬皇帝的思路。每次晉見，都會認真勸諫皇帝節儉、勤政、謹慎用兵用刑，皇帝屢屢嘉許他的建議。

金哀宗即位後，趙秉文再次要求辭官，未獲允准，並改任翰林學士，同修國史，兼益政院說書官。趙秉文認為哀宗剛剛繼位，應當學習經史，以提高修養，於是進獻了《無逸直解》《貞觀政要》《中鑑》等著作。

正大八年（一二三一年）正月，蒙古進犯，汴京戒嚴，哀宗命趙秉文起草大赦天下的詔文，用以表達悔悟哀痛之意。趙秉文指明事理，表達情義，聲情並茂。

後來蒙古兵退卻，有大臣建議慶賀，並讓趙秉文作賀表。趙秉文說：「《春秋》裡記載：『宮殿著火，大哭三天。』現在國都被圍，殘破如此，從禮上說，應當慰勉，而不是祝賀。」

隨著日漸老邁，趙秉文越發擔憂時事，吃飯睡覺時都在惦念。如看到某事可以便民，某個人才可以任用，便立即起草專文上奏皇帝，或與在路邊遇到的人談論，態度殷切、勤勉、鄭重，難以自已。

開興元年（一二三二年）三月，趙秉文起草的《開興改元詔》，在街頭巷尾廣為傳誦，洛陽人拜讀完詔書，舉城痛哭。

五月，趙秉文去世，享年七十四歲，累官至資善大夫、上護軍、天水郡侯。

秉文自幼至老，每天手不釋卷，著有《易叢說》十卷，《中庸說》一卷，《揚子發微》一卷，《太玄箋贊》六卷，《文中子類說》一卷，《南華略釋》一卷，《列子補注》一卷，刪集《論語解》《孟子解》各十卷，《資暇錄》十五卷，《滏水集》三十卷。

趙秉文的文章長於辨析，意境明瞭透徹，從不因循格式規範而拘束表達。七言長詩筆勢縱放，不拘泥於韻腳，律詩非常壯麗，小詩精絕，五言古詩則沉鬱頓挫。字畫以草書最為遒勁。

金朝使者每到河、湟等地時，西夏人常常問起趙秉文和王庭筠的起居情況，可見趙秉文在當時聲望之隆，為四方所重視。

歷史詞典

金代科舉制度

金代採取科舉形式擢用漢士，始於滅遼之前。初無定數，亦無定期。天會六年（一一二八年）定「南北選」制。遼朝舊土儒士試詞賦，北宋舊土儒士試經義，分別稱為「北選」和「南選」。未久又定三歲一試之制。

考試分為鄉試、府試和會試（禮部試）三級。金熙宗時，南北選各以經義、詞賦兩科取士。海陵王時，增設殿試，併南、北選為一，並曾一度罷廢經義科。章宗時取消鄉試。

府試地點最初有三處，後來逐次增加為六處、九處、十處。取錄進士人數，正隆五年（一一六〇年）後，每次都在五百人以上，最多時達到九百餘人。取士科目除正科（即詞賦和經義）外，還有制舉、宏詞科以及雜科（經童、律科、策試等）。此外還有武舉。

世宗時又設立女真進士科，以女真文字試策、詩，和漢人進士三年一試之制，稱「策論進士」。

白瓷剔花牡丹紋大罐　金

無能宰相白撒

●時間：西元一二二八～一二三二年
●人物：完顏白撒

一個王朝覆沒的同時，會誕生很多力挽大廈於將傾的民族英雄，也往往會滋生出更多的誤國奸臣。金國的滅亡，很多人便把白撒這個名字聯繫到一起。

⊙出身皇族，驕奢剛愎

白撒，名承裔，金末帝完顏承麟之兄。奉御出身，累官知臨洮府事、兼本路兵馬都總管等職，多次參與對宋和西夏的戰爭。在擔負金國西部防禦要職的幾十年中，白撒依靠許多得力的將領，同時也由於宋和西夏比金朝勢弱，多次擊敗宋和西夏的軍隊，這些功勞也成了他日後晉升直至宰相等要職的資本。

白撒儀表堂堂，卻生性怯懦無能，又剛愎，貪婪，尤其獨斷專行。厭惡官廚做的菜不可口，經常命私廚隨行。識字不多，卻奸猾狡黠有餘，來往官府文書簿冊和行政措施、法令等，他一看就會。又善於空談、議論、耍小聰明，尤其對搜刮錢財有特殊的喜好。

白撒善於揣摩上意，漸受重用。位居要職後，在汴京的西城蓋了巨宅，規模堪與皇宮相媲美，宅中奴婢有數百人，全部穿著金絲繡的衣服，即使府中的奴隸，每月拿的例錢也比國家高級將領多，但他仍然覺得不滿足。

皇帝曾派使者責問他：「你熱心囤積個人家產，難道沒有收復黃河以北被蒙古攻占的失地的打算嗎？」白撒毫不悔悟。

金軍北渡攻擊蒙古軍時，沿河的居民全部嚇得躲到洞穴裡，後來看到蒲察官奴的軍隊號令嚴明，對居民也撫慰有加，秋毫無犯，於是人民大多回歸家園。然而，隨後經過的白撒軍到處剽掠，強取豪奪，無所不用其極，所過之處哀鴻遍野，部下甚至抓活人吃，有的一餐花費數十金還不

明妃出塞圖（局部）　金　宮素然

宮素然，金代女道士，鎮陽（今河北正定縣）人，生卒年不詳。善畫人物、鞍馬，作者重視寫生，善於觀察生活。傳世作品《明妃出塞圖》卷，紙本，水墨，縱三十．二公分，橫一百六十．二公分，描繪王昭君出塞故事。該畫構圖與人物造型近似張瑀《文姬歸漢圖》，人物形象和服飾以契丹族人為模特，用筆精工，人物神情刻畫瀟灑生動，線條遒勁酣暢，款署「鎮陽宮素然畫」，款上鈐朱文大印「招撫使印」，圖上鈐有「篤齋審定」、「竹林書屋」、「棠村」、「蕉林書屋」、「蕉林居士」、「蕉林梁氏書畫之印」、「歸安陸學源篤齋收藏」、「學原長壽」、「伯鸞後人」、「壺公經眼」、「劍泉平生癖此」、「完顏璟賢精鑑」、「景氏子孫寶之」、「學源過眼」、「冶溪漁隱」等鑑藏印記。

夠。

⊙臨危怯戰，無能誤國

金軍在三峰山和鈞州遭受嚴重失敗後，汴京直接面臨著蒙古大軍的攻擊。

正大五年（一二二八年），金哀宗緊急召完顏白撒還朝，官拜尚書右丞，後又任平章政事，指望他臨危受命，能夠有所作為。然而，貪怯無能、專愎自用的白撒，根本無法團結官員，共抗大敵。

開興元年（一二三二年）正月，蒙古兵長途奔襲汴京。令史楊居仁請求乘蒙古軍遠道而來，出兵攻其不備。白撒不聽，派遣完顏麻斤出等率部眾萬人開短堤，決河水，以守汴京。可惜工程還沒完成，蒙古騎兵就已攻到，麻斤出等殺得措手不及，當場戰死，修河壯丁逃回的不足三百人。

汴京被圍，城中駐軍不足四萬。汴京是座大城，城周一百二十里，這些兵力根本不足以遍守各個城口。於是，白撒召集在京軍官和防城有功

歷史詞典

《西廂記諸宮調》

中國金代諸宮調作品，金代董解元編纂寫定。又名《董解元西廂記》。自唐代元稹的傳奇《鶯鶯傳》問世之後，鶯鶯故事一直在民間流傳，並採入宋代曲藝作品中。董解元正是在此基礎上進行了再創作。

《董解元西廂記》的出現，改變了傳奇小説中視鶯鶯為「尤物」，以張生的始亂終棄為「善補過」的傳統觀念，作品以鶯鶯和張生在禮法的壓制下憤然出走，歌頌了青年男女為爭取婚姻自由而奮鬥，第一次在張生、鶯鶯的愛情故事中賦予了反傳統的主題思想，成為中國文學史上的一部傑作。

根據作品主題的需要，《西廂記諸宮調》對人物形象作了重新塑造。鶯鶯已不再是個屈從命運的柔弱女子，而是通過自許終身和「私奔」等激烈的行動，突出了她敢於反抗禮教束縛的叛逆性格。張生也被寫成始終忠於愛情，和鶯鶯同患難、共生死，為追求幸福生活而努力不懈的青年。

原來傳奇小説不太重要的人物紅娘，卻成了崔、張愛情的牽線人，機智勇敢為他們的愛情辯解，十分活躍。

明妃出塞圖（局部）

者，共計一百多人，皆任命為將領。又集結京東西沿河舊屯和衛州遷來的義軍約四萬人，募集壯丁六萬人，分守四面城牆。二月，又徵募京師民軍二十萬，分別歸各將領統帥。七拼八湊後，基本構建起汴京的防禦體系。

不久，蒙古接受金國議和，但仍留下一支軍隊積極準備進攻，沿汴京護城河設置木柵等工事，並用柴草填塞護城河。白撒等人因正與蒙古議和，不敢出兵，在城上坐視蒙古軍備戰。軍民憤怒，要求出兵而不可得。

蒙古最終還是向汴京城發動進攻。哀宗命大臣分守四城。白撒受命守西南角，招募壯士千人，打算從地道出城，渡過護城河，約定在城上懸紅燈為記號，燒毀蒙古軍的火砲，結果被蒙古軍發覺。白撒又將招降書綁在紙鳶上放出城，企圖招降蒙古軍中的金人。士兵紛紛議論道：「前天點紙燈，今天放紙鳶，宰相靠這個，退敵兵恐怕難了。」

即使在大敵當前，白撒還是惦記著中飽私囊。白撒所守的西南城受到猛烈攻擊，望樓上的竹簾被打壞。白撒命下屬找竹子修補，下屬遍尋竹子不著，白撒大怒，要斬下屬。員外郎張衮附耳對下屬道：「錢多好辦事，何不去白撒的府裡去問問。」下屬趕緊帶著三百兩金子到白撒府中賄賂他

的家僮，果然取得了竹子。

雖然將帥怯懦無能，但蒙古軍的暴虐人所共睹，守城軍民人人激昂，奮勇抵抗。蒙古將領速不台見汴京城難以攻克，便順勢推說：「已在講和，還要攻打麼？」領兵退去。

蒙古兵退後，大臣紛紛議論，要求罷免白撒。白撒也深感不安，於是上書請辭，哀宗被迫罷去白撒平章政事一職。軍士恨他不戰誤國，揚言殺他，白撒嚇得一天數次搬家避禍。

不久，汴京糧盡兵疲，哀宗倉皇出逃，命白撒進攻衛州，奪取城中的糧草。結果白撒行動遲緩，自蒲城出發，八天後才至衛州城下。圍攻衛州時，又準備不足，缺少攻具，把槍桿接起當雲梯使用。守軍看到這種情形，知道金兵沒甚麼作為，守得更加嚴密。連攻三日，徒勞無功。蒙古大兵來援，白撒棄軍逃跑。

白撒倉皇趕至蒲城東三十里處，對哀宗道：「現在我軍已潰，蒙古兵近在堤外，請趕快前往歸德。」

深夜四更，哀宗匆忙乘船出逃，連侍衛都還不知道。次日，金軍得知哀宗連夜逃走，更加沒有鬥志，相繼潰散。

白撒收聚潰兵兩萬至歸德，哀宗把攻衛之敗歸罪於他，將其下獄，七日後餓死。

別字宰相

●時間：西元一二一三～一二三四年
●人物：完顏合周

金國末期，哀宗夙興夜寐，一度頗有中興氣象。但勸人進諫又不願意別人指責自己的過失，而且沒有知人之明，所用大臣多有昏庸腐朽之輩，最為後人唾罵的是白撒，其次則是宰相完顏合周。

⊙屢戰屢敗

完顏合周，金國宗室，宣宗朝官至元帥左監軍。出身行伍，卻喜歡舞文弄墨，冒充斯文，作詩用詞粗俗，非但談不上文采，還成為人們茶餘飯後的笑料。

與詩作相「媲美」的，是他的軍事才能。中都被圍時，宣宗命令他率軍馳援，他卻畏敵怯戰，不但沒有解圍，反而一觸即潰，白白損失了大批精銳。宣宗大為惱怒，削了爵位，痛打八十軍棍。

鐵棍頭　金

可惜此人記性不好，好了傷疤忘了疼。過了一年，合周奉命領兵至陝西抵抗蒙古軍，他又畏首畏尾，坐失戰機，使得軍事重鎮潼關被蒙古軍收入囊中，從而使金國腹地完全暴露在蒙古軍的兵鋒之下。

合周一敗再敗，按律當斬，但因身為宗親，上百位皇族成員紛紛上書為他開脫求饒。宣宗餘怒未息，大怒道：「前次，合周救中都，未至中都便已潰敗，致使祖宗陵園淪喪，所犯罪過就已當誅殺，我寬大處理，饒他一命。後來又委任他鎮守陝西的重任，不料再次喪師辱國。罪上加罪，國法難容。」

然而，因衛紹王對皇族大加殺戮，至宣宗當政時，宗室人才凋零，因此宣宗對皇族特加保護，便將完顏合周從輕處置，削官回家了事。

⊙雀兒參政

被宣宗冷落後，完顏合周在家賦閒了好幾年，倒也少做了一些禍國殃民的蠢事。哀宗繼位後，他又蠢蠢欲動，企圖東山再起。

哀宗末期，三峰山兵敗之後，蒙古軍的鐵騎逼近汴京。金憑藉著汴京強大的防禦工事和軍民的協作，勉強擊退蒙古軍的進攻。

但是，金朝已到油盡燈枯的邊緣，汴京城在大戰後瘟疫流行，更可怕的是，城中嚴重缺糧，數萬大軍無以為繼。於是，哀宗置局「括粟」，向城中居民強徵糧米。括粟官對居民說：「如果一旦糧盡，就拿你們的家人作軍糧，你們還能吝惜嗎？」括粟十八日後，改為「進獻」。隨後，令上黨公張開等率步軍保護陳留通許間的糧道，停止貧民獻糧。

這時，百無聊賴的完顏合周終於找到了機會，向哀宗建議，京城百姓家中有糧，至少可以徵得百萬石小米，足夠軍需了。哀宗利令智昏，竟然採納，任命合周為參知政事，和左丞相李蹊共同策劃「刮粟」事宜，大肆搜括汴京劫後餘生的百姓存糧。

完顏合周親自起草〈括粟榜文〉，要求每家自報存糧，並規定成年人允許定量存留糧食一石三斗，年幼者減半，餘糧統統交公。各家都必須把存糧總數寫在門口，如有虛報，必將嚴懲。

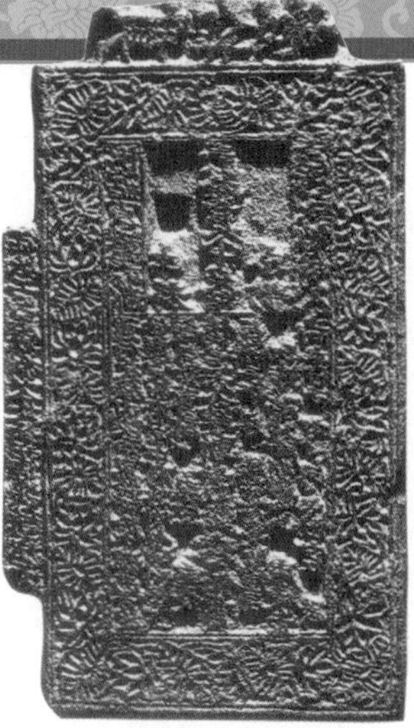

交鈔銅版　金

在合周起草的榜文中，白字連篇，其中寫道：「雀無翅兒不飛，蛇無頭兒不行。」「兒」字本應寫「而」字，合周不學無術，以「兒」代「而」。下屬明知有誤，卻不敢擅自改動，將錯就錯貼了出去。

京城人們看了之後，哭笑不得，切齒痛恨，於是送給完顏合周一個外號，叫做「雀兒參政」。

⊙瘋狂「刮粟」

「刮粟」開始後，完顏合周下令每家自報存糧，城中三十六坊，都選嚴酷官吏主持，向居民括粟。

在這些酷吏之中，尤以完顏久住最為殘暴。城中有一寡婦，與婆婆兩人同住，共交出豆六斗，但餘糧多出糠皮三升。完顏久住發現，於是將寡婦捉去示眾。寡婦哭訴道：「我丈夫戰死，婆婆年老，為了奉養她，所以夾雜糠皮充飢，不敢用來充軍糧。而且這三升只不過是六斗的一點零頭。」久住毫不理會，不顧申訴，當眾活活打死。

京城居民為之戰慄，有存糧的也都趕快扔掉。有人向合周報告，合周說：「常言道：『花又不損，蜜又得成』。但如今，花不損壞，蜜怎麼可能釀成？現在京師危急，是保存國家重要呢，還是保存百姓重要呢？」在完顏合周的氣焰下，少數正直的官員有話也不敢說。

儘管士兵到處搜索，最終也僅搜括到三萬石糧食，而百姓卻人人自危，餓殍遍野，甚至出現人吃人的慘狀。最後，皇帝不得不拿出國家糧庫中的米，熬成稀粥賑濟飢民。一位士大夫歎息道：「與其現在賜粥，還不如當時不要奪百姓的口糧。」結果遭人告發，以誹謗朝廷罪投入大牢。

「刮粟」之後，汴京從此家無餘糧，甚至兵士也只能出城尋糧，全城軍民都只有坐以待斃，再也沒有了防禦蒙古軍進攻的能力。不久，合周被下獄處死。

金哀宗感到汴京無法防守，不得不棄城出逃歸德，後又逃至蔡州，被蒙宋聯軍重重圍困，自殺身亡，金國滅亡。

【前虎後狼】

●時間：西元一一六一～一二一三年
●人物：胡沙虎　朮虎高琪

章宗死後，沒有子嗣，叔父完顏永濟繼承了大統。是為衛紹王。衛紹王在位僅六年，便被權臣胡沙虎殺害。至此，金國的七位皇帝中，被逆臣、權臣擅殺的已有三位。權臣、謀逆者，為金國後期政治局勢的動盪埋下了隱患，也加速了金國的滅亡。

⊙養虎貽患

胡沙虎，女真名紇石烈執中。金世宗大定年間（一一六一～一一八九年），陸續擔任過太子護衛、太子僕丞、鷹坊直長等職。金章宗執政時，封為右副點檢，他傲然不奉職，被降為肇州防禦使。不久，又升為興平軍節度使。

胡沙虎性情暴戾，驕橫跋扈，而且貪婪無度。尚在軍中時，將士已多有微詞。然而，此人官運甚為亨通，屢屢封官晉爵。曾有大臣幾次對其彈劾，皆因有皇帝身邊的近臣為其美言開脫，安然無恙。

胡沙虎既是朝廷倚重的權臣，也是一名驍勇善戰的將軍。曾多次率軍與宋作戰，皆大勝而還。

泰和六年（一二〇六年）五月，宋軍入侵金國邊境，胡沙虎派巡檢使周奴領騎兵三百迎擊。他們在篁竹中設伏，等宋軍經過，發起突襲，連殺十餘人，隨後追擊至縣城，火燒宋兵舟船，擒殺士兵五百多人，宋軍統帥李藻也被殺。

十月，胡沙虎領兵二萬在清口擊敗宋軍，繳獲戰艦、戰馬不計其數。

衛紹王時期，蒙古崛起，經常騷擾侵犯金境。衛紹王任胡沙虎為副元帥，領兵五千在中都城北駐紮，以防邊患。胡沙虎雖被委以重任，卻不問軍事，整天飲酒作樂，出圍打獵，並伺機勾結提控宿直將軍蒲察六斤、武衛軍鈐轄烏古論奪剌等人，伺機謀反。衛紹王派使臣至軍中責問，胡沙虎正在餵飼鵒鷹，聽見使臣責問，怒氣沖沖將手中的鵒鷹擲死在地，決定發動政變。

八月二十五日，胡沙虎兵分三路向都城進發。先派兩名騎兵輪流至禁

白釉刻花龍紋大盤　金

溪山無盡圖　金　佚名

城東華門邊大喊：「蒙古軍已經殺到北關了，正和我軍激戰。」企圖騙開城門。同時又將大興府尹徒單南平騙出。南平不知是計，縱馬從城中出來，剛至廣陽門附近，被胡沙虎一槍刺死。

胡沙虎親自到東華門叫守城兵卒開門，並許以高官厚祿，守城將士不加理睬。胡沙虎下令放火焚燒城門，並架雲梯登城。守城士兵見大勢已去，便砸開鐵索，迎胡沙虎入城。

胡沙虎入宮後，自封為監國都元帥，將宮中的宿衛全部換成黨羽，並召都轉運使孫椿年以銀幣犒賞部下。當晚，大開慶功宴席。第二天，又逼迫衛紹王移居衛邸，誘殺左丞相完顏綱。不久，胡沙虎派宦官李思忠在衛邸殺死衛紹王。

衛紹王死後，胡沙虎想自立為帝，但又擔心非完顏族人，難以服眾。這時，右丞相徒單鎰進言道：「翼王是章宗之兄，年已五十，寬仁老成，如果元帥擁立他，乃為萬世之功。」胡沙虎採納，立翼王完顏珣為帝，是為金宣宗。

宣宗繼位後，以胡沙虎擁立有功，封太師、尚書令、都元帥等顯赫要職，並封為澤王。胡沙虎的弟弟也封為都點檢、侍衛親軍都指揮使。隨同胡沙虎謀叛的部將也都授予了官職。

從此，大權在握的胡沙虎以功臣自居，更加肆無忌憚。上朝時，皇帝賜座，他毫不推辭。朝中官員逐漸依附胡沙虎，正直的大臣敢怒不敢言。

他又先後奏請皇帝，要求廢衛紹王為庶人，並召集百官討論。由於衛紹王沒有大的過失，很多朝臣堅決反對。

宣宗一開始也猶豫不決：「正如有人問路，一百個人說向東，十個人說向西，那這個該東、西方向都走呢？還是以人數來判定嗎？」雖然如此，懾於胡沙虎的勢力，金宣宗還是下詔降封衛紹王為東海郡侯。

有一次，境外的蒙古探馬深入金

國高橋附近，宰臣聽說，急忙奏告宣宗。宣宗責問胡沙虎為何不上報，胡沙虎道：「此事我已經籌劃好了，皇上不必操勞。」隨即怒問宰臣：「我是尚書令，你怎麼敢不經我的同意就奏報皇上？」嚇得宰臣連連道歉。

⊙虎去狼來

胡沙虎的專擅跋扈，令很多大臣都很氣憤，提點近侍局慶山奴、副使惟弼、奉御惟康密奏宣宗，請求除掉胡沙虎。宣宗念其擁立之功，不忍誅殺。

蒙古軍壓境後，元帥右監軍朮虎高琪與蒙古軍交戰，屢戰屢敗。胡沙虎十分惱火，斥責高琪道：「今日出兵，如再無功而返，就以軍法論處。」高琪出戰後，又打了敗仗，心想與其回去受死，不如奮起一搏，於是和慶山奴等人商議倒戈胡沙虎。

朮虎高琪等人經過密謀，率軍攻入中都，包圍了胡沙虎的宅邸。胡沙虎聞知，慌忙命人取箭抵抗。與高琪軍對射了一陣後，向後院逃跑，翻牆時摔傷了大腿，被朮虎高琪軍擒獲，亂刀砍死。

高琪提著胡沙虎的人頭，向宣宗請罪。宣宗忌憚胡沙虎已久，所以不僅沒有降罪高琪，反而升為左副元帥。為了平定胡沙虎部的情緒，宣宗又加封了胡沙虎舊部蒲察六斤、徒單金壽等人官職。

朮虎高琪與胡沙虎一樣，對權勢有著特殊的喜好與熱衷。胡沙虎死後，得勢的高琪立即變得與胡沙虎一般作威作福，不可一世。為了能更多插手朝政，他在朝廷中肆意安插親信，與久居相位的重臣高汝礪互相唱和，一個把持政務，一個執掌兵權。對於依附自己者，委以重用，忤逆者則明褒實貶，千方百計置於死地。高琪的所作所為令朝中的正直之臣痛恨不已。

太府監丞游茂密奏宣宗，稱高琪威權太重，為防微杜漸，應盡早除去。宣宗知道沒有足夠的把握除掉高琪，便含糊其辭道：「既已委以重

河北昌黎源影塔

源影塔雕刻細部

任，他的權力又怎麼會不大呢？」

游茂聽後十分不安，竟轉身投靠高琪。寫信給高琪：「宰相自有宰相分內之責，如果因此而招致聖上的猜疑，外界的非議，就不妥當了。」又說：「聖上對你的大權已經有所忌憚，如果相公能夠重用我，那麼這些麻煩就都可以免除了。」高琪知道他密奏過皇上，便趁機散布這些話。結果，游茂免職，並杖打一百，差點送命。

不久，應奉翰林文字完顏素蘭也向宣宗祕密上書。他說：「高琪本來沒甚麼大的功勞，因畏懼胡沙虎才起殺心。他嫉賢妒能，結黨營私，玩弄權術，無惡不作。去年，有人指責他的軍隊有生亂之嫌，高琪立即殺了那個人。如此專殺跋扈，以致再無人敢言軍中之事。以微臣看來，此賊滅亂綱紀，戕害忠良，惟恐天下不亂。希望陛下早日決斷，才是社稷之福。」

這時，宣宗已有意翦除高琪，於是對完顏素蘭說：「朕會仔細思量。」臨別，並特地囑咐：「千萬不可洩漏出去。」

不久，高琪開始攛掇宣宗南下攻宋。不僅如此，並將精兵強將全部調集駐守河南，完全不顧河北要塞。遇戰況緊急時，也不肯發一兵一卒。平章政事英王完顏守純看不過去，準備揭發其陰謀，然而，此事被右司員外郎王阿里等人洩密，完顏守純只得作罷。

沒過多久，高琪和妻子不諧，竟命家奴賽不殺了妻子，然後歸罪賽不，將其送到開封府。開封知府畏懼高琪的勢力，按照他的意思殺了賽不。事情敗露後，宣宗歷數高琪的罪狀，終於下詔將其誅殺。

頻仍的宮廷政變，權勢重臣的相互殘殺，反映了金國內部政局的混亂，而此時，邊境上蒙古鐵騎的聲浪已日漸逼近。

哀宗失國

●時間：西元一二二三～一二三四年
●人物：金哀宗

金哀宗完顏守緒（一一八九～一二三四年），女真名寧甲速。是金宣宗第三子。貞祐四年（一二一六年）立為太子。元光二年（一二二四年）十二月即帝位。開興元年（一二三二年），金軍戰敗三峰山，主力覆沒。蒙古軍進而圍攻汴京（今河南開封），汴京解圍後，逃往歸德，隨即又棄之逃入蔡州，蒙古聯宋軍圍蔡。天興三年（一二三四年）正月戊申夜，哀宗為免亡國之君的罵名，匆忙傳位於承麟（末帝）。次日，自縊死，廟號哀宗。

⊙哀宗失國不由荒暴

金哀宗雖是末代之君，但後世對他的評價卻頗多同情，都認為他是一個比較有作為的皇帝。

金章宗「誅求無藝」，造成「民力浸竭」。衛紹王又「紀綱大壞」，以致「亡徵已見」。宣宗南遷，戰略嚴重失誤，使金都城和大片北方地區相繼淪陷，後期又錯誤發動侵宋、夏戰爭，國力進一步被侵蝕。待到哀宗繼位時，外有蒙古侵略，內有王族分裂和紅襖軍事件，金國早已盛世不再，積重難返，回天乏術了。

大定通寶　金

《金史》這樣評論哀宗：「依靠很小的力量，努力救亡圖存，拚盡全力而死，可算是哀啊！然而，按照《禮》所說的『國君要為社稷而死』，哀宗當之無愧了。」蔡州之戰中，哀宗明知沒有勝算，仍然激勵將士奮勇向前。自知必死，卻傳位給當時的統帥完顏承麟，希望他能殺出重圍，為保存金國作了最後的努力。

⊙哀宗的救亡圖存

登基後，面對內憂外患的嚴峻現實，金哀宗發願不當亡國之君，力圖振作。即位第二天就下詔：「有利於國家時政的措施，想要實行卻沒來得及的，全部都開始施行吧！」隨即採取一系列實際行動，力圖挽大廈於將傾，拯救千瘡百孔的金國於水火。

軍事方面，迅速停止對宋、夏的戰爭，並積極議和，全力抗蒙。一方面，派樞密官移剌蒲阿領兵到光州，四處張榜，告諭宋界軍民，表示從今以後再也不征伐南宋，並多次警告邊境將領，不得妄加侵掠。又把在清口之役中俘獲的三千宋軍遣返回宋，表達與宋修好的誠意，極大緩和了宋金衝突。

另一方面，又與西夏簽訂了停戰協定，結為「兄弟之國」。

同時，哀宗積極爭取中間勢力，

任用抗蒙將相，有效集中了兵力。籠絡曾經投降蒙古的武仙，封為恆山公。為抗蒙死難的將佐建立「褒忠廟」。先後起用把胡魯、胥鼎、完顏合達等主戰派，提拔了完顏陳和尚、楊沃衍等名將。

政治方面上，闢除奸佞之臣，努力廓清吏治。即位之初，便將聲勢烜赫、殘酷苛刻的吏部侍郎蒲察合住處死，將左司員外郎尼龐古華山貶逐出京，依法處斬倚勢殺一主簿的內族王家奴，這些做法贏得了「士大夫相賀」。同時，廣開言路，曾下詔：「一切百姓士人，准許直言關係軍國利害之事，即使僅為譏諷而無可取之者，也不治罪。」

文化和經濟方面，提倡儒學，課農桑。在內廷設置「益政院」，命「學問該博，議論宏遠」者兼任，並任禮部尚書楊雲翼等為益政院說書官，每天二人輪流值日，講《尚書》《通鑑》《貞觀政要》等書。總結前代「治世」與「亂世」的經驗教訓，命人修纂《大定遺訓》和《宣宗實錄》，編訂了《尚書要略》。天興元年（一二三二年），並親自在汴京「釋奠孔子」。又改定辟舉縣令法，以勸課農桑考覈官吏，收到了一定的效果。

這一系列措施實施之後，金國開始擺脫三面受敵的困境，集中兵力向蒙古軍發起主動進攻，接連收復了平陽、太原等軍事重鎮，抗蒙戰爭的局勢稍有好轉。這些措施也在一定程度上緩和了當時的社會問題，提升了金國的國力，甚至令士大夫幻想「中興」時代的來臨。

然而，金哀宗畢竟不是一個英明皇帝，在內政、外交和軍事上出現一系列的處置失當。他聯結宋、夏，卻缺乏有力的行動，致使宋朝最終拒絕了金的議和，反而屈服於蒙古的壓力進攻金國。在打擊奸佞的同時，卻任

白釉黑彩荷鴨八角枕　金

歷史詞典

金代的刻書事業

宋高宗南渡臨安時，原開封的書肆和雕版印刷工人部分隨政府南遷，部分則移往北方金代的刻書中心平陽（平陽亦名平水，今山西省臨汾縣境一帶）。從此黃河以北的雕版印刷中心由河南汴梁轉移到山西平陽。

金代刻書除官刻監版之外，私人和坊肆刻書也很發達和廣泛。據《金史》記載，金代的官刻書由國子監刻印後頒諸學校。曾印經史二十餘種以及《老子》《荀子》《揚子》等子部書籍。其他政府部門及書籍出版管理機構自然也刻印書籍，可惜這些刻本今都不傳，詳情已不可考。相比之下，金代的民間刻書倒有少量流傳。

金代最大的雕印工程是釋藏《趙城藏》，原有七千多卷，現存四千五百卷，另外雕印卷帙較多的是《大金玄都寶藏》，共六千四百五十五卷。充分說明了金代刻書事業取得的輝煌成就。

用白撒、張文壽等奸臣。號稱廣開言路，卻又忌諱指責自己的過失。任用抗蒙將領，卻不能善始善終。

最終，因盲目自信，在蒙古軍三路齊發、大舉進攻時，採取直接面對的策略，妄圖集結兵力，通過大決戰的方式，正面擊退蒙古軍。導致三峰山戰役失敗，大批主要將領戰死，金軍主力盡沒。從此，再也沒有抵抗蒙古鐵蹄的能力了。

盧溝橋石獅

⊙進退失據，哀宗亡國

開興元年（一二三二年，四月改元天興）三月，蒙古軍圍攻汴京。在哀宗的激勵慰勞下，將士「人自激奮，爭為效命」，終於打退了蒙古軍的進攻，保住了汴京，金朝的壽命又延長了兩年。

蒙古退軍後，汴京缺糧，為籌集軍糧，哀宗又錯誤實行「括粟」政策，甚至因此打死無辜的寡婦，民心大失。汴京城內出現人相食的慘狀，兵士出城覓食。

哀宗看到汴京援絕糧盡，不待蒙古軍來攻，已難以繼續維持了，只好於天興二年（一二三三年）正月出奔歸德（今河南商丘）。在歸德又發生蒲察官奴擅權，甚至企圖叛亂事件，雖然哀宗很快平息了事件，但也使金國僅存的一點兵力更加捉襟見肘。

哀宗感覺歸德也不安全了，六月又逃至蔡州（今河南汝南）。蔡州地處淮水支脈汝水上，與宋朝接壤。而蔡州無險可守，又直接面臨著宋朝的威脅。此時，宋朝已和蒙古達成協議：聯合滅金，金亡後，黃河以南歸宋，黃河以北歸蒙古。宋朝的大兵已經向金朝進發了。

八月，宋兵攻下唐州，接著進兵息州南。

哀宗見宋助蒙攻金，派皇族完顏阿虎帶至宋朝談和，聲稱：「蒙古已陸續滅掉四十多個國家，如今西夏滅亡，又來侵略我金國，金國滅亡了必將輪到宋國。所謂唇亡齒寒，如果和我國連和，既有利於金國，也有利於宋。」但遭到宋朝的拒絕。

蒙宋聯軍分別由塔察兒和孟珙率領，分道向蔡州進發。九月，蒙古兵到達蔡州城下。

重陽這天，哀宗拜天，對群臣道：「國家自開創以來已有一百多年。你們或因先世立功，或因功勞起用，都已有很多年了。現在國家危急，你們與我同患難，可以說是忠臣。蒙古兵將至，正是你們立功報國之時，縱然死於王事，也不失為忠孝之鬼。以前，你們立功常常怕不被朝廷知道，今日臨敵，我親見到了，你們好好努力吧！」說罷，向群臣賜酒。

這時，蒙古兵數百騎已達城下。金兵踴躍請戰，哀宗分軍防守四面。蒙古兵築長壘，以作久困。

十一月，宋將孟珙率兩萬兵至蔡州，運糧三十萬石助蒙古軍需。

十二月初九至十九日，蒙古軍接連攻破蔡州外城和西城。二十四日，哀宗率領兵士夜出東城逃亡，在城柵處與蒙古軍相遇，被迫退回。

蔡州被圍三個月，城中糧盡。哀宗殺了上廄馬五十匹、官馬一百五十匹，賞給將士食用。城中居民則用人畜骨和芹泥充飢。

天興三年（一二三四年）正月初九，蒙古軍在西城鑿通五門，整軍入城，完顏仲德督軍巷戰，直至傍晚，蒙古兵暫退。

哀宗眼見蔡州不守，悲哀說：「我做金紫光祿大夫十年，太子十年，人主十年，自問沒有大的過失，死了也沒甚麼憾事。只恨祖宗傳下來的江山，一百多年後在我這裡不保。」又說：「自古以來，沒有不亡之國，亡國之君皆被人當俘虜關押，或在勝利者的宮殿上受盡凌辱。我絕對不至於此！」

北京
盧溝橋石獅

當夜，哀宗傳帝位給東面元帥完顏承麟，他說：「我身體肥胖沉重，不便於騎馬奔突。你一向身手矯捷，又有謀略，萬一走脫，國家不至於滅絕，這是我的志願。」

次日早晨，承麟受詔即皇帝位。正在行禮之際，城南已樹起宋軍旗幟，諸將急忙迎戰。南城終被宋軍攻下。蒙古塔察兒軍攻破西城，完顏仲德領精兵一千巷戰，自卯時堅持戰鬥到巳時。哀宗見狀，自縊而死，承麟也被亂軍殺死，金國滅亡。

【神射手郭蝦蟆】

●時間：西元一一九二～一二三六年
●人物：郭蝦蟆

金國最後一座城池的守衛者郭蝦蟆，其善射和不屈的民族氣節可謂彪炳史冊，功照千秋。

⊙世代忠良

郭蝦蟆（一一九二～一二三六年），會州（今甘肅靖遠南）人，一名郭斌。金宣宗時，與兄祿大皆以善射而應募從軍。興定（一二一七～一二二二年）初年，祿大軍功卓著，遙授為同知平涼府事兼會州刺史，進官一階，賜姓顏盞，鎮守會州，蝦蟆隨兄在軍中。

四童戲花葵花鏡　金

興定四年（一二二〇年），西夏攻會州。西夏領兵將領和馬均披掛金甲，出入陣中，距離約兩百餘步的祿大遙發一箭，正中咽喉，當即死於馬下。接著又射一人，箭貫穿雙手，釘於樹上，西夏軍為之震駭。

後因寡不敵眾，會州城被攻破，祿大和蝦蟆都被俘虜。西夏人看二人箭術了得，想要勸降，兄弟倆誓死不屈。

金廷知道後，特授嘉獎，但是兩人生死未卜，只好破格任用祿大之子伴牛官一階，授巡尉職，以表彰祿大兄弟的忠誠。

祿大兄弟二人拔掉鬍鬚，打算伺機逃往會州，事情洩露，祿大被殺，蝦蟆獨自逃歸。金宣宗感念祿大的忠誠，再次升遷其子，遙授會州軍事判官，蝦蟆遙授鞏州（今甘肅隴西）鈐轄。在諫議官的請求下，蝦蟆又連升兩階，授同知蘭州軍州事。

⊙神射立功

興定五年（一二二一年）冬，西夏侵犯金國定西，郭蝦蟆領兵擊敗西夏軍，斬首七百，獲馬五十匹，以戰功升遷同知臨洮府事（今屬甘肅）。

元光二年（一二二三年），西夏發步兵與騎兵共數十萬，攻打鳳翔（今屬陝西）。金軍元帥赤盞合喜命蝦蟆總領軍事。一日巡城，看到護城河外一名西夏將領坐在胡床上，估計箭力無法到達之處，以示蔑視。赤盞合喜問蝦蟆能否射殺，蝦蟆目測後，說：「可以。」只見蝦蟆開弓、搭箭，等西夏將領一抬肘，一箭正中腋下護甲無法掩蓋之處，將其射殺。守城將士士氣大振，西夏軍則驚駭莫名。

西夏軍退去後，朝廷遙授蝦蟆靜難軍節度使，很快又改通遠軍節度使，授山東西路斡可必刺謀克，金廷派使者賞賜，並在各郡宣揚他的事蹟。自熙宗罷漢、渤海人猛安謀克後，只有女真、契丹、奚等族高官顯貴才能授猛安謀克世爵。金宣宗末年，為嘉獎戰功卓著的將領，漢、渤海等各族人皆可授此世爵。郭蝦蟆受此殊榮，並遍諭緣邊諸郡。

這一年冬天，蝦蟆與鞏州元帥田瑞攻取會州。蝦蟆率騎兵五百，身穿紅色衣服，從會州南山而下，西夏軍猝不及防，倉皇間誤以為是神兵天將。城上有個士兵在懸風版後舉手，蝦蟆一箭射去，將其手、版同時射穿。不一會兒，數百人已死於箭。西夏軍震恐，於是出降。被西夏占據了近四年的會州，終於收復。

正大元年（一二二四年），田瑞以鞏州為據點叛金。哀宗命陝西兩行省

洞天山堂圖　金　佚名

此圖畫山谷間白雲瀰漫，澗流清澈，林木搖曳，樓臺隱約，造景幽深雅靜，與畫幅上所題「洞天山堂」四字頗為切合。本畫無款識，清初王鐸題為董源之作，不知何據。從全畫佈置創意看，所畫景山物範圍已比北宋全景山水縮小，近於李唐《萬壑松風圖》的體制，其時代應相當於南宋。但圖中所畫宮室的特點又非南宋而近於金元，故此圖更可能是金代作品。

共同討伐。蝦蟆親率士兵登上城牆，攻破鞏州。田瑞開門逃跑，被其弟田濟所殺。這一戰，蝦蟆斬首五千餘級，因戰功遙授知鳳翔府事、本路兵馬都總管、元帥左都監兼行蘭、會、洮、河元帥府事。

六年（一二二九年）九月，蝦蟆向哀宗進獻西夏馬兩匹，哀宗下詔道：「你武藝超絕，這兩匹馬可以隨你馳騁於戰場，我騎著就浪費了。既然已經進獻，算是皇家圈養的，就賜給你吧！」另外，又加賜金鼎、玉兔鶻等許多珍貴之物。

木雕加彩菩薩立像　金

⊙盡忠報國

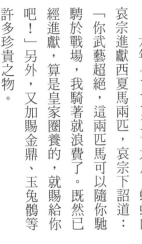

天興元年（一二三二年），開封糧盡，屢召援兵不至，將帥稀缺，蒙古大軍隨時可能圍城。

二年（一二三三年）正月，哀宗放棄開封逃至歸德府（今河南商丘），六月又從歸德遷到蔡州（今河南汝南）。到蔡州後，哀宗感到蔡州地處淮水支流汝水上，南與宋接壤，無險可守，又打算遷往鞏昌府（即鞏州），任粘葛完展為鞏昌行省事。

三年（一二三四年）正月，粘葛完展聽說蔡州城破，哀宗自縊，為安定軍心，率眾守城，等待金朝繼立的皇帝。綏德州統帥汪世顯歷來妒嫉粘葛完展居上位，在得知蔡州城破、哀宗自殺後，想趁機攻打鞏昌，但又畏懼蝦蟆的威望，於是約蝦蟆合力襲擊鞏昌。

得知汪世顯使者的來意後，蝦蟆答道：「粘葛公奉詔任行省事，號令誰敢不從？現在主上在蔡州被圍，打算遷往鞏昌。國家危急時候，我們既不能致死赴援，又不能率眾奉迎，卻要攻擊粘葛公，先廢主上將要遷幸之地。你們的主帥若想背棄國家，那就讓他自己做好了，為何要加上我呢？」

遭拒後，汪世顯只得獨自攻破鞏昌，殺了粘葛完展，投降蒙古，並先後派出二十多人向蝦蟆勸降，均被拒絕。

金國滅亡後，西部州府盡數歸

白玉雕荷花鴛鴦爐頂　金

風雪松杉圖　金　李山

金代山水畫的創立者首推李山。李山，平陽（今山西臨汾）人，其畫傳李、郭筆韻，此圖取北宋李、郭筆墨之蒼厚、南宋馬、夏水墨之雄放，構圖精練集中，畫松杉挺拔，雪峰佇立，松下的茅齋裡有一人圍爐而坐，遠景以淡墨粗筆渲染，呈現出在野文人慵懶、閒適的生活情趣。

降蒙古，只有蝦蟆堅守孤城近三年之久。宋端平三年（一二三六年）十月，蒙古大軍併力攻城。蝦蟆意識城將不保，仍決意死戰到底，將州中所有金銀銅鐵集中，雜鑄為砲，用以反擊蒙古軍。又殺牛馬慰勞戰士，燒毀自己的房子和積蓄，以示必死的決心。在蝦蟆軍的日夜血戰、拚死抵抗下，蒙古軍也無法輕易攻破城池。

軍士死傷愈來愈多，眼看城破在即，蝦蟆命人在州署堆積柴草，召集家人和城中將校的妻女，關在一間屋裡，親自燒焚。蝦蟆的小妾想要申辯，馬上被蝦蟆斬殺。蝦蟆率領將士在大火前面拉滿弓，等待蒙古軍攻到。

城被攻破，蒙古兵紛擁而至，萬箭齊發。彈矢盡絕的士卒，挺身跳入火中。蝦蟆站到大草堆上，以門板掩護，射出二三百箭，百發百中。箭射完後，他把弓和箭扔到火中，自焚而死，年僅四十五歲。城中無一人投降。

當地人為他立祠祭奠，今日靖遠縣城隍廟故址即是該祠舊址，廟中城隍便是郭蝦蟆。

在強敵面前，中原的漢、女真等民族為保衛家園，都進行過殊死抵抗，最終迫使蒙古軍反思自己的軍事行為，逐漸改變原來野蠻的屠城、變耕地為牧場等政策，以適應中原地區的形勢。後來元朝攻宋時，其破壞即比中原地區小得多。從這一點來說，郭蝦蟆為金國一百二十年歷史畫上一個慘烈句號的守城之戰，可謂意義深遠。

完顏陳和尚和楊沃衍

●時間：西元一二三四年
●人物：完顏陳和尚
楊沃衍

金王朝在滅遼和北宋後，在其統治的廣大領域裡出現了短暫的經濟、文化繁榮，但隨著女真貴族的腐朽，在人民的對抗和統治集團內部的相互傾軋這雙重打擊下，金王朝迅速走向衰落，並在天興三年（一二三四年）蹣跚走完了一百二十年的統治歷程，在蒙古的鐵蹄下傾覆。在蒙古滅金的過程中，金王朝中湧現出了許多英勇抵抗、寧死不屈的英雄人物，上演了一幕幕可歌可泣的愛國主義故事，表現了人民反抗壓迫的光榮傳統，完顏陳和尚和楊沃衍是他們之中最為傑出的兩位。

⊙「明白死」的陳和尚

完顏陳和尚，本名彝，字良佐，是金末優秀將領。

陳和尚二十多歲時被蒙古人掠去，但時刻不忘故土。以探望母親為由，在路上與兄斜烈一起殺掉監視的士兵，帶著母親，躲過蒙古軍隊的追擊，成功回到金國。

在哀宗的擢升下，陳和尚出任忠孝軍提控。忠孝軍是一支由回紇（維族）、乃蠻、羌族、吐谷渾、漢族和少量女真族人組成的多民族軍隊，士兵大多來源於被蒙古軍俘虜又逃歸的中原各族民眾，待遇高，裝備好，大都為騎兵，並配有火槍等當時先進的裝備。

忠孝軍最初的首領為石抹燕山奴、蒲察定住，在他們的率領下，這支軍隊屢建戰功。但是，由於組成複雜，桀驁不馴，難以控制。陳和尚統馭有方，軍紀嚴明，在蒙古大舉侵金時，屢屢力挽狂瀾。陳和尚與這支軍隊休戚與共，共同見證了金朝衰亡前的迴光返照。

正大五年（一二二八年），陳和尚在大昌原（今甘肅寧縣東南）以四百人的小部隊大破由蒙古名將速不台統帥的八千蒙古鐵騎，一戰而威震朝野。

此後，陳和尚又在倒回谷（今陝西藍田西南）與衛州（今河南汲縣）再

銅鞭穗　金

鈞窯碗　金

直徑十八．五公分，斂口，弧壁，圈足。裡外以月白色釉為裝飾，足底露胎，釉層肥厚，造型規整，製作精細，是金代鈞窯產品中較好的作品。

延伸知識

三峰山之戰

當金朝連年入侵南宋，在戰爭中消耗了大量實力之時，蒙古人卻在背後迅速興起，把金人趕出東北老家，逼迫從燕京遷都汴梁（今河南開封），退居中原一線。在金人腹背受敵的情況下，強大的蒙古兵又向金軍發動了全面進攻。三峰山之戰，是蒙古滅金的一個重大戰役。

開興元年（一二三二年），蒙古軍隊繞過金朝的軍事重鎮潼關，越過秦嶺，出漢中盆地，迂迴到南方，然後直奔汴京。金將完顏哈達率主力十五萬前往攔截，雙方在三峰山（今河南禹州西北）展開會戰。

蒙古軍隊採取了疲勞金兵的戰術：當金兵進擊時，蒙軍不戰自退，金兵剛紮營寨，蒙軍就來偷襲。金兵晝夜不得休息，甚至三天吃不上飯，結果被蒙軍包圍在三峰山。當時天降大雪，氣候非常寒冷，蒙軍在四面烤火煮肉，輪番休息。金兵卻披甲僵立雪中，飢寒交迫。

蒙軍知道金兵急於突圍，就故意讓出一條路。當金兵爭相逃跑之時，蒙軍伏兵四起，大敗金兵。三峰山一戰，金兵主力殲滅殆盡，金朝元氣大傷，再也無力與蒙古軍隊決戰，金朝的滅亡已是不可避免了。

次擊敗蒙古軍，使蒙古軍侵略的步伐一再受阻，延緩了金朝的滅亡。

據《金史》記載，陳和尚愛好儒家文化，業餘時間喜歡鑽研文史，讀起《孝經》《論語》《春秋左氏傳》這些書，其認真程度不亞於寒窗苦讀的儒生。

陳和尚剛正不阿，不畏權貴。統領大軍的副樞移剌蒲阿貪圖小利，不顧大局，軍中無人敢勸止。陳和尚卻私下和同僚議論：「身為大將軍，做事卻和土匪沒甚麼兩樣，今日搶牲口三百，明天搶牛羊一兩千，白白累死我們許多士兵。國家多年積蓄的這點力量，遲早要毀在這個人的手裡。」

蒲阿得知後，在飲酒場合質問他，陳和尚毫無懼色，從容應對。蒲阿自知理虧，好言相勸道：「以後我有甚麼不對，你就當面說好了，不要背後議論嘛！」

由於戰略失誤，金軍在三峰山遭到慘敗，陳和尚收拾殘部避走鈞州（今河南鈞州）。可惜孤城難支，不久城破，陳和尚率軍展開巷戰。戰鬥中，陳和尚先避入隱蔽之處，戰事稍停，他鎮定走出，對搜索戰場的蒙古兵說：「我是金國的大將，有事見你們的統帥。」於是，他

三彩荷葉童子枕　金

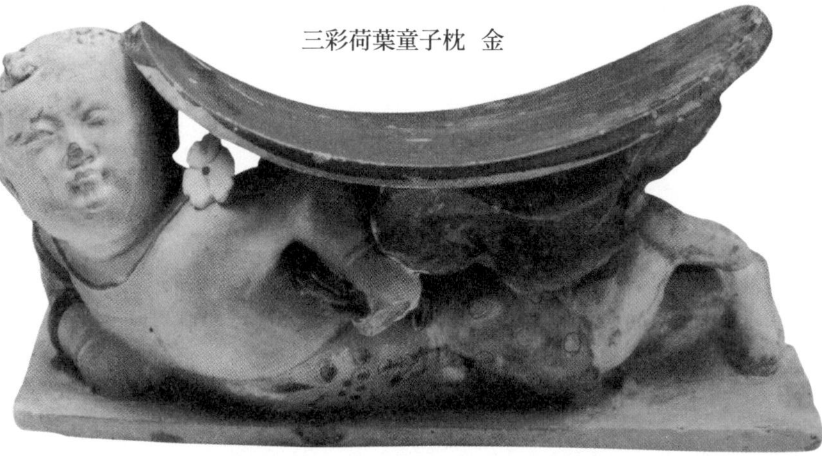

木雕菩薩坐像　金

被帶到蒙古軍統帥拖雷面前。

面對敵人，陳和尚毫不畏懼說：「我就是忠孝軍總領陳和尚，在大昌原打敗你們的是我，在衛州和倒回谷大敗你們的也是我。我不願意在亂軍中被一些名不見經傳的小兵所殺，以免後人以為我畏戰潛逃，背負『誤國』的污名。我要明明白白殉國，讓天下人都知道，金國有個為國而死的忠臣。」

蒙古軍敬佩他的勇氣和才能，以優厚的條件招降他，被嚴詞拒絕。蒙古人隨後砍斷他的腳，把嘴一直割到耳朵的位置，陳和尚寧死不屈，不停怒罵而死，時年四十一歲。

⊙「死王事」的楊沃衍

楊沃衍，一名斡烈，賜姓兀林答，朔州靜邊官莊人，本屬唐括迪剌部族，與陳和尚齊名，為了守護民眾而不惜犧牲的金末著名將領。

楊沃衍年輕時曾擔任過北邊屯田的小官，蒙古軍大舉入侵時，金朝為避鋒芒，命令唐括族全部遷往內地。沃衍滯留不走，率本部族的志願者，同時吸納當地家園被毀的流民，形成一股數千人的勢力，多次成功騷擾蒙古軍。

後因缺糧，也做過一些搶劫的勾當，金朝派兵也無法剿除。他們又不斷轉移，波及寧、陝、武、朔、寧邊諸州，給地方造成不良影響。金廷於是派人招安，沃衍率眾歸降。適逢宣宗南遷，聽說楊沃衍歸降，非常高興，封為武州刺史。

武州多次遭受兵燹，沃衍入駐不久，蒙古軍就來進犯。楊沃衍奮勇抗擊，死守二十七晝夜，蒙古軍無功而退。

然而，金廷認為武州地處偏遠，放棄防守，命令楊沃衍將武州軍民全部遷往岢嵐州，並任為防禦使。隨後又升岢嵐為節鎮，沃衍也升任節度使。

朝廷下詔勉勵他：「你為國盡忠，屢有功績，現在超出常規，升為三品。希望你忠於國家，更加奮發有為，團結下屬，好好安定軍民，不辜負朝廷的信任。」沃衍非常感激，決心以身許國，並說：「做人，不死王事而死於家，不是大丈夫的作為。」

此後，楊沃衍在抗擊西夏的西州之役、武休關之捷，抵抗蒙古軍的野豬嶺之戰、石樓臺之戰中，均驍勇無敵，享有「不敗」的盛名。正由於他與部將劉興哥等的英勇抗擊，東下侵略的蒙古軍直至成吉思汗病逝都難有寸進，迫使窩闊台不得不分兵三路，甚至要借道南宋。

楊沃衍為人耿直，在蒙金禹山之戰後，楊沃衍和完顏合達、移剌蒲阿等分別率部馳援汴京。

在五朵山會合時，楊沃衍詢問禹山之戰的指揮官完顏合達和移剌蒲阿戰況如何，合達說道：「我軍雖勝，但蒙古大軍滲透過防線，向京師進攻了。」楊沃衍憤慨道：「平章（合達）、參政（蒲阿），你們蒙受國家厚恩，手掌兵權，卻錯失克敵制勝的戰機，也沒能有效防禦，竟然放縱敵兵深入，還有臉在這裡胡說！」

三峰山之戰，金軍慘敗，沃衍率部堅守鈞州，部下白留奴、呆劉勝見大勢已去，都投降了蒙古軍，並向蒙古軍統帥請求前往鈞州招降楊沃衍。

蒙古軍留下白留奴作人質，令呆劉勝入均州，勸降楊沃衍。沃衍假意答應，好言撫慰，讓呆劉勝近前說話，乘機拔劍殺了他，悲憤說：「我出身卑微，蒙受國家大恩，你難道想用這點來玷污我的人格嗎！」

楊沃衍招來部將，交代遺言，向著汴京下拜，痛哭著說：「沒有面目見朝廷，只有以死報國啊！」言畢自殺，時年五十二歲。部將將屍體和居所放火燒掉，跟從他一起殉國的有十餘人。

延伸知識

金代絲織

金代絲織是在宋代北方絲織業的基礎上建立的，並沿宋制設立少府監、文繡監，掌管繡造宮廷御用的服飾，織染署掌管織造染色。金在真定（今河北正定）、平陽、太原、河間（今屬河北）、懷州等處設綾錦院，立官掌管織造等事。

金代絲織品的種類繁多，有貢綾、貢羅、無縫錦等，精妙絕倫。山西省大同市西金代閻德源墓出土的二十四件絲織品，以羅為主，有花素兩種。鶴氅、黃褐色羅地、鶴雲的繡工精細，針法熟練，風格典雅，堪稱金代刺繡工藝的精品。

木雕加彩菩薩坐像　金

完顏承暉殉國

●時間：西元一二一五年
●人物：完顏承暉

完顏承暉，字維明，本名福興。從小勤奮好學，貫通經史。承暉出身富貴，但沒有沾染貴族子弟的不良習氣。居室整潔、樸素，經常懸掛著宋朝司馬光、蘇軾的畫像。他常說：「我以司馬先生為師，與蘇公為友。」平章政事完顏守貞敬重承暉年少有為，與之成為忘年交。

⊙大夏將傾

如果生活在盛世，完顏承暉很可能成為一位傑出的文壇人物，然而成長的年代，已然是多事之秋。自金章宗後，金國運不濟，兵災連連。到了承暉拜相當國時，金國的中都已近不保了。

貞祐二年（一二一四年）五月，宣宗下令遷都。五月十七日，三千匹駱駝、三萬輛車滿載著宮室的珠寶、文書開始南行。滂沱大雨中，大隊的親兵簇擁著宣宗鑾駕，作別曾經的都城。宣宗離去前，拜承暉為尚書右丞相兼都元帥，封定國公，與皇太子守忠一起留守中都監國。宣宗遷都的這一舉動，大大動搖了本已飄搖的民心。

朝中的投降派將領和受金壓迫的契丹人，紛紛叛金降蒙。有的殺掉了金國的主帥，有的起兵中都，有的搜羅大批的衣甲、武器、馬匹投降蒙古。不久，宣宗下詔令太子南遷。太子一走，軍中愈發人心浮動，右副元帥蒲察七斤隨即率軍投降了蒙古。中都局勢危急。

中都的變故，令剛剛撤軍、且與金國訂立了和議的蒙古軍再次蠢蠢欲動。成吉思汗得知宣宗南逃的消息後，立即派大將拔都、降將石抹明安等領兵南下，直取中都。沿途金軍不敵，皆望風而退。

貞祐三年（一二一五年）正月，蒙古軍再次兵臨中都城下。完顏承暉向朝廷告急，稱如果中都一失，遼東、河北之地都將難保，死守已無濟於事，倘若能盡快調遣援兵，中都或許還有轉機。

宣宗得報，立即命中都附近的駐軍前去支援。然而，援軍相繼被蒙古軍擊潰。帶糧草馳援的御史中丞李英因貪酒誤事，被蒙軍全殲，李英戰死，糧草被蒙軍悉數劫走。至此，馳援中都的計畫全盤破產。遠在汴京的朮虎

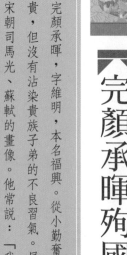

玉透雕牽牛花帶扣　金

高琪，也因忌憚承暉的勢力，作壁上觀，拒絕再發援兵。中都岌岌可危！

⊙殉國酬志

中都被圍，令完顏承暉焦頭爛額，找來軍中副帥抹盡忠共同商議。抹盡忠是宣宗在蒲察七斤降蒙之後擢升的將領，官至平章政事兼左副元帥。承暉認為抹盡忠久在軍中，熟悉兵事，因此將軍事指揮權全部委託，自己則總攬大綱，希望可以保存中都。

然而，就在中都危在旦夕之際，承暉發現抹盡忠正與部下策劃南逃。承暉怒不可遏，憤然回宅，愈想愈氣，就把盡忠的心腹元帥府經歷官完顏師姑找來，說：「我以為平章盡忠懂得軍事，就把兵權交託給他，他也曾發誓與我共生死。沒想到今天他卻改變了主意。行期是哪一天，想必你不會不知道吧？」師姑說：「就在今晚。」承暉又問：「你的行李也置辦好了嗎？」師姑回答道：「都已辦好。」

承暉勃然變色，厲聲問道：「那麼江山社稷怎麼辦？」師姑無言以對。

承暉悲憤難抑，先到家廟拜謁了先祖，然後召集部下飲酒。他說：「事已至此，唯有一死以報國家。」他寫下遺書，交給尚書令史師安石。遺書中為宣宗指出，辨別君子小人乃是治亂之本，並歷數當朝正邪之人，其中提及平章政事朮虎高琪，指出此人稟賦陰險，竊弄權柄，包藏禍心，終會害及國家。遺書以不能保全都城，向宣宗謝罪結束。

交託完遺書，承暉從容取出所有財物，召集了家中僕人，按照年老多寡分發，並為他們開具了從良的證明，還其自由之身。眾人痛哭失聲。

承暉神色泰然，再次與安石舉杯說：「承暉從小接受儒家教育，一生都在盡力恪守，從不欺世盜名。」言罷，一飲而盡，又拿起筆寫了一張條幅，與安石訣別。寫到最後，有兩個字顛倒了，於是扔筆歎息道：「字也寫不好了，難道真的已經神思錯亂了？」他對安石說：「你走吧！」安石剛出門，就聽見裡面哭聲一片，回頭看時，承暉已經毒發身亡了。

當晚，抹盡忠南逃，中都失守，時間是貞祐三年（一二一五年）五月初二。

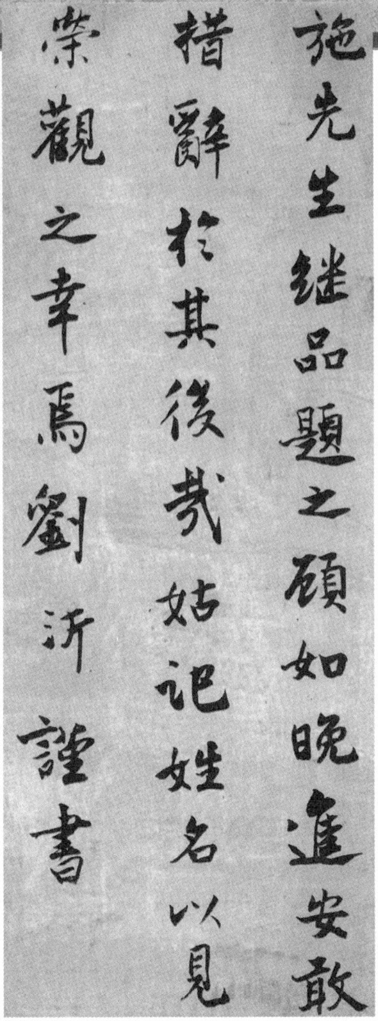

跋蘇軾李白仙詩卷　金　劉沂

自食惡果的崔立

●時間：西元一二三三～一二三四年
●人物：崔立

國運昌盛之時，政體完備，有能有德的人被選拔出來，掌握國家的命脈，奸佞之徒無所用其技。國勢衰退後，英才凋零，奸邪凶殘之人就有機會竊取高位，禍國殃民，進而加速國家的滅亡。金國末期，以市井無賴竟至京城防禦主帥的崔立，憑藉手握重兵之機作亂，竊據高位，並拱手將汴京獻給了蒙古軍。

⊙崔立叛國

崔立，將陵（今山東德州）人，年輕時家貧，曾替寺廟的僧人背鈸、鼓為生。後來應徵入伍，跟隨上黨公張開，陸續升為都統、提控，直至遙領太原知府。這些都是空頭職銜，並沒有實際上任。正大初年（一二二四年），崔立請求入朝為官，遭到駁回。從此，常常以未能官居三品為憾事。

汴京被圍時，崔立帶兵參與防守，被授予安平都尉。天興元年（一二三二年）冬十二月，哀宗逃往歸德之前，授予崔立西面元帥之職。

崔立為人淫逸狡猾，常有叛亂之心。暗中豢養藥安國等人，積蓄實力，並把家搬至西城，以準備事敗後攜家逃走。藥安國，管州（今河南鄭州）人，二十多歲，有勇力，曾任嵐州招撫使，因犯罪關押在開封的牢裡，出獄後，窮得吃不上飯，崔立私下結納，準備一起謀反。

崔立每天都和都尉揚善前往朝中窺探動靜，一切佈置妥當後，借吃早飯之機，先殺了揚善。

天興二年（一二三三年）正月，崔立帶領兩百名披甲士兵闖入朝中。留守汴京的參知政事兼樞密使完顏申奴和副樞密使完顏斜捻阿不（時人稱「二相」），聽到外面兵變，趕緊出來察看。崔立拔劍問道：「京城被圍，處境困難，隨時有覆沒的危險，你們兩個打算怎麼辦？」二人說道：「有事好商量。」

崔立指揮黨羽殺掉二人和其他朝臣。隨即告示百姓：「我看『二相』只是閉門商議，遲遲沒有守城的方略，今天我殺了他們，算是為全城的生靈請命。」大家都拍手稱快。

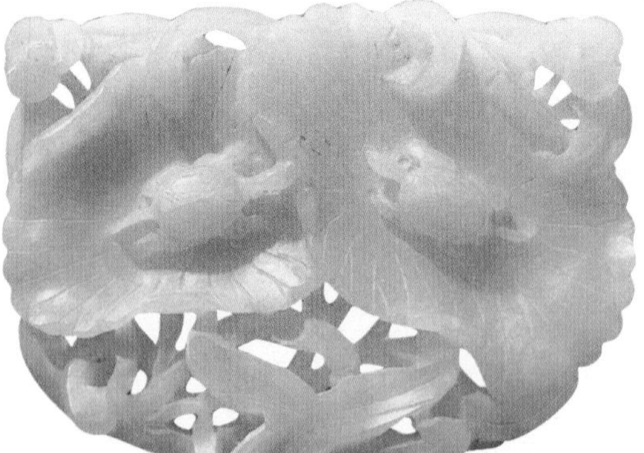

白玉花鳥佩　金

佩作橢圓形，正面略呈弧形凹面，鏤雕成多層荷葉和水草紋。中間兩片碩大的荷葉脈理清晰，葉中心各雕一龜，琢雙陰刻線為龜背紋。造型新奇生動，鏤雕精細，是金代玉製品中的代表作。

崔立聚集百官商議，推立一人主持汴京。崔立說：「衛紹王的太子從恪，妹妹和親到蒙古，可由他來主持汴京事務。」

於是派遣黨羽韓鐸，以太后的命令前去召從恪，又以太后的誥命封從恪為梁王監國。接著，又以監國的名義，將「二相」所佩虎符送至蒙古軍統帥處，表示投降。

於是，崔立一手把持了汴京的軍政大權，自稱太師、軍馬都元帥、尚書令、鄭王，出入乘車。稱妻子為王妃，並大封親信。

⊙禍亂汴京

崔立叛國，雖然依靠藥安國的勇力成事，後來也起了猜忌之心。聽說藥安國納了一個都尉的夫人，便以違約的罪名殺了他。

蒙古大軍到達青城時，崔立穿著御衣，帶著儀仗隊前去拜見。蒙軍統帥大喜，與崔立一起喝酒議事，崔立以對父親的禮節對待。酒宴過後，崔立回城，將京城的防禦設施悉數燒毀。看到汴京火起，蒙古軍大喜，確信汴京真的投降了。

崔立在汴京大肆為禍，百姓和官員都慘遭荼毒。甚至將官員的妻女集中，每天選幾個供自己淫亂。人們都私下議論：「當初蒙古軍攻城之後的七八日之中，汴京城瘟疫流行，死掉的人有數百萬之多，我們為甚麼不在那個時候死掉，偏要遭受現在這樣的不幸。」

崔立又勸太后寫信，陳說天時人事，派哀宗的乳母到歸德招降。好事之徒都爭著援引金國初年太宗幫劉豫建立偽齊的故事，也勸崔立自立為帝。

⊙自食其果

天興二年（一二三三年）四月十八日，崔立驅使太后和皇后、梁王、荊

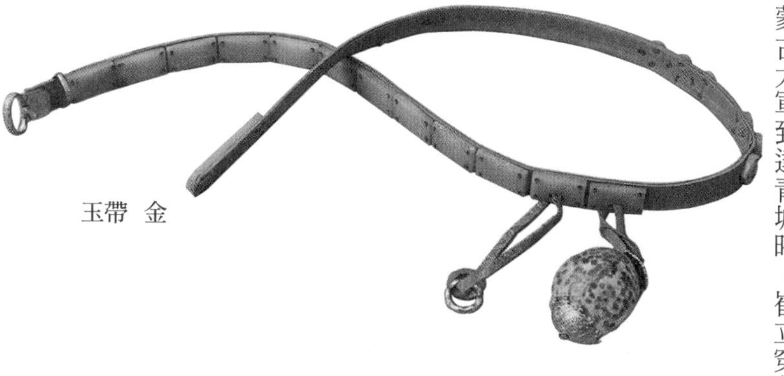

玉帶　金

歷史詞典　金代火器製造

金代火器製造業完全是在北宋基礎上發展的，其技術的發展又勝於北宋。金代火器製造主要用於戰爭的武器，如鐵火砲、震天雷、飛火槍等，此外火藥也曾應用於其他方面。

世宗末年，太原府陽曲縣（今山西太原）鄭村中社李姓獵户，把火藥裝入陶罐，掛在腰間備用，遇見狐群把藥線點著，猛作大聲，「用以捕殺狐群」。

金代鐵火砲不僅最早見於記載，而且以鐵為外殼，口小，說明當時已掌握利用火藥性能的轉化作用，以發揮火砲發射的威力，標誌著對火藥利用技能的成熟。

帶飾　金

出土於黑龍江阿城半拉城子的一座金代墓中。全部帶飾以金片模壓而成，上飾寶相花紋，式樣有圓形、長方形及半月形等。在圓形金的下部並飾有一個扁環，可視為由蹀躞向金帶過渡的一種帶飾。

王及其他宗室，還有醫生、工匠等五百餘人，前赴青城。接著蒙古軍入城，崔立在城外迎接，蒙古軍先至崔立家，將其妻妾連同金銀珠寶一掠而空。崔立回家後慟哭一場，終也於事無補。

山西人李琦是軍中的都尉，在汴京依附崔立的妹夫折希顏。妻子二十多歲，長相貌美。有人對崔立說，李琦的妻子很有姿色，崔立當即心生邪念。李琦屢次看到崔立想奪人之妻時，一定會派其丈夫遠行。於是，每次崔立派他出京時，都將妻子帶在身邊。幾次之後，崔立大怒，想除掉李琦。李琦也因多次被折希顏侮辱，早已對崔立動了殺機，於是聯絡李伯淵等人，合謀對付崔立。

天興三年（一二三四年）六月，李伯淵聲稱附近出現宋軍，假意要與崔立商量對策。第二天晚上，李伯淵等人燒掉開封的外封丘門，令崔立確信宋軍來了。這天晚上，崔立心神不安，輾轉不眠。

天亮後，李伯淵等請崔立前去查看火情。崔立帶著苑秀、折希顏等人騎馬前往，命十五歲以上、七十歲以下的男子，全部到太廟街點名集合。

回程中，走到梳行街，李伯淵要求送崔立回府，崔立推辭了幾次，李伯淵一定要親自送行。就在崔立心中生疑時，李伯淵倉卒在馬上抱住崔立。崔立看著李伯淵道：「你想殺我嗎？」李伯淵說：「殺你有何不可？」當即拔出匕首，橫刺過去，洞穿抱著崔立的手臂後，刺中崔立，隨即又補一刀，崔立掉下馬來。伏兵一擁而上，殺掉了崔立餘黨。

耳環　金

延伸知識

金代玉器

金代朝廷用玉並不少於遼、宋。女真族除了保持民族固有的信仰、祭祀等文化傳統外，並吸收了遼、宋的典章制度，在祭祀、寶冊、車騎及服飾等方面廣泛使用玉器，盛況不減遼、宋二朝。

金代玉器既有近似遼代清素平淡的玉製器皿，又有高度發達的鏤雕作品，其鏤雕作品內容豐富，層次分明，絲毫不遜於宋代玉器。題材既有宋玉中常見的花鳥形象，又有極富民族傳統特色的虎鹿山林、鷹鶻雁鵝。圖案裝飾兼具繪畫和雕塑兩重特性，形態生動逼真，形神兼備，具有很高的藝術價值。

「春水玉」「秋山玉」是金代玉器的代表作。女真族建立新政權後，承襲了契丹的舊俗，狩獵於春秋的娛樂活動，並將捺缽漁獵活動改稱為「春水」「秋山」。常見的「春水玉」表現為殘忍場面，通常是海東青捉天鵝圖。秋山玉是表現女真族秋季狩獵，射殺鹿的情景。

在金代，秋捺缽也稱伏虎林，在雕琢技法上常留色玉皮作秋色。在表現手法上，秋山玉有繁、簡、粗、細之分。場面不像春水少殘酷無情，而是獸畜共處山林，相安無事，一副世外桃源的北國秋景。

此外，金代玉器的典型器物還有嘎拉哈玉玩具，也是一種充滿女真民族情趣的玉具。玉嘎哈拉是女真貴族兒童的玩具，中間有穿孔，可隨身佩帶。玉形似羊或狗子的髕骨類似漢族童子玉墜，似有希冀少年福祉不斷之意。因是羊或狗子之骨，是北方主要供食用動物之骨，長年佩帶，具兆祥之瑞。

李伯淵把崔立的屍體綁在馬後，拖著遊街，並向圍觀的人道：「崔立殺害無辜，劫奪人妻，貪淫暴虐，大逆不道，古今無有，該不該殺？」大家齊聲回答：「千刀萬剮都算便宜他了。」於是割下崔立的頭，向著承天門祭奠哀宗，有的人挖出崔立的心吃掉。軍民大哭，痛惜金國的滅亡。

崔立、苑秀和折希顏三人的屍體掛在宮門前的一棵槐樹上，樹枝難以承重，突然折斷。人們紛紛說樹有靈性，厭惡被這樣的惡人玷污。

不久，有人告發崔立藏匿宮中珍寶，於是立即將崔家抄掠一空，連妻子王花兒也被送給了丞相鎮海帳下的一個士兵。

復原後的蹀躞帶　金

玉綬帶銜花佩　金

玉料呈黃色，間以陰線總綴，通體鏤雕成口銜折枝花、展翅飛翔的綬帶鳥，濕潤可愛。

【才子元好問】

●時間：西元一一九〇～一二五七年
●人物：元好問

清人趙翼曾言：「唐以來，律詩之可歌可泣者，少陵十數聯外，絕無嗣響，遺山則往往有之。」少陵指的是詩聖杜甫，遺山就是金元間的元好問。元好問一生坎坷，國破家亡的經歷，使詩作沉摯悲涼，頗具杜詩遺風。

⊙坎坷少年

元好問（一一九〇～一二五七年），生於太原秀容（今山西忻州）。他曾在遺山（今山西定襄縣城東北）讀書，自號遺山山人。元好問的父親元德明屢試不第，在家教書，著有《東嵓集》。

元好問幼時過繼給叔父元格為子，元格曾做過隴城縣令，視好問如己出，悉心教導。元好問七歲能詩，時人視為神童，後從宿儒為師，博通經史。禮部侍郎趙秉文讀了元好問的〈琴臺〉等詩後，歎為「近代無此作」，於是名震京師，人稱「元才子」。

貞祐二年（一二一四年）三月，蒙古軍占領金國忻縣，大肆屠城，殺死十萬餘人，元好問長兄好古也死於其中。兩年後，蒙古軍包圍太原，元好問攜母倉皇逃往河南，飽嘗顛沛流離之苦。

金宣宗興定五年（一二二一年），元好問科舉登第，但因政治紛爭而未任官，時年三十二歲。其後遷居洛陽十年，創作了不少詩文。

金哀宗正大元年（一二二四年），元好問中博學宏詞科，授儒林郎、權國史編修郎，遷居南京（今開封）。正大三年（一二二六年），外放鎮平縣（今河南鎮平）令，到任不久即離職。次年出任內鄉（今屬河南）令，第二年因母親去世守孝，在該縣的白鹿原居住了三年。正大八年（一二三一年），又出任南陽（今屬河南）令。幾個月後，移家南京，出任尚書省令史。

金哀宗天興元年（一二三二年），蒙古軍兵臨南京城下，城內疫病肆虐，上百萬軍民染病身亡，元好問在城內悽慘度日，過著「圍城十月鬼為鄰」的生活。十二月，金哀宗南逃。第二年，守將崔立開城乞降，元好問被委以「左右司郎中」的職務。他上書耶律楚材，保下金國五十四個文人的性命。金亡後，元好問關押在山東聊城。兩年後，轉押至冠城（今山東冠縣），後管制放鬆，山東文人皆來拜訪。

⊙布衣才子

元太宗十年（一二三八年），元好問結束了關押的生活，回到故鄉秀容，閉門讀書，過起了遺民生活。在家鄉建起「野史亭」，立志編纂金史。經過二十年的努力，終於撰成《中州集》和《壬辰雜編》兩書，書中記載了大量的金國史料，元人所修的《金史》，許多材料都取自這兩部書。在編纂史書的同時，元好問並創作了大量詩文。

元憲宗二年（一二五二年），元好問為改善儒生的處境，北上求見忽必烈，請他做儒學大宗師，並請求免除儒生的賦役，忽必烈答應了。

憲宗七年（一二五七年），元好問死於游學途中，時年六十八歲。

元好問有《遺山集》等傳世，其中收錄詩一千三百六十首，詞三百七十七首，散曲若干。元好問不僅詩寫得好，對詩歌的鑑賞也有獨到的見解，在《論詩絕句三十首》中，元好問對詩壇前賢一一評論，表明了自己的文學主張。

他讚許陶淵明的淳樸自然：「一語天然萬古新，豪華落盡見真淳。南窗白日羲皇上，未害淵明是晉人。」

他激賞〈敕勒歌〉的豪邁：「慷慨歌謠絕不傳，穹廬一曲本天然。中州萬古英雄氣，也到陰山敕勒川。」

他強調創作須源於生活：「眼處心生句自神，暗中摸索總非真。畫圖臨出秦川景，親到長安有幾人。」

他指出為人與為文不可一概而論：「心畫心聲總失真，文章仍復見為人。高情千古閒居賦，爭信安仁拜路塵！」詩中的安仁指晉代文人潘岳，他的〈閒居賦〉寫得格調高雅，但為人卻毫無骨氣，諂事權貴賈謐，每逢其出，則望塵而拜。元好問對他的鞭撻令人叫絕。

然而，綜觀元好問的一生，雖然吟詩作文，控訴戰爭的殘酷，仰慕陶淵明的清高，但也曾為降元叛將崔立撰寫碑文，歌功頌德，遭到世人的非議。他曾寫道：「百年世事兼身事，樽酒何人與細論。」連自己也感到有口難辯。

墨玉鏤雕春水紋爐頂　金

【金國皇后】

●時間：西元一一三五～一二三四年
●人物：悼平皇后　昭德皇后　明惠皇后

金代帝后大多都有氏而無名，然而自金太祖立國，除一二人之參權亂政外，多有母儀天下之能，匡扶君主之才。尤其是世宗昭德完后、宣宗明惠皇后，可以稱得上是金代賢后的典範了。

⊙悼平皇后，干政亂國

金熙宗悼平皇后裴滿氏（?～一一四九年），其名不詳。自貴妃晉升為皇后，生皇子濟安，不久夭折。

熙宗當政時期，大臣宗弼、宗翰、宗幹相繼主持政務，熙宗本人沉默寡言，很少發表意見。雖然立國之初國事繁多，但因朝廷籌劃政策成功，齊國政權順利廢除，宋廷遣使求和，因此吏治清明，百姓安居樂業。但隨著完顏宗弼等老臣故去，裴滿皇后開始干預政事，漸漸到了無所忌憚的地步。朝廷官員通過她甚至可以謀到宰相的職位。

副統銅印　金

對於裴滿皇后的掣肘要挾，熙宗內心非常不滿，情緒消沉，經常酗酒發怒，醉後即濫殺無辜。一次，左丞相完顏亮過生日，熙宗派大興國賜給他禮物，裴滿皇后也附帶了賞賜。熙宗聽說後大怒，杖責大興國，並奪回了所賜禮品。完顏亮本來就有謀奪帝位的野心，事後更加多疑，於是緊急制定發動政變的計畫。

按規定，近侍高壽星應遷到燕京以南屯田，但嫌屯田辛苦，便進宮向裴滿皇后訴苦。裴滿皇后藉故激怒熙宗，令其殺掉了左司郎中三合，杖責平章政事秉德，高壽星最終沒有遷徙。秉德等人感到了危機，於是萌發了謀反的念頭，後被完顏亮利用。

皇統九年（一一四九年），熙宗在長期的壓抑下，精神趨於混亂，終於無法控制，殺死了包括裴滿皇后在內的眾多嬪妃，並迎納胙王常勝的王妃撒卯入宮繼皇后之位。不久，熙宗被完顏亮所殺。

世宗大定年間（一一六一～一一八九年），追復熙宗帝號，加諡裴滿皇后為悼平皇后，合葬於思陵。

悼平皇后涉足朝政，致使政局動盪，間接促使完顏亮弒君奪位，亦使剛剛建國二十多年、政體初步完備的金國陷入十餘年的混亂時期，延緩了金盛世的來臨，為金國的發展造成了嚴重的後患。

⊙昭德皇后，忍辱負重

金世宗昭德皇后，姓烏林答，先祖居住在海羅伊河，世代擔任烏林答部首領，後率部落歸附完顏部，居住在上京，與皇族完顏氏世代通婚。

烏林答氏天資聰穎，容貌端莊，儀表肅穆，深得同族人敬重。嫁給世宗完顏雍之後，侍奉公婆嚴謹恭順，持家井井有條。

烏林答氏的政治嗅覺很敏銳。完顏雍之父宗輔伐宋，得到一條白玉帶，是皇宮之物。宗輔去世後，完顏雍準備珍藏玉帶，烏林答氏卻說：「這不是王府應有的東西，應當獻給皇上。」完顏雍覺得有理，便把玉帶獻給熙宗，皇后裴滿氏大為高興。熙宗晚年經常酗酒發怒，但從未為難完顏雍，這應歸功於烏林答氏的明智之舉。

海陵王完顏亮篡位自立，對宗室異常猜忌。烏帶進讒言，稱完顏秉德有擁立完顏雍為帝的企圖。秉德後被海陵王殺害，烏林答氏多次勸完顏雍進獻奇珍異物，以取悅海陵王。海陵王認定完顏雍恭敬順從，畏懼自己，對他的猜忌疑慮自然減輕。

烏林答氏性情平和，少妒忌心，主動幫完顏雍選擇婢妾，以便多生子嗣，即使兒子允恭降生後，這一做法也沒有改變。甚至患病時也不讓完顏雍長期護理，以避專寵之嫌。

海陵王淫亂無度，完顏雍在濟南任職時，徵召烏林答氏前往中都。烏林答氏不忍受辱，早有死志，但怕在濟南自殺會連累完顏雍。她接受詔命，打算離開濟南後再尋機自盡。

洛陽齊雲塔

捧壺侍俑磚雕　金

臨行對完顏雍說：「我一定自己努力，不會拖累大王。」

她召來王府的僕人張僅言，說：「你是大王的心腹，可以替我到東嶽泰山祈禱，我絕不會辜負大王，希望上天明白我的苦心。」

又對其他僕人道：「我從年輕時出嫁到現在，從未見大王做過背心離德的事。現在宗室當中很多人受到皇帝猜疑，都因為家中有惡奴，憎恨主人而加以誣陷的緣故。你們都是先王在世時的舊人，應當懷念先王舊日的恩德，千萬不要肆意妄為。如果有誰不聽我的話，在陰間我將會看到他的所做所為。」大家悲痛欲絕。

烏林答氏離開濟南以後，隨從知道她決意自殺，一路便多加提防保護。走到離中都七十里處的良鄉，隨從稍有放鬆，烏林答氏伺機自盡。她自殺後，完顏雍大為悲痛，不但多次讚頌她的德行，而且在繼帝位後再也沒有冊立過皇后。

金世宗即位後，於大定二年（一一六二年）追冊烏林答氏為昭德皇后，單獨立廟，並追贈三代，命皇太子允恭前去祭奠。

八年（一一六八年）七月，太子允恭之子完顏璟降生，世宗非常高興，對允恭說：「有了社稷繼承人，我高興的心情無以表達。這都是皇后為你積的陰功啊！」

十一年（一一七一年），在皇太子的生日宴上，世宗說道：「烏林答皇后，盡妻子職責可謂淋漓盡致。我之所以不再立中宮皇后，就是每每念及烏林答皇后的德行，現在無人可及啊！」

昭德皇后持家有方，洞察局勢，進勸良言，多次保護了世宗，才有了金國的盛世。

⊙明惠皇后，教子有方

宣宗明惠皇后姓王，其名不詳，中都（今北京）人。宣宗尚在藩邸時，與妹妹一同入選為妃。宣宗即位後，立為元妃，其妹為皇后。哀宗即位後，尊王氏為皇太后。

王太后儀態端莊，性情嚴謹，博古通今，對哀宗完顏守緒管束極為嚴厲，即使守緒已立為皇太子，犯了錯誤仍要痛加責罰，直至正式繼位。

有一天宮中設宴，擺有三套玉製的上等碗碟，一套給王太后，另外兩套分別給哀宗和皇后，荊王完顏守純的母親真妃龐氏則安排用瑪瑙餐具。王太后看了非常不滿，叫來主管的官員訓斥道：「誰讓你擅自進行分別？荊王的母親難道比我的兒媳婦卑賤嗎？要不是飲食方面的小事，你早就被杖責了。」從此以後，宮中對真妃侍奉得更加周到。

有人告發荊王作亂，荊王下獄並定罪。哀宗將此事告訴了王太后，太后道：「你只有一位兄長，為甚麼要聽人讒言殺害他呢？章宗殺死了伯父和叔父，結果自己也不長命，且無子嗣，你為何要效法他呢？趕快赦免荊王，讓他來見我。如果荊王不來，我就永遠不再見你了。」哀宗依言而行。

點檢撒合輦教哀宗騎馬擊球，王太后得知後，警告說：「你身為臣下，應當以正道輔佐君主，怎麼能教他遊戲呢？再聽說有這樣的事，一定要對你痛加責罰。」

哀宗主政時，金國對蒙古作戰取得了一些小小的勝利，國勢頗有振作的氣象。文士中有人上奏，辭賦以「聖德中興」為主題。王太后得知，不高興說：「皇帝年輕氣盛，沒有懼怕的心理，會產生驕傲懈怠情緒。現在僥倖打了幾次勝仗，哪裡談得上中興？你們這些人竟如此向皇帝獻媚。」

哀宗正大八年（一二三一年）九月，王太后去世，臨終前囑託葬禮規制要盡可能節儉。十二月己未日，王太后在汴京城迎朔門外五里處下葬，與莊獻太子墓毗鄰，後追謚為明惠皇后。

盧溝橋運筏圖　金　佚名

帝王世系表

遼　西夏　金

遼　西元九一六～一一二五年

廟號	帝王原名	年號	西元
太祖	耶律阿保機	神冊（七年）	九一六～九二二年
		天贊（五年）	九二二～九二六年
		天顯（二年）	九二六～九二七年
太宗	耶律德光	天顯（十二年）	九二七～九三八年
		會同（十年）	九三八～九四七年
		大同（一年）	九四七年
世宗	耶律阮	天祿（五年）	九四七～九五一年
穆宗	耶律璟	應曆（十九年）	九五一～九六九年
景宗	耶律賢	保寧（十一年）	九六九～九七九年
		乾亨（五年）	九七九～九八二年
聖宗	耶律隆緒	統和（三十年）	九八三～一〇一二年
		開泰（十年）	一〇一二～一〇二一年
		太平（十一年）	一〇二一～一〇三一年
興宗	耶律宗真	景福（二年）	一〇三一～一〇三二年
		重熙（二十四年）	一〇三二～一〇五五年

西夏　西元一〇三二～一二二七年

廟號	帝王原名	年號	西元
景宗	李元昊	顯道（三年）	一〇三二～一〇三四年
		開運（一年）	一〇三四年
		廣運（三年）	一〇三四～一〇三六年
		大慶（三年）	一〇三六～一〇三八年
		天授禮法延祚（十一年）	一〇三八～一〇四八年
毅宗	李諒祚	延嗣寧國（一年）	一〇四九年
		天祐垂聖（三年）	一〇五〇～一〇五二年
		福聖承道（四年）	一〇五三～一〇五六年
		奲都（六年）	一〇五七～一〇六二年
		拱化（五年）	一〇六三～一〇六七年
惠宗	李秉常	乾道（二年）	一〇六七～一〇六八年
		天賜禮聖國慶（六年）	一〇六九～一〇七四年
		大安（十一年）	一〇七五～一〇八五年
		天安禮定（一年）	一〇八六

道宗　耶律洪基	清寧（十年）	一〇五五～一〇六四年
	咸雍（十年）	一〇六五～一〇七四年
	大（太）康（十年）	一〇七五～一〇八四年
	大安（十年）	一〇八五～一〇九四年
	壽昌（隆）（七年）	一〇九五～一一〇一年
天祚帝　耶律延禧	乾統（十年）	一一〇一～一一一〇年
	天慶（十年）	一一一一～一一二〇年
	保大（五年）	一一二一～一一二五年

崇宗　李乾順	天儀治平（四年）	一〇八六～一〇八九年
	天祐民安（八年）	一〇九〇～一〇九七年
	永安（三年）	一〇九八～一一〇〇年
	貞觀（十三年）	一一〇一～一一一三年
	雍寧（五年）	一一一四～一一一八年
	元德（九年）	一一一九～一一二七年
	正德（八年）	一一二七～一一三四年
	大德（五年）	一一三五～一一三九年
仁宗　李仁孝	大慶（四年）	一一四〇～一一四三年
	人慶（五年）	一一四四～一一四八年
	天盛（二十一年）	一一四九～一一六九年
	乾祐（二十四年）	一一七〇～一一九三年
桓宗　李純祐	天慶（十三年）	一一九四～一二〇六年
襄宗　李安全	應天（四年）	一二〇六～一二〇九年
	皇建（二年）	一二一〇～一二一一年
神宗　李遵頊	光定（十三年）	一二一一～一二二三年
獻宗　李德旺	乾定（四年）	一二二三～一二二六年
末主　李晛	寶義（二年）	一二二六～一二二七年

金

西元一一一五～一二三四年

廟號	帝王原名	年號	西元
太祖	完顏阿骨打	收國（二年）	一一一五～一一一六年
		天輔（七年）	一一一七～一一二三年
太宗	完顏晟	天會（十五年）	一一二三～一一三七年
熙宗	完顏亶	天眷（三年）	一一三八～一一四〇年
		皇統（九年）	一一四一～一一四九年
海陵王	完顏亮	天德（五年）	一一四九～一一五三年
		貞元（四年）	一一五三～一一五六年
		正隆（六年）	一一五六～一一六一年
世宗	完顏雍	大定（二十九年）	一一六一～一一八九年
章宗	完顏璟	明昌（七年）	一一九〇～一一九六年
		承安（五年）	一一九六～一二〇〇年
		泰和（八年）	一二〇一～一二〇八年
衛紹王	完顏永濟	大安（三年）	一二〇九～一二一一年
		崇慶（二年）	一二一二～一二一三年
		至寧（一年）	一二一三年
宣宗	完顏珣	貞祐（五年）	一二一三～一二一七年
		興定（六年）	一二一七～一二二二年
		元光（二年）	一二二二～一二二三年
哀宗	完顏守緒	正大（八年）	一二二四～一二三一年
		開興（一年）	一二三二年
		天興（三年）	一二三二～一二三四年

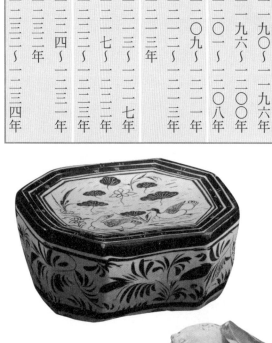

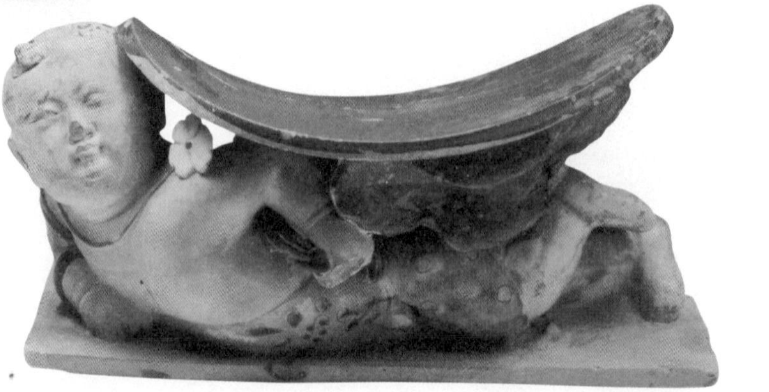

五代			
後梁太祖	開平元年	九〇七年	耶律阿保機即汗位。
後梁末帝	貞明二年	九一六年	契丹阿保機稱帝，是為遼太祖。建元神冊。
後梁末帝	貞明六年	九二〇年	製契丹大字，詔頒行之。後又製小字。
後唐明宗	天成元年	九二六年	契丹攻滅渤海，改渤海為東丹，以耶律倍為東丹王。阿保機病故，述律后攝政。
後唐明宗	天成二年	九二七年	契丹耶律德光即位，是為遼太宗。尊述律后為應天皇太后。
後晉高祖	天福三年	九三八年	取得幽雲十六州，升幽州為南京。
後晉出帝	開運三年	九四六年	攻陷汴京，後晉滅。
後漢高祖	天福十二年	九四七年	耶律德光改契丹為遼。耶律德光北返途中病死。耶律阮即位，是為遼世宗。
後周太祖	廣順元年	九五一年	遼世宗為察割所弒。壽安王耶律璟即位，是為遼穆宗。

北宋			
宋太祖	開寶二年	九六九年	耶律璟為近侍所弒，兀欲之子耶律賢即位，是為遼景宗。
宋太宗	太平興國七年	九八二年	耶律賢自將南侵，敗績。耶律賢病故。梁王隆緒奉遺詔即位，是為遼聖宗。皇太后蕭燕燕攝國政。
宋太宗	太平興國八年	九八三年	群臣上皇太后尊號「承天皇太后」。
宋太宗	雍熙三年	九八六年	挫敗北宋三路大軍。
宋真宗	景德元年	一〇〇四年	遼宋訂立澶淵之盟。
宋真宗	景德四年	一〇〇七年	承天太后病故。
宋仁宗	天聖七年	一〇二九年	東京渤海大延琳反，建號「興遼」。
宋仁宗	天聖八年	一〇三〇年	擒大延琳，渤海平。
宋仁宗	天聖九年	一〇三一年	耶律隆緒病故，耶律宗真即位，是為遼興宗。
宋仁宗	明道元年	一〇三二年	西夏李元昊即位，改姓嵬名氏，自稱「兀卒」。契丹封其為夏國王。
宋仁宗	明道二年	一〇三三年	遼法天后殺害齊天后。
宋仁宗	寶元元年	一〇三八年	西夏李元昊更名曩霄，稱帝建國，國號大夏，改元天授禮法延祚。是為夏景宗。
宋仁宗	寶元二年	一〇三九年	西夏制訂朝儀，建立蕃學。置尚書省，總管十六司事務。
宋仁宗	康定元年	一〇四〇年	夏宋三川口之戰，夏勝。
宋仁宗	慶曆元年	一〇四一年	夏宋好水川之戰，夏勝。
宋仁宗	慶曆二年	一〇四二年	夏宋定川寨之戰，夏勝。
宋仁宗	慶曆四年	一〇四四年	夏宋議和成，元昊向宋稱臣。宋冊元昊為夏國主。遼興宗親征西夏，敗績。
宋仁宗	慶曆八年	一〇四八年	元昊為太子寧令哥所弒。子諒祚即位，是為夏毅宗。母舅沒藏譌龐主國政。
宋仁宗	皇祐元年	一〇四九年	遼興宗征西夏，俘元昊妻沒㖡氏。
宋仁宗	至和二年	一〇五五年	耶律宗真病故，耶律洪基即位，是為遼道宗。

北宋

宋仁宗	嘉祐六年	一〇六一年	夏毅宗諒祚親政，以國舅梁乙埋為家相，改「蕃禮」為「漢禮」。
宋仁宗	嘉祐八年	一〇六三年	遼平定重元叛亂。
宋英宗	治平四年	一〇六七年	夏毅宗卒，子秉常即位，是為夏惠宗。
宋神宗	熙寧元年	一〇六八年	西夏梁太后攝政，以梁乙埋為國相。
宋神宗	熙寧九年	一〇七六年	西夏秉常親主國政。
宋神宗	熙寧十年	一〇七七年	「十香詞」冤案發生，遼道宗賜皇后蕭觀音自盡。
宋神宗	元豐四年	一〇八一年	西夏梁太后幽禁秉常，國內亂。
宋哲宗	元祐元年	一〇八六年	西夏秉常卒，子乾順立，是為夏崇宗。
宋哲宗	紹聖元年	一〇九四年	西夏梁乙埋之子梁乙逋叛亂被誅。
宋哲宗	元符二年	一〇九九年	西夏乾順親政。
宋徽宗	建中靖國元年	一一〇一年	遼道宗逝於混同江行宮，耶律延禧即位，是為遼天祚皇帝。
宋徽宗	崇寧二年	一一〇三年	完顏氏統一生女真各部。
宋徽宗	政和二年	一一一二年	遼天祚帝釣魚混同江，完顏阿骨打魚頭宴逆命。
宋徽宗	政和四年	一一一四年	阿骨打伐遼，獲勝。
宋徽宗	政和五年	一一一五年	阿骨打稱帝，國號「大金」，改元「收國」。是為金太祖。 遼天祚帝親征阿骨打。
宋徽宗	政和六年	一一一六年	渤海高永昌在遼東京謀反。金陷東京。
宋徽宗	宣和四年	一一二二年	金占遼中京，遼天祚帝出逃。
宋徽宗	宣和五年	一一二三年	金太祖病逝，弟吳乞買即帝位，是為金太宗。
宋徽宗	宣和六年	一一二四年	西夏乾順向金稱臣。 遼耶律大石自立為王。
宋徽宗	宣和七年	一一二五年	遼天祚帝為金將婁室所獲，遼亡。
宋欽宗	靖康元年	一一二六年	金克汴京，擄宋徽、欽二帝。

南宋			
宋高宗	建炎四年	一一三〇年	金立劉豫為大齊皇帝。
宋高宗	紹興五年	一一三五年	金帝吳乞買卒，完顏亶即位，是為金熙宗。
宋高宗	紹興九年	一一三九年	西夏乾順卒，子仁孝繼立，是為夏仁宗。
宋高宗	紹興十二年	一一四二年	金宋議和。
宋高宗	紹興十六年	一一四六年	夏國尊孔子為文宣帝，令州郡立廟祭祀。
宋高宗	紹興十九年	一一四九年	金完顏亮殺熙宗自立，改元。是為海陵王。
宋高宗	紹興二十年	一一五〇年	夏任得敬為中書令，擅夏政。 金完顏亮大殺宗室，廢行臺尚書省。
宋高宗	紹興二十三年	一一五三年	金遷都燕京。
宋高宗	紹興三十一年	一一六一年	金遷都汴京，侵宋。金葛王烏祿在東京即位，是為金世宗。完顏亮敗於采石，為完顏元宜所殺。
宋孝宗	乾道六年	一一七〇年	夏任得敬迫仁宗以夏之西南路及靈州羅龐嶺地與己，國號楚。仁宗除任得敬及其黨羽。
宋孝宗	淳熙十六年	一一八九年	金世宗病卒，完顏璟即位，是為金章宗。
宋光宗	紹熙元年	一一九〇年	夏骨勒茂才撰成夏漢雙解詞典《蕃漢合時掌中珠》。
宋光宗	紹熙三年	一一九二年	盧溝橋建成。
宋光宗	紹熙四年	一一九三年	夏仁宗卒，子純祐即位，是為夏桓宗。

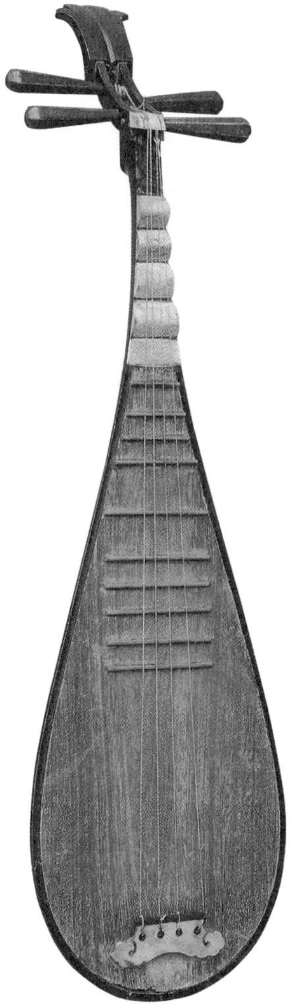

南宋			
宋寧宗	開禧二年	一二〇六年	蒙古鐵木真即大汗位，稱「成吉思汗」。夏鎮夷郡王安全廢純祐自立，是為夏襄宗。純祐卒。
宋寧宗	開禧三年	一二〇七年	成吉思汗伐夏，取斡羅孩城。
宋寧宗	嘉定元年	一二〇八年	宋金議和。金章宗卒，衛紹王永濟即位。
宋寧宗	嘉定二年	一二〇九年	成吉思汗攻夏，圍中興府，安全獻女求和。
宋寧宗	嘉定四年	一二一一年	蒙古南下攻金，逼近中都。紅襖軍事件爆發。夏齊王遵頊廢安全自立，是為夏神宗。
宋寧宗	嘉定六年	一二一三年	金胡沙虎殺衛紹王，立章宗庶兄完顏珣為帝，是為金宣宗。
宋寧宗	嘉定八年	一二一五年	金中都失守，南遷汴京。
宋寧宗	嘉定十六年	一二二三年	金宣宗病故，太子守緒即位，是為金哀宗。夏遵頊禪位於太子德旺，自稱太上皇。
宋理宗	寶慶二年	一二二六年	成吉思汗伐夏，破黑水城。夏神宗卒。蒙古軍進占沙、肅、甘州及西涼府。德旺卒，南平王即位，是為夏末主。
宋理宗	寶慶三年	一二二七年	蒙古軍破西夏城邑，夏末主力屈出降，被殺。夏亡。成吉思汗病逝。
宋理宗	紹定五年	一二三二年	蒙古攻陷金中京洛陽。金哀宗出逃歸德。
宋理宗	紹定六年	一二三三年	崔立殺二相，以汴京降蒙古。金遷蔡州。
宋理宗	端平元年	一二三四年	宋蒙聯合攻金。蔡州城破，哀宗傳位承麟後自縊，承麟戰死，金亡。

圖說中國 07

遼・西夏・金

主　　編　龔書鐸　劉德麟
封面設計　陳朗思
出　　版　智能教育出版社
香港北角英皇道四九九號北角工業大廈二十樓
INTELLIGENCE PRESS
20/F., North Point Industrial Building,
499 King's Road, North Point, Hong Kong
香港發行　香港聯合書刊物流有限公司
香港新界荃灣德士古道二二〇至二四八號十六樓
版　　次　二〇一四年一月香港第一版第一次印刷
二〇二二年七月香港第二版第一次印刷
規　　格　十六開（170 × 230 mm）二〇八面
國際書號　ISBN 978-962-8904-57-0

Published in Hong Kong
本書由知書房出版社授權本社在
香港、澳門地區獨家出版發行